RESEARCH ON QINHUANGDAO POSTAL HISTORY

BY QIUTAO TANG

秦皇島郵政史譚

唐秋涛 著

燕山大学出版社
·秦皇島·

图书在版编目（CIP）数据

秦皇岛邮政史谭 / 唐秋涛著 . — 秦皇岛 ：燕山大学出版社，2022.8

ISBN 978-7-81142-935-0

Ⅰ . ①秦… Ⅱ . ①唐… Ⅲ . ①邮政－经济史－研究－秦皇岛 Ⅳ . ① F632.722.3

中国版本图书馆 CIP 数据核字（2022）第 102535 号

秦皇岛邮政史谭

QINHUANGDAO YOUZHENGSHI TAN

唐秋涛 著

出 版 人：陈 玉

责任编辑：柯亚莉 唐 雷

策划编辑：唐 雷

封面设计：吴 波

责任印制：吴 波

出版发行：燕山大学出版社 YANSHAN UNIVERSITY PRESS

地 址：河北省秦皇岛市河北大街西段 438 号

邮政编码：066004

电 话：0335-8387555

印 刷：秦皇岛市墨缘彩印有限公司

经 销：全国新华书店

幅面尺寸：185mm×260mm

印 张：20.75

字 数：280 千字

版 次：2022 年 8 月第 1 版

印 次：2022 年 8 月第 1 次印刷

书 号：ISBN 978-7-81142-935-0

定 价：196.00 元

写在前面

这是一本关于秦皇岛邮政历史研究的专著。本书借秦皇岛邮政史，讲述了中国邮政史，乃至中国近现代史。

秦皇岛地处中国河北省东部，北依燕山，南临渤海，是连接华北与东北地区的咽喉要地，明代万里长城的天下第一关——山海关即修建于此。境内长城沿线建有烽火台传递警报，北京通往东北远达朝鲜的交通干线上驿站鳞次相接。1894 年天津至山海关的津榆铁路通车，为近代邮政设局提供了方便，中国第一个火车邮局即奔跑在北京至山海关间的往返列车上。秦皇岛港则是中国北方天然不冻良港，在天津海河封冻期间，担负着清代邮政在冬季的南北邮件转运任务。1898 年清政府辟北戴河海滨为允许中外人士杂居的避暑地。1899 年北戴河夏季邮局开张营业。1921 年开辟的北京—北戴河航空专线携带的邮件则被载入航空邮政史。1931 年九一八事变后，日本侵占中国东北，以山海关为界，关内外的断邮与通邮演绎了不可复制的邮政维权历史。新中国成立前后，关内外货币不统一，邮政部门在山海关设立的转汇办事处，接通了东北与关内各地的金融联系。如此等等，本地区邮政历史的特有故事，书中都有翔实的叙述。书中关于邮资沿革、邮戳变化的文章，则属于中国邮政史的具体例证。

本书结合篇章内容展示了各个历史时期的图片、实寄封和明信片，因此，本书也是看得见的中国邮政史之一幕，看得见的中国近现代史之一幕。

Preface

This is a book concerning the history of Qinhuangdao Post. The author tells the history of Chinese Post, and even the modern history of China by narrating the history of Qinhuangdao Post.

Qinhuangdao is located in the eastern part of Hebei Province, China, with Yanshan Mountain in the north and Bohai Sea in the south. It's an important node connecting North China and Northeast China. Shanhaiguan, the first pass of the Great Wall in Ming Dynasty, was built here. There are beacon-towers built inside the Great Wall to pass the signal. There are many courier stations spread one by one along the arterial roads from Beijing to Korean pass by the Northeast. In 1894, the Jinyu Railway from Tianjin to Shanhaiguan was opened to traffic, which provided convenience for setting up modern post offices. China's first train post office began to run on the round-trip trains between Beijing and Shanhaiguan. Qinhuangdao Port is a natural non-freezing port in northern China. While Haihe River in Tianjin was frozen in winter, Qinhuangdao Port was responsible for transferring the mails from South to North China for Qing Dynasty.In 1898, the Qing government approved Beidaihe as a summer resort allowing Chinese and foreign people live together. In 1899, Beidaihe summer post office was officially opened. The mails carried by the first Beijing-Beidaihe special-purposed lines in 1921 was recorded into the history of aviation postal service. After the September 18th Incident in 1931, Japan invaded and occupied Northeast China.The fight for controlling the mail through Shanghaiguan was unprecedented. Before and after the founding of new China, currencies used inside and outside Shanhaiguan were not unified. Therefore, a transfer office was set up by the postal department in Shanhaiguan to connected financial contacts between the Northeast and all other places inside Shanhaiguan Pass. There are many unique and interesting stories regarding the local postal history, which were recorded and narrated in this book. The articles on the evolution of postage rate and postmark changes were concrete examples of the history of Chinese postal service.

In order to study and make philatelic research on the history of Qinhuangdao Post, the author painstakingly collected a large amount of used covers and postcards of various historical periods, and made corresponding displays combined with the contents of the book. Therefore, this book is not only one of visible scenes of the Chinese postal service history, but also one of visible scenes of modern history of China.

序

孙志升

《秦皇岛邮政史谭》经过作者唐秋涛先生多年的用功努力，终于要出版了，这不仅对他个人而言，而且对秦皇岛历史文化研究，对中国邮政史研究，都是一件很有意义的事情，可喜可赞可贺。

唐秋涛出生于河北省秦皇岛市卢龙县，“文革”前就读于卢龙中学，“文革”后自学考试汉语言文学本科毕业，在中国人民解放军的革命大熔炉里受过良好的锻炼，20年的军旅生活磨炼了他坚毅执着不怕困难的品格，转业后成为人民法院高级法官，20年的刑事审判工作养成了他严谨的思维方式和严肃的工作作风，这对于他在爱好的集邮领域取得突出成绩以及进行秦皇岛邮政史的研究锻造了坚实的基础。

秦皇岛市历史悠久，文化灿烂。早在3000多年前，这里是商朝东北端文明方国——孤竹国的辖地，而孤竹国的都城则在今卢龙县城附近，由孤竹国君两个儿子伯夷叔齐故事构建的孤竹文化、夷齐清风对中国传统文化的形成起了促进作用。至于秦皇岛的得名由来，已由当代考古发掘证明。秦始皇东巡来此，派方士集团入海求仙，显示了我们先人从黄土文明向蓝色海洋文明探索和进取的尝试与实践，对生命健康的执着追求与认识。到了近代，秦皇岛地区因中国第一条标准轨距铁路——津榆铁路（天津至山海关）的修建通车，中国首批自开口岸秦皇岛的开埠，中国第一个允许中外人士杂居的避暑地北戴河海滨的开辟，以及由此带来的中西经济、文化的交流，在中国邮政史上都留下了清晰有趣令人感念的痕迹，而收集这些零落海内外的历史证据，无疑是件非常有意义而又十分辛苦的事情。

唐秋涛在中国人民解放军军人家书方面的收藏与研究成果，在集邮界广为人知，与此同时，在秦皇岛地方邮政史的研究方面，也做出了很大的成绩，在有关报刊上发表过很多有见解的文章。他受邀参加我任主编的《中国长城志·文学艺术卷》编著工作，执笔“长城邮票”部分，就展现了他集邮知识的丰厚储备和邮学研究的深厚功力，不仅尽可能齐全地收集了中外各个国家（或地区）邮政主管部门发行的以长城为题材或者在图案、文字中包含有关长城信息的邮票，还有以上内容的预印邮资的信封、明信片。而今这部《秦皇岛邮政史谭》，不仅展现了丰富的集邮收藏，还有很多历史研究考证的内容，可以说，这是部关于秦皇岛邮政史也是关于秦皇岛近现代史的翔实严谨的学术著作，其意义将会随着时间的推移和秦皇岛的发展而愈发显现其特别的精义。

《秦皇岛邮政史谭》出版发行，不仅是集邮爱好者的一件喜事，也是秦皇岛历史爱好者与研究者的一件喜事。让我与作者、读者一起来感受、享受这份喜悦。

（孙志升，高级编辑，中国长城学会常务理事，中国徐福会理事，河北历史学会理事，秦皇岛市历史文化研究会会长）

地方邮政史研究大有可为

——代前言

唐秋涛

近几年，在各地邮刊上发表地方邮政史研究文章方兴未艾，在各种集邮展览上，地方邮政史展品日益增多。这都说明，地方邮政史的研究与相关邮品的收集与研究，越来越受到集邮者的喜爱与重视。我收集、研究秦皇岛邮政史邮品多年，2004 年至 2005 年在《中国集邮报》开辟《秦皇岛邮话》专栏，拉拉杂杂地介绍了秦皇岛地区邮政史的方方面面。2017 年，我编组的《秦皇岛地区邮政史》邮集获得全国集邮展览镀金奖。

一、集邮者研究地方邮政史的动因与优势

1. 集邮者研究地方邮政史的一般动因

集邮者研究地方邮政史，最初的动因除了喜欢集邮这个必要条件外，往往是个人与这个地区的关系，或者是生于斯、成长于斯，或者是熟悉斯、热爱斯、关注于斯，总之，是对十斯地怀有特殊的感情。就像乡土文学作家总是钟情于描写家乡事物，有爱心的成功人士总是忘不了为家乡的发展助力一样。我的出生地是河北卢龙，以前叫永平府，现在是秦皇岛市所辖的一个县。我在秦皇岛生活多年，对于荷载秦皇岛地区邮政史信息的邮品十分感兴趣，对于秦皇岛地区邮政史的各种故事总想弄清楚。这大概就是忘不了的乡情乡愁。

2. 本地人研究本地邮政史，具有他人无法比拟的优势

中国人办事，讲究天时、地利、人和，集邮也是如此。本地人

研究本地邮政史，明显占了地利、人和两大优势。“近水楼台先得月”，为了弄清某件邮政史实，除了查找资料、案头考据之外，还可以近距离地访问当事人或者进行实地考察。对此，我有过切身体会，正是本地优势，让我解开了多个本地邮政史疑问。

例如，1935 年初关内外通邮设立汇通转递局，这是海内外众多华人集邮者感兴趣的问题。台湾潘安生对关内外通邮历史有比较深入的研究，但其对通邮的重要角色山海关汇通转递局局址的具体位置则留有遗憾，未能明了。为了弄清这段历史，我访问了秦皇岛市邮电局史志办原副主任范玉良先生。在他的建议下，我辗转联系到当年在伪满南绥中邮局工作过的霍世泽老先生。也是在范玉良先生推荐下，我和市集邮协会副秘书长马军一起访问了 1950 年在山海关邮局参加工作的丁宝良先生。终于得出正确解释，汇通转递局在关城南门外，兴隆街与赵家胡同交叉处，是一座“人”字形楼房，大门朝向西北。伪满时期，北临兴隆街一面为南绥中邮局用房，西临赵家胡同一面为伪海（税）关用房，汇通转递局租用赵家胡同一家客栈办公，从伪海（税）关这一面可以看到位于赵家胡同客栈的平房。据此，我写成《山海关汇通转递局旧址调查记》一文，2005 年刊载于台湾《中国邮刊》第 79 期。

3. 研究本地邮政史是集邮学习和研究的重要途径

常言说，兴趣是最好的老师。对有兴趣的东西，不仅学得进，而且学得快、记得住。集邮者不管初学还是深入研究，都不妨从地方邮政史入手。地方邮政史是国家邮政史的一部分，是国家邮政史的缩影，研究地方邮政史，也是“解剖麻雀”，从个别到一般，从局部到整体，举一反三，推而广之，可以熟悉更大范围乃至整个国家的邮政史。

说实在话，以前我比较注重解放区邮政史和解放军军邮史的研究，清代和民国邮政史知识相对薄弱，通过收集和研究秦皇岛地区邮政史邮品，我对清代和民国的邮票发行种类、各类函件邮资调整情况、邮戳样式演变等，都有了具体的较为深刻的认识与把握，不仅丰富了邮识，还锻炼了眼力，有效地防止了在邮市里上当受骗。

二、研究地方邮政史的特殊意义和方法

1. 研究地方邮政史，其意义不限于以邮论邮

研究地方邮政史，不仅是集邮的课题，还可以通过拾遗补缺，鉴古存今，起到以邮资政的积极作用。

我用心研究秦皇岛地区邮政历史，查阅大量史志和档案资料，努力收集相关邮品，通过用文献记载与实寄封片相印证的方式，写出《秦皇岛邮话》系列文章，在《中国集邮报》上连载，不仅对集邮者的收集和研究产生了一定影响，也受到了秦皇岛市政协的重视，其中多篇文章入选《秦皇岛文史资料选编》，起到了鉴古存今的资政作用。

地方邮政史研究，也包括地方邮票题材的研究，可以为邮政发展乃至政府决策提供正确建议。1999 年 1 月 9 日，秦皇岛市集邮协会第五次代表大会提出争取发行秦皇岛地方题材邮票的目标。不少集邮者包括当地政府领导同志都希望发行一套全面反映秦皇岛市人文历史、自然风光以及改革开放、经济建设成果等各方面内容的邮票。市集邮协会及时进行论证，大家意识到地方题材邮票也是“国家名片”。国家发行地方题材邮票，入选内容不可能面面俱到，只能是把我们最具影响力、最靓丽、最能让人认可的东西选入方寸之中。由于山海关的天下第一关和老龙头等，已经上过邮票，短期内不可能再次入选。最有说服力的题材是北戴河，北戴河的知名度极高，建议握紧拳头，专打“北戴河”牌。1999 年 4 月 28 日，中共秦皇岛市委、市政府领导同志主持召开有关发行秦皇岛地方题材特种邮票的首次研讨会，向社会各界征询对发行秦皇岛题材特种邮票的选题意见，与会者一致赞同我和市集邮协会其他同志提出的以北戴河风光为主题的意见。在此基础上，秦皇岛市人民政府以（99）26 号文件，向国家邮政总局提交了《关于发行北戴河风光特种邮票的申请》，很快获得了批准。2001 年 8 月 5 日，《北戴河》特种邮票首发

式隆重举行，对于宣传秦皇岛、提升北戴河的旅游形象，起到了独特作用。

2. **学习集邮基础知识，是研究地方邮政史的必修功课**

“赠我邮票，不如遗我邮识。”这句话常常用来说明集邮知识的重要。如果一名集邮者有心研究地方邮政史，不仅需要掌握一定的历史地理知识，还要学习积累一些集邮基础知识。根据我本人的体会，需要注意以下三点：

首先，要拥有必要的工具书，掌握邮票知识，要准备不同历史时期、不同版本的邮票目录，如《清代邮票目录》《中华民国邮票目录》《中国解放区邮票目录》《中华人民共和国邮票目录》等，通过目录，可以掌握邮票的品种、规格、发行时间等重要信息，懂得什么时间使用什么邮票；好的邮票目录还会附有不同时期的各类邮件邮资表，以便查对实寄封片是否符合当时的邮资。此外，还要掌握邮戳知识，如孙君毅的《清代邮戳志》、张恺升的《中国邮戳史》都是必备的参考书。

其次，还要注意学习消化前人、他人的研究成果，丰富自己所研究领域的集邮知识。如果集邮者已经掌握相当多的宏观的邮票、邮资、邮戳的知识，有了相当深厚的集邮知识储备，再来研究地方邮政史，会更加得心应手，在研究课题、阐述观点方面，就会减少局限性，避免顾此失彼、以偏概全；在藏品收集时，就会减少盲目性，避免雾里看花，水中望月，上当受骗。

第三，收集与研究并重，不尚空谈。研究地方邮政史，不能空对空，泛泛而论，而要实打实，尽量用相关邮品说话，言之有物，也就是“有图有真相”。有了好的邮品，不要压箱底，要研究它的来龙去脉，与同好分享。所以，一方面积极收集邮品，一方面重视研究邮品，二者并重，地方邮政史研究才能做得更加扎实，走得更远。邮品的不断丰富，是进行集邮学习和研究的客观基础，正所谓百闻不如一见，见多而识广；研究的心得体会，又反过来用于指导收集，学以致用，有利于抓住重点，做到心中有数，高屋建瓴，明确方向，少走弯路。

3. 研究地方邮政史，可以不拘一格，从小处着手，以小见大

所谓从小处着手，就是选题不必贪大求全，研究文章不必鸿篇巨制、长篇大论，可以是深研细究，多年积累，也可以是偶有所悟，偶有所得，电光石火，瞬间灵感。记得《河北集邮》2007年第2期《燕赵邮踪》专栏“编者按”写道：“‘燕赵游踪’是一个搜寻雪泥鸿爪，记述河北邮政历史踪迹的栏目。内容包括与河北有关的邮史、邮事、邮人、邮品，大至邮驿、邮政史实追踪，邮政与集邮人物的传记或者轶闻趣事，小至与邮政有关的一封、一票、一单、一片、一简、一戳，小中见大，挖掘邮品中所蕴含的丰富的文化历史信息，鉴赏品评，钩沉考订、辨析真伪，见闻实录等，皆可入文。”

前述《秦皇岛邮话》系列邮文，是我在集邮知识和藏品两方面都有了一定积累和储备的情况下写成的，写作时大多注意到从小处选题，然后深入开掘，由表及里、由浅入深，努力做到言之有物，目标是聚沙成塔、集腋成裘，不断丰富，增加篇目，有朝一日成就一本《秦皇岛邮政史谭》邮文集。

三、研究地方邮政史要处理好共性与个性的关系，亮点是突出个性，突出地方特点

1. 突出地方特点，就是从共性中找出个性，在普遍性中找出特殊性，反过来丰富共性、普遍性

马克思主义哲学认为，共性和个性是一切事物固有的本性。如果说，全国邮政史是一个整体，代表着共性，那么地方邮政史就是局部，代表着个性。任何共性只能大致包括个性，任何个性不能完全被包括在共性之中。一个地区邮政史有着区别于其他地区邮政史的个性、特殊性，正是这个地区邮政史的个性、特殊性，体现着并丰富了全国邮政史的共性、普遍性。集邮的学习与研究，不仅需要掌握一般性的知识，还要善于在普遍性原理指导下发现特殊性的东

西。地方邮政史研究，恰恰就是在普遍性原理指导下，在整体中把那些本地区特有的个性、特殊性东西发掘出来，展示出来。就像在一盒彩色铅笔中找出属于你的一种颜色，会“让人眼前一亮”。

不同的地区，由于所处地理位置不同，政治、经济发展的不均衡，以及特殊事件的发生，都会对邮政产生不同的影响，从而产生“个性”。地方邮政史研究，就是要找出“个性”形成的具体原因，不仅要发现不同于共性的个性，而且还要揭示不同于一般共性的理由，做出合理解释，例如一枚对剖票非同寻常使用原因的揭示，一段特殊邮路形成的前因后果，一枚特殊戳记背后隐藏的故事，等等，都显示了个性研究的魅力，展示了地方邮政史的特殊性。这些研究成果不同于全国邮政史，又补充了全国邮政史。

2. 秦皇岛地区邮政历史的地方特点

在收集和研究的过程中，我认为秦皇岛地区邮政史可以研究、需要研究的课题很多，但最具地方特点的有以下几个方面：

其一，我国第一个火车邮局——北京至山海关邮政信车。1893年津榆铁路修到山海关。1902年，大清邮政开始在北京至山海关的火车上试办邮局，这是我国火车邮局之肇始。北京至山海关早期火车邮局戳记的演变，从集邮重要性方面来说不可回避，从火车邮政史的爱好来说可谓独具魅力。

其二，北京—北戴河旅游航线与航空邮件。20世纪20年代初，北戴河海滨已经是在世界上享有盛名的避暑地。1921年8月12日开通了北京—北戴河旅游航空专线。这条航线自1921年首航到1924年停航，共运营了4个暑期。北戴河旅游航线地位特殊，北戴河航空封是早期中国航空邮政集邮的重要组成部分。

其三，关内外断邮与通邮，此乃本地邮政史重中之重。1931年九一八事变后，日本侵占了东北全境，扶植建立了伪满洲国。1932年7月24日起奉邮政总局令，关内外断邮。后于1935年1月，变通设立“山海关汇通转递局”，负责经转关内外邮件。关内外断邮后加盖特殊款式“河北临榆（山海关）”欠资戳记和通邮后加盖“山海关汇通转递局戳记”的邮品，真实记载了这段特别邮史。这段邮史，国内外都有不少研究者。

其四，山海关转汇办事处。新中国成立以后，因为币制不同，华北与东北两邮政总局于 1949 年 11 月 4 日分别在山海关设立转汇办事处，1950 年 3 月，两处合并为“邮电部邮政总局山海关转汇办事处”，统一办理东北与华北、华东、中南、西北、西南各区通汇。这段邮政汇兑史知者不多，史料也有待于更多发掘。

我认为以上几段秦皇岛地方邮史，在全国范围内绝无仅有，其相关事实和邮品，既是秦皇岛地方邮政史特有的地方特点，也是集邮者收藏的热点，同时是我个人收藏、研究的重点。

3. 地方邮政史展品参展，要处理好展品“窄范围”与“宽范围”的关系，不要不切实际地追求高分高奖

邮政历史类展品的主题，有宽范围和窄范围的区别。一般说来，在竞赛性集邮展览上，宽范围展品重要性、珍罕性得分高；地方邮政史属于窄范围的展品，重要性要低一些，但在处理上相对容易展示完整性，从而也能得到较高的分数。2017 年 4 月 8 日至 10 日举办的西安 2016 第 17 届中华全国集邮展览上，计有 7 部地方邮政史题材展品参加展出，我的《秦皇岛地区邮政史》展品获得镀金奖（81 分），从展出前景看，经过充实提高，还有提升空间。

（本文系 2016 年北方十省市集邮论坛论文，
《集邮》杂志 2017 年第 3 期以《从秦皇岛地区邮政史研究说开去》为题刊载）

目　　录

【民国邮政篇】

Post of the Republic of China

【人民邮政篇】

People's Post

【邮政史前篇】

發通州

命夙駕旌旆風悠悠連蜷沙浦隄浩渺開滄

樓堞孤城如浮舟荒陂下遠雁細浪迴輕鷗

影彷彿不可求誰能捨短策萬里乘春流

射虎行

太守飛將軍城南射獵天風昏射虎中石沒

今石戴霜花痕蕭關昔日良家子結髮從軍動

南山憶夜行霸陵亭尉醉呵止一朝飛蓋來

欽定四庫全書　午亭文編

邊夜無刁斗聲將軍善射出天性射敵欲盡兼

也騰傷上猿臂將軍意氣輕搏刺怒形威振萬

爽足可貫厚地我來訪古盧龍傍廣不逢時吾

屠狗有異表時來起作諸侯王

食榆關驛有老卒語世父侍御公令樂亭時

馬食驛亭杯酒乾欲去憫此人凋殘停驂詰其

老記事灑泣跽而語此地古要衝車馬繁徒御

定祿出邸賦楞腹事公家公事亦繆悮是時大府

為尹拜疏偃直餘貲糧行役乃犇赴尹去民寒饑

有衣袴驛東古神祠尹至常此駐驛南荒沙磧是

亭路適來四十年吾民思乳哺我聞驛卒言雙淚

雨尹吾先伯父宰木已拱墓縣路邈難踰古祠在

馳馬往視之祠門日斜暮故額宛猶存戊寅字細

寅吾以降老大凜百慮酹酒再拜行春風吹獨樹

欽定四庫全書　午亭文編

澂海樓觀海

山蜿蜿如游龍東將入海陵虛空巒壑洶湧變形

波赴勢隨飛虹長城枕山尾捍海海樓倒挂長城

坼天分界混茫山迴城轉橫煙靄樓脚插入大海

靈觸搏海怒流呼吸萬里走雷電嶄鑿中涌堆山

到魂慮忽變慴意象懭慌難尋求五岳拳石渺一

州小嶼浮輕漚滄溟浩蕩乾坤窄弱水流沙在咫

秦皇岛地区的古代烽燧

公元 1954 年 4 月 21 日上午，中华人民共和国主席毛泽东登上山海关天下第一关城楼参观。那一天，熟知历史典故的毛泽东兴致颇高。他望着关城以北攀燕山而去的长城，指着远处一处烽火台遗址，与陪同的秦皇岛市委书记王植范、山海关区区长柴洪山等，谈起了周幽王烽火戏诸侯的传说：周幽王因宠爱褒姒，为博取这位美人一笑，不顾国家制度，随意点燃烽火，天下各路诸侯闻警，以为周天子有难，纷纷前去救援，结果发现并无敌兵来犯，一场虚惊而已。如是，周幽王终于失信天下。后来国家真的有难，再点烽火，也无勤王之师相救了。

烽火，烽烟，都是烽燧的别称。夜里点的火叫烽，白天放的烟叫燧。它自古以来就是边防报警的一种重要通信手段（图 1）。到了

图 1《中华全国集邮联合会第四次代表大会（小型张）》：汉·克孜尔尕哈烽燧

明代，烽燧报警虽然继续使用，但是已经有一些变化。由边疆向京师报警主要通过驿站，实际上不用烽火。然而在局部地区用来报警联防，仍很有效。蓟镇总兵戚继光鉴于长城沿线“边墙虽修、墩台未建”的弊端，在长城上修建作为碉堡使用的敌台和墩台（图 2、图 3），形成系列。从老龙头到九门口这段，不仅有敌台 31 座，还在长城外高阜上建有烽火台 14 座，平均每 1.5 千米 1 座，说明山海关一带的防御措施十分严密，一处有事，立即举烽，左右分传，通报各处。报警信号除了使用传统的狼烟与火炬外，还采用了悬旗、悬灯、放炮等手段，传达通报不同的敌情。训练有素的戚家军为此有一首《传烽歌》：

图 2 光绪五年《永平府志》誊写本之边口图上的烽火台

图 3 清代明信片：山海关角山长城敌台和外侧烽火台

传烽号令妙无穷，编与墩军各一通：
千贼以上是大举，百里余外即传烽。
一炮一旗山海路，一炮二旗石门烽。
一炮三旗燕河警，一跑四旗建昌功。
二炮一旗太平寨，二炮二旗是喜峰。
二炮三旗松棚路，二炮四旗马兰中。
三炮一旗墙子岭，三炮二旗曹家烽。
三炮三旗古北口，三炮四旗石塘终。
若遇夜间旗不见，火旗照数代旗红。
贼近墙加黑号带，夜晦换盏大灯笼。
贼若溃墙进口里，仍依百里号相同。
九百以下是零贼，止传本协自成功。
单用炮声分四路，不须旗火混匆匆。
山海大墙皆一炮，石门喜曹二炮从。
燕河松古三炮定，四炮建马石塘终。

零贼东西一时犯，两头炮到一墩重。
该墩听炮分头说，东接西来西接东。
但凡接炮听上首，炮后梆响即如风。
炮数梆声听的确，日旗夜火辨玲珑。
各军俱要留心记，若有差池法不容。

这首《传烽歌》中涉及的“山海（关）路”“石门（寨）”“燕河（营）”，都在今天的秦皇岛市境内。这套传烽报警系统在当时非常实用，蓟镇边墙“延袤二千余里，不过三个时辰可遍”（《经世实用编》卷十六）。

据光绪五年（1879年）刊印的《永平府志》卷四十三记载，明清两代，秦皇岛市境内还有一条从山海关起经抚宁、卢龙通往北京用烽火接力向朝廷报警的烽燧系列：“东至山海关城七里至五里台，又六里至栾家岭，又七里至汤河沿，又九里至凤凰店，又十里至望海店，以上属临榆；又十三里至高台岭，又九里过深河堡至马棚山，又四十里过榆关至白石铺，又二十五里过抚宁县至芦峰口，又六里至饮马河，又五里至新庄铺，又十里至吴达子营，以上属抚宁；又十里过双望堡至部落岭，又五里至十八里铺，又十二里至驴槽儿，又十五里过府城至鸭子河，又十里至望府台，又八里至安河铺，又七里至赤峰铺，又十里至野鸡坨，以上属卢龙。”

如果您有兴趣，不妨邀三两位好友，或驾汽车，或骑自行车，沿山海关至卢龙的古驿路实地考察一番地形地貌，看看能找到几座当年的烽火台遗址。这一短短的游历，会增加您对古代烽燧的感性认识，以及对祖国山川风物的热爱。

（原载2005年4月1日《中国集邮报》）

秦皇岛地区的古代驿站

世界各文明古国的发展过程中都出现过叫作邮驿的机构。中国有文字记载的邮驿有三千年的历史。中国古代邮驿有邮、传、遽、置、驿等名称。中国古代邮驿除传递公文外，还为过往官员、使臣、递送公文人员以及经批准的民众提供交通工具和食宿，并负责运输官府急需的少量物品（如贡品）。中国古代邮驿是为适应政令的下达和军情的传递而建立的官方非营利性机构，经费由政府负责保障，通信方式一般是派遣专使和通过邮驿人员进行接力传递（图 1）。

图 1《中华全国集邮联合会第一次代表大会（小型张）》：甘肃嘉峪关魏晋时期墓室壁画——驿使图

秦皇岛地区历史悠久，在商周时期曾出现孤竹国、肥子国，战国期间属燕国辽西郡，秦、汉、魏、晋和北朝历代相袭仍属辽西郡，隋、唐、宋、辽、金称平州，元改平滦路、永平路，明清两代置永平府管辖。秦皇岛背燕山、襟渤海，地理上乃军事要冲，自古为兵家必争之地，秦始皇、魏武帝、唐太宗都曾东临驻跸。本地区有文字可考的邮驿史可以追溯到辽金时期。明清两代是中国古代邮驿制度相对完备的时期，驿站规模大大超过前朝各代，驿路四通八达。永平府为“京东第一府”，地处驿路要冲。明万历二十七年（1599年）《永平府志》记载：“永平为京都辽海之冲衢，当朝鲜女真之贡道，符使速于星火，邮役纷如猬毛”，“迩年东征兵马十余万，羽檄交驰”，足见驿递之繁忙。到了清代，永平府是北京通往奉天（今沈阳）的大御路（与今天的102国道大致重合）必经之地，地理位置显得更为重要。明清两代在永平府境内设有滦河驿等六处驿站。在今天的秦皇岛市有四处，即从府城（卢龙）的滦河驿，向东依次有芦峰驿、榆关驿、迁安驿（明永乐元年迁驻山海关）。由滦河驿向西（北京方向）衔接的七家岭驿（清末改称沙河驿）、滦阳驿，则在今唐山市境内。

图2 光绪二年重修、光绪五年刊印《永平府志》书影

清代秦皇岛地区驿站的编制及财政供给体制、清光绪五年（1879年）刊印的《永平府志》（图2）卷四十三有较为详细的记载：

滦河驿属卢龙县，在南关东街，乾隆四十七年移县署东院。额设马七十二匹，夫役八十八名，内抄牌一名，兽医一名，马牌十三名，草夫三名，接递皂隶四名，马夫三十六名，杠轿夫四十名。每岁支工料银四千三百三十九两一钱五分二厘，遇闰加增银三百三十四两四钱零九厘，在本县地粮银内给银三千二百四十四两九钱五分，再于布政司库请领银一千九百十四两二钱。

芦峰驿属抚宁县，在南关外。额设马七十二匹，夫役八十七名，内杠轿夫四十名，兽医一名，马牌子三名，草夫三名，抄牌一名，马夫三十五名，接递皂隶四名。每岁额支银四千二百九十二两七钱一分六厘，遇闰加银三百二十八两五钱七分四厘。

榆关驿属抚宁县，在县东四十里深河。额设马七十二匹，夫役七十六名，内杠轿夫三十名，兽医一名，马牌子三名，抄牌一名，马夫三十四名，草夫三名，皂隶四名。每岁额支银共四千零九十一两六分二厘，遇闰加增银三百二十七两三钱九分五厘，在乐亭支销。

迁安驿属临榆关县，在西关外（图3），乾隆二年改隶县治。额设马七十二匹，夫役八十四名，内兽医一名，马牌子三名，马夫三十六名，草夫三名，抄牌一名，杠轿夫四十名。每岁额支银四千三百九十八两九钱七分一厘，遇闰加银二百九十九两一钱八分九厘，归昌黎县应役。

驿站往往是封建士大夫触景生情、歌咏抒怀、排遣旅途寂寞的地方，榆关驿留下的驿站诗有多首。明董越（1430—1502）《抚宁道中榆关驿有感》诗记述了他早上从抚宁县城关出发到榆关驿途中所见：“晓别抚宁郭，天低海气连。苍茫初出日，惨淡未收烟。茅屋多依树，村氓半在田。榆关前驿近，伐鼓正渊渊。”此时此地，作者无疑想起了唐朝诗人高适《燕歌行》的名句：“摐金伐鼓下榆关，旌旆逶迤碣石间。”董越曾奉命出使朝鲜，充颁诏正使，也许是出使途中路经榆关驿成诗。清代名臣陈廷敬在榆关驿也留下两首诗，这里只选《榆关驿见桃花》一首，另一首叙事诗《食榆关驿》，另做专门解析

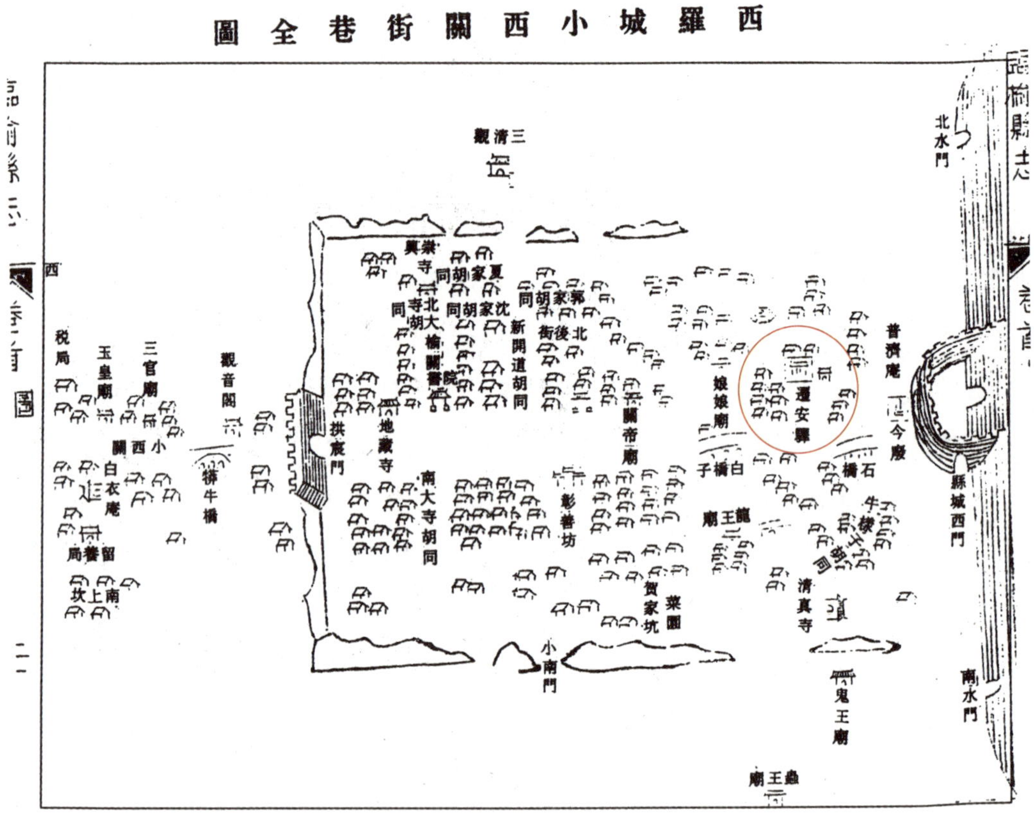

图 3 清光绪四年《临榆县志》卷首图之
西罗城小西关街巷全图

（见本书《简析陈廷敬〈食榆关驿〉诗的历史信息》一文）。《榆关驿见桃花》诗云：“东行霜草白成堆，柳塞桃林待我来。谁道榆关春色晚，花开时节使车回。”颇有唐代诗人白居易《大林寺桃花》的余韵。又清张琴《宿榆关》诗云：“辞家将百里，薄暮抵榆关。倦客才停辔，苍烟已没山。夜寒闻漏永，梦短对灯闲。欲问连营处，鸡鸣又路间。”诗中开篇即称“辞家将百里”，想必离家不远，经查，作者张琴为卢龙人，刚走百八十里路，就开始述说旅途的匆忙与辛苦。

从前面所引《永平府志》关于驿站的记述，不难看出清代驿站机构的臃肿庞大和政府开销的沉重。清代每年在全国驿站方面花去的经费高达白银三百万两之巨，但这笔巨款不知有多少被大小官吏层层克扣，处处盘剥，中饱私囊。到了19世纪末叶，清代驿站已成为一个传递效率低下、贪污腐化滋生的官僚机构。朝野有识之士多主张裁撤驿站，皆因关系大小官吏的既得利益，积重难返，未见结果。

社会要发展，历史在前进。随着中国近代铁路、轮船业的兴起和邮局的出现，由驿站传递公文和接待往来官吏的必要性日渐消失。1911年发生的孙中山先生领导的辛亥革命，推翻了清王朝的封建统治，驿站赖以存在的经济基础和政治制度不复存在了。1912年5月1日，中华民国政府宣布将驿站全部裁撤，自6月1日起，各衙署公文一律改为自行交邮局挂号寄递，驿站这一古老的通信机构遂告终结，秦皇岛地区的各驿站和分布于全国各地的驿站纷纷关闭。

（原载2005年4月19日《中国集邮报》）

从京师到永平府的驿站

拙文《秦皇岛地区的古代驿站》，介绍了原永平府在今秦皇岛市范围内的驿站，由西向东依次为滦河驿（卢龙）、芦峰驿（抚宁）、榆关驿（抚宁深河）、迁安驿（山海关），那么，永平府通往京师（北京）的驿站又有哪些呢？

按照《光绪会典事例》记载，从京师前往盛京（今沈阳）沿驿站走陆路，经山海关出关，永平府是必经之地。由京师皇华驿至永平府滦河驿总计五百里，经八个驿站，行进路线如下：由京师皇华

清代明信片：永平府西门（望京门）外堤岸

驿行四十里至通州潞河驿，行七十里至三河县三河驿，行七十里至蓟州渔阳驿，行八十里至玉田县阳樊驿，行八十里至丰润县义丰驿，行一百里至迁安县七家岭驿，行六十里至永平府滦河驿。

皇华驿，是京师所在地的驿站，也是全国驿站的总枢纽，额设驿马五百匹，马夫二百五十名，车一百五十辆，车马一百五十匹，车夫一百五十名。每年所需银两由兵部核明数目，移户部给领。潞河驿，旧址位于今北京市通州区东关。“潞河”是古代通州的别称，潞河驿因此命名。通州为京东门户，地处大运河北端，乃水陆交通枢纽，因此，潞河驿是一个很少见的水陆两用驿站。据《通州志》记载，清康熙三十四年（1695 年）为保障漕运，潞河驿被移到如今张家湾镇的萧太后河南岸，与当时的合河驿合并成一个驿站。三河驿，明正德七年（1512 年）公乐驿和夏店驿废除，在两驿站中间的三河县设置。渔阳驿，旧址位于今天津市蓟州区渔阳镇管驿村。渔阳为蓟州古称。阳樊驿，旧址位于今河北省玉田县西大安，明嘉靖二年（1523 年）迁于县西关。义丰驿，位于今河北省丰润县西北的龙坨。以上潞河、三河、渔阳、阳樊、义丰各驿，明清两代均属于顺天府管辖。

属于永平府的七家岭驿，旧址位于今河北省迁安市西南七家岭，后移于沙河驿。据光绪五年（1879 年）《永平府志》卷四十三记载：“七家岭驿，属迁安县，今改设沙河。额设马七十二匹，夫役八十名，内马夫三十六名，兽医一名，马牌三名，草夫三名，抄牌一名，杠轿夫三十二名，皂隶四名，每岁工料、廪给、口粮、协济等银共四千五百零九两四钱三分三厘，遇闰支银四千八百一十二两五钱三分一厘，在滦州支销。”

《永平府志》收录明清两代七家岭驿站诗五首。

其一，明谷继宗《宿七家岭驿》：“野馆停车骑，青灯罩绮罗。闻钟疑近阙，振袂想鸣珂。夜久霜华重，山高月色多。邮人戒明发，鼓吹渡滦河。”

其二，清尤侗《早发七家岭》："边地悲风苦，春来吹不禁。征衣霜露结，驿道岁华深。晓色千村动，寒声万马吟。坐怀官阁上，初日照横琴。"

其三，清陈廷敬《宿七家岭驿》："桑柘青阴花药红，残春家寄五陵东。行人两地相思处，尽在寒镫古驿中。"

其四，清辽阳刘文麟《暮投沙河驿》："马首频东向，离京第五程。空山生峭冷，返景湛虚明。渔火寒溪渡，人烟小驿城。解装先买醉，一慰客中情。"

其五，清顾学潮《沙河驿早发》："不断村柝长，已过宵烛短。并程行休迟，怯冷起偏缓。倦仆眼未开，出门喜沙软。比屋啼晨鸡，排檐多卧犬。野旷更何人，来无去亦罕。行早如啖蔗，佳境每不远。星落自东稀，霜浓知午暖。下马问酒家，闻钟到僧馆。融融初日来，万恐付一莞。"

从七家岭驿向东，下一站就是永平府（卢龙县）的滦河驿。

明清两代永平府管辖的驿站，还有一处滦阳驿。《永平府志》载："滦阳驿，属迁安县，设立三屯营。额设马六十二匹，夫役五十七名，内马夫三十一名，兽医一名，草夫二名，马牌子二名，抄牌一名，杠轿夫十六名，接递皂隶四名。每岁额支工料等银三千六百八十三两二钱五分七厘，遇闰岁支三千六百八十三两一钱九分四厘。"滦阳驿置于由京师皇华驿东行，经潞河驿、三河驿、渔阳驿、遵化驿、石门驿、滦阳驿至喜峰口的另一条驿路上。这条喜峰口驿路是明清时期蒙古到北京的五条交通孔道之一，不再详述。

（原载《秦皇岛集邮》2010 年第 1 期）

秦皇岛地区的古代递铺

在秦皇岛地区的古代邮驿史上，在辽金以后与驿站并行设立的还有递铺。递铺，又称急递铺、铺递。急递铺制度创始于宋、辽、金，昌盛于元，延续至明、清。清代制度规定，各省腹地厅、州、县，皆设铺司。清代后期，递铺走向衰亡。

递铺与驿站并行，二者有什么区别呢？

首先，从管理体制上来说，驿站是国家性干线通信网络，归封建王朝的中央机关和地方各级政府双重管理，明、清两代管理邮驿的中央机关为兵部车驾司。驿路以京师皇华驿为中心，向全国各地辐射。递铺则是地方性通信网络，由州县管理，以县（州）前总铺为中心，向域内周围辐射。

其次，从职能分工上说，驿站传送的是要事公文、紧急公文，传宣政令，飞报军情，接送使臣；递铺传送的是一般公文。元代“大事则遣使驰驿，小事文书以铺兵传送”，明代“常事入递，重事给驿”。但不等于说递铺不重要，明万历二十七年（1599年）《永平府志》称：“更铺所在，又居民所赖，以防水火盗贼之变者。永路达京辽，军民集处，其公移之递往递来，星飞霆迅，亦称兴旺。传命者不能废置邮，而铺舍可视为末务乎？”这段话的意思是说：递铺的设立，还可以用于预防水火灾害、抢劫盗窃等变故，因此也是民众的需要。再说，永平府这地方西通北京，东达辽西辽东，是军民聚集之地，那公文的来往传递，急如星火，也可以说够兴旺的。为了传递国家重要文书、下达政令，国家不能废除邮驿，那地方政府设立的递铺就不重要吗？

第三，驿站与递铺在传递工具、方式上也有区别，驿递工具有马驴车船，在本地区则以马递为主，铺递则是步递。其他如公文传递程序、时限，应役人员来源、供给待遇等亦不尽相同，这里不再详述。

今天秦皇岛市境内的递铺，系当时永平府所辖的卢龙、抚宁、昌黎、临榆四县分别管理的。从《永平府志》的记载可知，当时的铺递有一条与京奉古驿路重合的铺递干线，自永平府治南四十步为总铺，往东十数里为一铺，依次有周家铺、十八里铺、双望铺，入抚宁界有背阴铺、芦峰口铺、绿湾铺、抚宁县前总铺、横山铺、白石铺、马坡铺、深河铺、团山铺，入临榆县界有张果老铺、丰台铺、红瓦铺、临榆县前总铺。

此外，卢龙县自总铺而西十里石梯子铺，又十里白佛店铺，又十二里安河赤峰铺，又十里至迁安色山铺；自总铺而南往南二十里周王山铺，又十里滦州刘各庄铺；自总铺而西北十五里分水岭黑石铺，又十五里至迁安沙河铺。

昌黎自县治东十步为总铺，西十里石堠子铺，又十里柳河铺，又十里梭头湾铺，又十里营城铺，又十里訾家铺，通卢龙十八里铺；自总铺而东北有张各庄铺（废），外距临榆红瓦铺一百一十里。

抚宁县、临榆县属递铺主要分布在永平府至山海关一线，这里不再重复。

经一个多世纪的历史变迁，上述递铺所在地的地名有的沿用到今天，如卢龙县十八里铺、双望，抚宁县背阴铺，山海关区红瓦店等；也有的地名发生了变化，如抚宁县绿湾铺即现在县城洋河西的五里铺；还有的地名已经不易考证了。秦皇岛地区古代铺递线路有的与驿路重合或相接，有的伸向无驿地区，沟通地方间的通信联系，形成了完善的政府通信网络。

铺递以接力方式传递信件、公文，到铺后不管件数多少，都必须登记造册，按时限往下传递。一般一昼夜限行一百里或一百二十里。每日戌、亥、子、丑四个时辰不送，其余寅、卯、辰、巳、午、未、申、酉八个时辰（折合十六个小时）为递送时间。一般情况下，每铺设铺司一名，铺兵四名，工食银两由县衙支付。清代抚宁县额设铺司兵三十名，岁支工食银一百二十两，遇闰年加银十五两，乾隆三年（1738年）裁银五两，实支十两。临榆县设铺司兵十二名，岁支工食银七十二两，遇闰年加银六两。咸丰八年（1858年）裁减八成银五十七两六钱，仅剩工食银十四两四钱。因临榆县境系入关首站，公文往来不绝，除兵差紧要公文归驿站马递外，其余统归铺递，十四两四钱银不敷办公，其被裁减的五十七两六钱仍由临榆县按季拨发。

夕阳、古道、瘦马。与清代驿站的结局一样，清代铺递制度由于其自身的局限，日益腐败不治，加之传递方式落后，效率低下，不能与时俱进，终被在通信领域内代表先进生产力的邮政所代替。

（原载2005年6月17日《中国集邮报》）

从永平府雇役改革与驿银增复看明代驿递制度之弊端

在中国邮驿史上，明代驿递制度比前代有所发展，但驿递固有的弊端在明后期也更加突出，且始终无法消除。明代驿递开支巨大，苦累于民，史志多有记载。据《明会典》记载，万历五年（1577 年）全国驿传经费高达 313 万余两。据万历二十七年《永平府志》记载，永平府及所辖滦州、卢龙、迁安、抚宁、昌黎、乐亭六州县，每年铺递银为 3457.6 两，遇闰年加银 244.5 两，境内滦河、七家岭、芦峰口、榆关、迁安、滦阳等六驿站，年经费为 24328 两。此两项相加，不含闰年加银，驿传银合计为 27785.6 两，可谓开支巨大。

万历初年，永平府各州县的驿递夫役依旧例是按田亩摊派的，每十年轮值一次。按照所耕种的土地，每 500 亩出马夫一名，每 170 亩出牛夫一名，每 130 亩出驴夫一名，分别推举一人出头应役，其余的人敛钱帮贴给他。然而，这种轮值应役的办法“有常例之弊，有杂差之扰”，加上驿站递铺抄牌手的刁难勒索，朴素的乡民处于劣势，大多数承受不了，只得转而去雇佣那些专门吃驿递饭的狡诈的驿卒铺兵，任凭其盘剥。这样，一年的费用，马夫不下 200 两银子（额定 65 两），驴夫五六十两，牛夫四五十两。帮贴者当然很苦，出头应役者更难。一轮到应役，就会倾家荡产。“诸徭之苦，莫此为甚”。

万历二年，浙江余姚人顾褒任永平知府。时逢明王朝内阁首辅张居正在全国范围内推行改革措施。顾褒审时度势，于万历四年提出，从前编民户到驿站应役的办法，让老百姓困苦不堪。现在要改变这种办法，只按地亩面积，采用一条鞭法征缴银两。每亩土地额定银数，登记造册，轮到应役之户，按季征收。征银一律由官府管理，用于招募夫役。由府衙按名单预拨给各州县，各州县当堂支付给应募的马夫驴夫等。不许总付给驿递官，以防止他们欺下诈上，贪污侵占；也不许应役大户私自将布匹牲畜等财物折成银两，以致造成亏损。驿站一名马夫管两匹马，共给马价及工食银120两，驴夫递减。驿递的各种开支都严格按照规定办，“其省与费什百相悬”。耕种田地的乡民，按官家核实的亩数缴纳银两，因为有了限额，免受超额应役之苦；应募的夫役因为有了应得的报酬，也都乐役争投。“事济民苏，一更而百余年之弊除矣”。

然而，让永平府百姓们受益的这项改革不久就走了样。当朝宰相张居正推行的包括清理驿传在内的一系列改革措施触动了大官僚地主阶级的特权利益，遭到强烈反对。万历十年张居正病死，反对派群起攻讦，其中一条就是指责他对驿站“裁削过度”，要求“酌量议复”。万历十二年九月，皇帝下令“追抄故相张居正”。毫无疑问，北京的这种政治气候也波及永平府。万历十五年，山东丘县人孙维城任永平知府。万历十七年孙维城提议，兵备道王毓阳附议，增复驿站经费银1947两，自当年开始在所属各州县地亩内，通融加征。

孙维城、王毓阳小心谨慎地阐述了增复驿银的理由：万历四年改议征银召募，使“民困顿解”“闾阎相安”，效果明显。然而万历八年又裁减驿站经费，“不知勘合往来，月无虚日，驮载抚货，应付不赀”，“马常跑毙”，“牛多倒损”，“各夫苦告，困累难支”。这说明，招募夫役，非足其用不可，如果削减太多，应募夫役难以养家糊口，纷纷逃亡，还得回到十年轮值的老办法，老百姓依然是承受不起。揆情度理，非增复驿银不可。这次增加的银两，都在原来裁减的数额之内，并非数额之外。这样，使疲于应付的驿站不至于失去财政支持，也使各夫役用度稍微宽绰一些。“民自愿输，而役者无不乐应”。

查明代驿银征派有两种基本形式：一是由民户轮值充役，一般都推举大户为马头儿或驴头儿，出头当差，这种形式叫“民当”；二是由官府按地征银，雇夫应役，这种形式叫“官当”。永平府驿银征派自明初开始都是“民当”，至万历初年，“承习已久，民苦其累”。知府顾褒于万历四年改“民当”为“官当”，幻想“百年积弊扫于一旦”。不过十数年，新知府孙维城又发现“官当”加“裁减”使驿站很难支持，又增复驿银近两千两之巨。其实，“民当”也好，“官当”也罢，都不能根治驿站制度的弊端。驿站是封建统治者维护其统治地位的工具之一，也是一种封建官僚们享有的特权。明代晚期，“驿递之疲，千疮百孔”，尽管有志之士，包括海瑞、张居正这样的名臣，都积极探索出路，主张裁革，或在地方，或在中央，身体力行，整饬邮驿，禁止冒滥勘合，限制官员特权，但终因封建制度的局限性和驿站弊端积重难返，上有政策，下有对策，改革措施难以推行，你今天裁革，他明天增复，改革成果难以持久。管中窥豹，可见一斑，永平府的老百姓始终摆脱不了驿递之徭的沉重负担，全国其他府县的老百姓也大都如此。正如邮驿史学家们的研究结论：驿站之种种弊端，成为终明之世的严重社会问题。

清代双联明信片：永平府城舆地全图

（原载 2005 年 7 月 12 日《中国集邮报》）

简析陈廷敬《食榆关驿》诗的历史信息

清光绪五年（1879 年）《永平府志》卷四十三，除了记载辖区内各驿站编制、经费以外，还收录了明清两代驿站诗九首。这些驿站诗大多为即景抒情之作，只有陈廷敬的《食榆关驿》是一首叙事诗，内容涉及驿卒生活状况（见下图）。

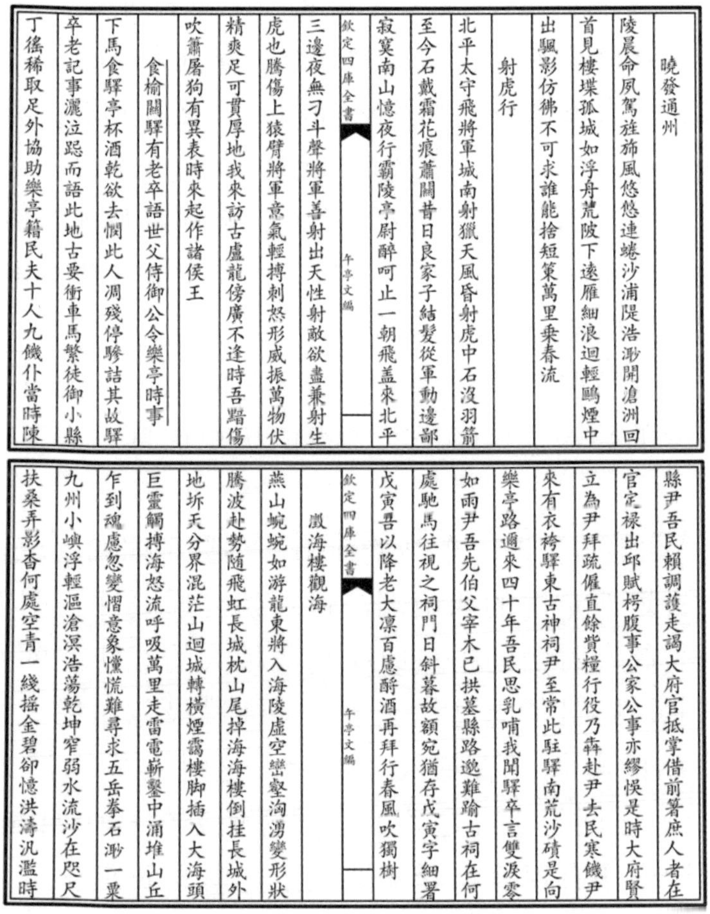
曉發通州
陵晨命夙駕旌旆風悠悠連蜷沙浦隄浩渺開滄洲回
首見樓堞孤城如浮舟荒陂下遠雁細浪迴輕鷗煙中
出飄影彷彿不可求誰能捨短策萬里乘春流
射虎行
北平太守飛將軍城南射獵天風昏射虎中石沒羽箭
至今石戴霜花痕蕭關昔日良家子結髮從軍動邊鄙
寂寞南山憶夜行霸陵亭尉醉呵止一朝飛蓋來北平
欽定四庫全書　午亭文編
三邊夜無刁斗聲將軍善射出天性射敵欲盡兼射生
虎也騰傷上猿臂將軍意氣輕搏刺怒形威振萬物伏
精爽足可貫厚地我來訪古盧龍傍廣不逢時吾獨傷
吹簫屠狗有異表時來起作諸侯王
食榆關驛有老卒語世父侍御公令樂亭時事
下馬食驛亭杯酒乾欲去憫此人凋殘停驂詰其故驛
卒老記事灑泣跽而語此地古要衝車馬繁徒御小縣
丁傜稀取足外協助樂亭籍民夫十人九饑仆當時陳

縣尹吾民賴調護走謁大府官抵掌借前箸庶人者在
官定禄出邸賦枵腹事公家公事亦繆悮是時大府賢
立為尹拜疏偃直餘貲糧行役乃犇赴尹去民寒饑尹
來有衣袴驛東古神祠尹至常此駐驛南荒沙磧是向
樂亭路邇來四十年吾民思乳哺我聞驛卒言雙淚零
如雨尹吾先伯父宰木已拱墓縣路邈難蹢古祠在何
處馳馬往視之祠門日斜暮故額宛猶存戊寅字細署
戊寅吾以降老大凛百慮酹酒再拜行春風吹獨樹
欽定四庫全書　午亭文編
澂海樓觀海
燕山蜿蜿如游龍東將入海陵虛空巒壑洶湧變形狀
騰波赴勢隨飛虹長城枕山尾掉海海樓倒挂長城外
地坼天分界混茫山迴城轉橫煙靄樓脚插入大海頭
巨靈觸搏海怒流呼吸萬里走雷電嶄鑿中涌堆山丘
乍到魂慮忽變慴意象懞慌難尋求五岳拳石渺一粟
九州小嶼浮輕漚滄溟浩蕩乾坤窄弱水流沙在咫尺
扶桑弄影杳何處空青一綫揺金碧卻憶洪濤汎濫時

《钦定四库全书》：陈廷敬《食榆关驿》诗

诗作者陈廷敬（1637—1712），字子端，山西泽州（今阳城）人，清初名臣，顺治十五年（1658年）进士，受命充任《明史》总裁官、《康熙字典》总阅官，官至文渊阁大学士，谥文贞，著有《午亭文编》《说岩诗集》等。陈廷敬这首《食榆关驿》诗不仅被《永平府志》收录，还收入《午亭文编》卷三（编入《钦定四库全书》，见图），全文如下：

食榆关驿，有老卒语世父侍御公令乐亭时事

下马食驿亭，杯酒干欲去。悯此人凋残，停骖诘其故。驿卒老记事，洒泣跽而语：此地古要冲，车马繁徒御。小县丁徭稀，取足外协助。乐亭籍民夫，十人九饥仆。当时陈县尹，吾民赖调护。走谒大府官，抵掌借前箸。庶人者在官，定禄出邱赋。枵腹事公家，公事亦缪误。是时大府贤，立为尹拜疏。雇直余赀粮，行役乃奔赴。尹去民寒饥，尹来有衣袴。驿东古神祠，尹至常此驻；驿南荒沙碛，是向乐亭路。迩来四十年，吾民思乳哺！我闻驿卒言，双泪零如雨。尹吾先伯父，宰木已拱墓。县路邈难逾，古祠在何处？驰马往视之，祠门日斜暮。故额宛犹存，戊寅字细署。戊寅吾已降，老大凛百虑。酹酒再拜行，春风吹独树。

陈廷敬的这首驿站诗对驿卒生活状况的记述，给我们考察明清两代驿站制度的弊端提供了一些难得的历史信息。这里仅择其要者进行分析。

其一，“此地古要冲，车马繁徒御。小县丁徭稀，取足外协助。”榆关驿处于古辽西走廊的西南端，自古为交通要冲。明万历年间建州女真部的兴起，对明朝中央政府构成极大的威胁，朝廷不得不派重兵经略东北，官员使臣过往无数，军情谍报急如星火，极大地加重了沿途驿站的负担。清军入关以后，这里又成为清廷往来两京（北京和盛京）之间的必经之路。榆关驿所处的抚宁县是一个小县，丁徭有限，境内还有芦峰口驿需要供给，财政负担很重，榆关驿就由作为外县的乐亭县协助支应。清承明制，据清康熙二年（1663年）

修十八年（1679 年）续《永平府志》卷之七《赋役》记载："榆关驿，工料、喂马车夫等银三千两，裁银五十两，闰月加银二百五十两，裁银四两一钱六分七厘解部。走递马匹每年草料银一百五十两，闰月加银十二两五钱，裁银四十五两，又裁闰银三两七钱五分，解部。新增站银一百两。杠轿夫工食每年二百四十两，闰月加银二十两。廪给口粮银二百两。"以上每年额支银共 3690 两、遇闰加银 282.5 两，在乐亭县支销。

其二，"当时陈县尹，吾民赖调护。"作者在诗中借老驿卒之口，讲述了其伯父陈昌言在乐亭知县任上的一段往事，虽有为先人溢美之嫌，但不失历史真实。清乾隆三十九年（1774 年）《永平府志》卷十二《名宦传》载："陈昌言，号道庄，山西泽州人。甲戌进士，崇祯八年任乐亭知县。时国事丛脞，绥缉有方，民用不扰。十三年行取（浙江道巡按山东），民为勒碑，崇祀名宦。"可见陈昌言民望颇佳。驿站制度一方面给老百姓带来沉重负担，另一方面也让奔走在驿路上的驿卒们苦不堪言。榆关驿"乐亭籍民夫，十人九饥仆"，应该是真实的写照。"驿东古神祠，尹至常此驻"，陈昌言曾经多次亲临榆关驿，体察驿卒疾苦，谒见说服永平知府，上疏请命，改革驿站雇役办法，将雇役经费直接发放到驿卒夫役，一度改善了驿卒待遇。这一举措在尽显乱象的崇祯年间虽然难能可贵，然而也只能是一时之计，并不能从根本上铲除驿站弊端，"尹来有衣裤""尹去民寒饥"，仍然是无法改变的现实。

其三，"迩来四十年，吾民思乳哺！"从乐亭知县陈昌言在榆关驿古神祠题写匾额的"戊寅"年，即明崇祯十一年（1638 年），到诗作者陈廷敬出差在榆关驿进餐时，时间已过了 40 年。在此期间，国家在政治上发生了改朝换代的变化，由清朝取代了明朝，但是封建社会的根本制度并没有改变，老百姓包括驿卒们的生活状况依然没有改善。陈廷敬在榆关驿看到的景象是"人凋残"，听到的是老卒"洒泣跽而语"，渴盼有一个好官能使他们衣食饱暖。这一年是清康熙十七年（1678 年），少年即已得志的陈廷敬已过知天命之年，时任内阁学士，兼礼部侍郎，命入值南书房。他在先人遗迹前思前想后，“酹酒再拜行”，用“春风吹独树”概括了自己怅然无奈的心情。

（原载 2006 年 5 月 2 日《中国集邮报》）

R
Frau
Elisabethstrasse 16
Wiesbaden
Deutschland
6956
大德國
要函代呈
1584
SHANGHAI
21.7.05
WIESBADEN

【清代邮政篇】

秦皇岛邮局与“秦王岛”邮戳

秦皇岛邮政局设立于开埠之初。1898 年 3 月 26 日，清光绪皇帝钦定秦皇岛为自开通商口岸。消息一出，海内外瞩目，昔日荒岛，商贾日增，渐成街市。1901 年 12 月 15 日，大清邮政为了拓展业务，在秦皇岛设邮政分局，最初只有一名职员和两名信差，使用一种长方形邮戳（图 1）。现在看来，该戳还不具备日戳功能，没有显示时间，戳面只有上下两格，上格由右向左刻“秦王岛”，下格从上而下刻“邮政局”。这是秦皇岛最早的邮戳，地名用的是“秦王岛”。但从图 1 清代第 2 版邮资明信片上的其他戳记可以分析出加盖时间，

图 1 1902 年 7 月秦王岛寄英格兰贝德福德
清代第 2 版邮资明信片（广州曹勇进藏品）

此片背后有 1902 年 7 月 14 日塘沽中转戳记，7 月 21 日上海中转，7 月 23 日法国在华上海邮局中转，8 月 28 日到达贝德福德。从秦皇岛发出的时间最大可能是到达塘沽的前一日，即 7 月 13 日。

那么，秦皇岛和“秦王岛”，哪一种叫法正确呢？在明以前的史籍中，还查不到“秦王岛”这种叫法，明弘治十四年（1501 年）《永平府志》记载：“秦皇岛在抚宁县东七十里，有山在海中，世传秦始皇求仙尝驻跸于此。”清康熙十八年（1679 年）的《抚宁县志》中第一次将秦皇岛改称为“秦王岛”。康熙二十一年（1682 年）重修的《抚宁县志》则进一步写道：“秦王岛，误秦皇岛，岛上荆条伏生，相传秦王下拜，故伏。”这里说的秦王，是指唐太宗李世民登基前的封号。从地理上说，秦皇岛地处古辽西走廊，应是李世民东征高丽的必经之地，史籍也有相关记载，《旧唐书 · 太宗本纪》：贞观十九年（645 年）“冬十月丙辰，入临渝关，皇太子自定州迎谒。戊午，次汉武台，刻石以纪功德”。但这里有一个问题，东征时的李世民，已经当了十九年皇帝，怎么还会再以他登基之前的封号“秦王”称之？由此看来，说秦皇岛是“秦王岛”之误，既无史料根据，又无道理可讲。康熙五十年（1711 年）《永平府志》就没有采纳此说，仍称：“秦皇岛，入海　里，传为始皇驻跸处。”但不管怎么说，“秦王岛”作为地名与“秦皇岛”通用，一直延续到民国年间，甚至，“秦王岛”还一度近乎取代了“秦皇岛”。直至 1949 年 3 月，解放后成立的秦榆市一分为二，分别成立秦皇岛市和山海关市，这座年轻的港口城市才正式定名为秦皇岛。

关于“秦王岛”邮政日戳，根据笔者所见有关资料和实寄封，先后出现过两种：

第一种是英汉文圆形戳。所见为《秦皇岛邮电志》插图之手描戳（图 2），中横格内为年月日，上部弧形排列刻“CHINWANGTAO”，下部弧形排列刻“秦王岛邮政局”，戳上日期为 1902 年 11 月 15 日。又查，孙君毅《清代邮戳志》称“秦皇岛”，可惜未收录戳记图样，故不做凭据。根据所见实寄明信片上的销戳，这种英汉文圆形戳上的汉文应是“秦王岛”。最早见有1902年1月9日秦王岛中转戳记（图3）。因这种戳记使用时间短，实寄封、片收集难度大。

图2 1902年11月15日
秦王岛邮政局手描戳

图3 1902年1月9日
秦王岛邮政局日戳

第二种是双圈干支日戳。北京保利2018年秋季邮品拍卖会（林光照收藏）11632号拍品为1905年1月6日秦皇岛寄青岛清代第2版邮资明信片双片之正片，销“直隶/秦王岛/甲辰腊月一日”双圈三格式干支日戳（图4）。甲辰年腊月一日即1905年1月6日。所见同式日戳还有“直隶/秦王岛/乙巳十月十八日”（1905年11月14日）寄法国明信片（图5）、“直隶/秦王岛/丙午正月十八日”（1906年2月11日）寄美国明信片（图

图4 1905年1月6日（甲辰腊月一日）直隶秦王岛寄青岛
清代第2版邮资明信片之正片

图 5 1905 年 11 月 14 日（乙巳十月十八日）直隶秦王岛寄法国明信片

图 6 1906 年 2 月 11 日（丙午正月十八日）直隶秦王岛寄美国明信片

6)。清代干支日戳一般使用到1911年辛亥革命爆发、清王朝灭亡为止，但“直隶/秦皇岛/戊申四月廿六”(1908年5月25日)寄青岛明信片(图7)上，腰框式日戳上地名“秦皇岛”已取代“秦王岛”。

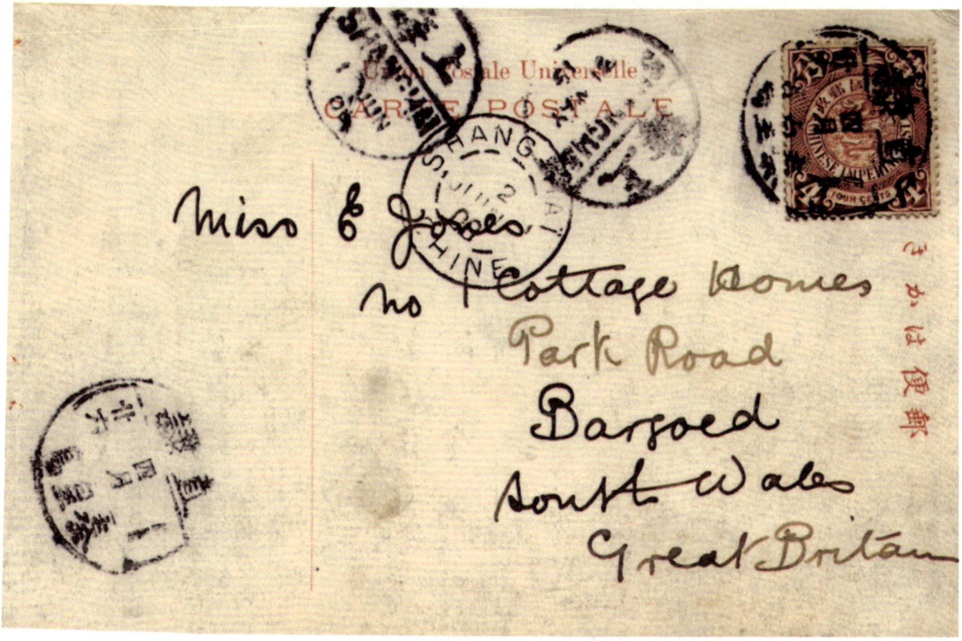

图7 1908年5月25日(戊申四月廿六)直隶秦皇岛寄英国明信片

原以为自此以后，“秦王岛”在清代国家邮政的正式日戳上不再出现，但是，一枚1911年2月16日秦皇岛寄葡萄牙波尔图的挂号信函(图8)刷新了我的认知。这枚实寄封贴蟠龙邮票2角1枚，符合国际挂号邮资，销腰框式英汉文“秦王岛辛亥正月十八”日戳和英文挂号戳，以及奉天中转戳和波尔图落地戳。“秦王岛”称呼具体到何年何月何日开始在邮政日戳上“复辟”，还是这枚英汉文日戳一直在使用，尚有待考证，仅据目前所见，邮政日戳以“秦王岛”称之，止于1911年。1912年以后的中华民国邮政日戳，则是刻“秦皇岛”。然而，“秦王岛”的称呼直到20世纪20年代仍然偶见于个别邮政戳记上。中国嘉德第8期邮品钱币通讯拍卖中，曾出现了一枚1924年“秦王岛”寄天津的民国嘉禾图邮简，销戳是“秦王岛/第一/邮政/信柜”戳。该戳略呈方形，四角圆弧，内分九格。这款戳

图 8 1911 年 2 月 16 日（辛亥正月十八）秦皇岛寄葡萄牙波尔图挂号信函
（北京保利十二周年秋季拍卖会第 10502 号拍品）

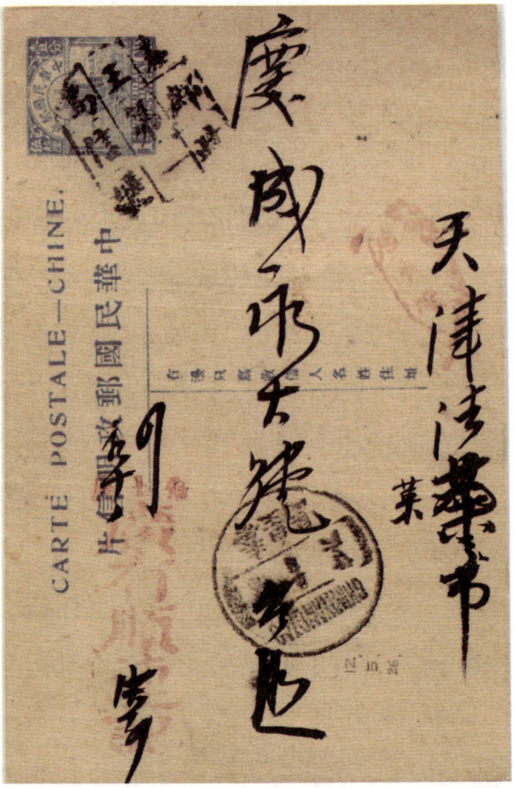

图 9 1919 年 5 月 26 日秦皇岛寄天津第 3 版帆船图邮资明信片

记还可见于张恺升《中国邮戳史》收录的《甲戌邮刊》刊登之戳图。经查，1909年秦皇岛开设道北信柜，当时称为“秦王岛第一邮政信柜”，直至1926年撤销。当时，我出价2100元，未能拍得此简，后来得知，另有海外买家出价高于我三倍。几年以后，我收集到一枚1919年5月26日秦皇岛寄天津第3版帆船图邮资明信片（图9），也销“秦王岛/第一/邮政/信柜”戳，聊慰心愿。

研究秦皇岛地方邮政史，收集、探讨“秦王岛”邮戳，有如邮海拾贝，有所见，有所知，有所得，不亦乐乎？

（原载2006年6月16日《中国集邮报》）

山海关邮局的设立及早期邮戳

早在山海关邮局开设之前，从1878年11月15日起，在冬季封河期间，海关邮政在天津和牛庄（今营口）之间的邮件改由陆路运输，两地邮差在山海关交换邮件。1892年以前，津海关还派有听差一名，驻在山海关监督天津信差和牛庄信差交换邮件。1893年津榆铁路通车后，由火车运往山海关的每一批邮件都有一名天津邮局的信差押运，并在山海关与牛庄信差当面交换邮件。

1899年8月12日，天津副邮政司事马纲和副汉文供事王汝成前往山海关接收了铁路当局在火车站拨给邮局的两间房屋。经简单修整，该局于8月15日正式营业，由王汝成负责。该局通过直达火车每日同北戴河、唐山、大沽、天津交换一次邮件。局内人员包括一名汉文供事、一名听差、一名信差和一名在山海关和唐山间跑行的邮差。后三人均为山海关当地人。当时预测，随着铁路向锦州的延伸，山海关局与关外各局的业务往来定会有所增加。在一个月以内，到锦州的铁路就会通车，与天津对开的直达火车由在沙后所停靠而改在山海关，这样便提高了山海关局的地位。冬季牛庄口岸封港期间，山海关局的业务量还会增加许多，将几乎成为重要的邮件转口局，在一定程度上起着中心局作用。实际情况是，山海关邮局运营以后，前六个星期的业务少得可怜，邮票销售额仅为18元，收寄邮件仅284件，1900年1月以后才稳步发展。山海关邮局1900年1月份售出邮票22.1元，2月份售票额达到30.14元，逐步实现了收支平衡。但是，好景不长。1900年6月以后，随着八国联军入侵津京，津榆铁路关内段被英军侵占，山海关和关外铁路被俄军侵占。天津经山海关与牛庄间的陆上联系中断了，山海关邮局也被迫停业。

1901 年 4 月，天津邮政司申玛思送呈大清邮政总办月报称：“山海关局虽然失去了与牛庄联系的关键地位，但我认为重新在山海关设局，然后再把这条邮路延伸到尽可能远的地方是很有价值的。”“原来的山海关邮局是设在火车站附近，现在想设在原址已不可能。但我们也不必为此感到遗憾，因为我们过去从未真正接触过华人民众，而把邮局设在城里却可以做到这一点。”他建议在城内重设山海关邮局。

1901 年 6 月 12 日，署邮政总办多诺分指示天津邮政司事安排重新开设山海关邮局事宜。天津邮政副司事毕德生亲自在城内选定了地点。7 月 10 日，山海关邮局在城里的一座寺庙内重新开业。该寺庙为很多商人经常会聚商谈交易的地方。重新开设的山海关邮局租房 3 间、庭院 1 处，月租金 5 元。该局人员包括汉文供事魏浩生，还有两名信差。魏是山海关当地人，原任吉林邮局的管局供事，6 月 11 日刚刚调入天津总局。

以上从《天津邮政史料》一书披露的情况看，山海关邮局的最初开办和重新开办，时间、地点都是明确的。但山海关邮局设局之初使用什么样的邮戳，则没有涉及。孙君毅著《清代邮戳志》收录了一枚戳图（图 1），戳为竖长方形，内分上下两格，上格由右向左读刻“山海关”三字，其中繁体“關”字写法是“門”内“絲”。

图 1 孙君毅《清代邮戳志》图例

笔者在一次邮品拍卖会上，拍得一枚清代实寄图画明信片（图 2），此片图案为北京西黄寺清净化城塔。此片 1903 年 9 月 12 日由天津寄至山海关，贴蟠龙半分邮票两枚，符合当时国内信件和明信片平寄之邮资。让笔者感兴趣之处，是该片上的山海关落地邮戳。片上天津邮局销票戳是圆形汉英文两格式日戳，山海关邮局落地戳则是一枚竖长方形两格式戳记。这枚山海关戳记不同于《清代邮戳志》所载戳图，上格“山海关”三字，其中繁体“關”字写法不是“門”内“絲”，而是“門”内“关”。由此推断，山海关邮局开设之初，所使用的竖长方形两格式戳记至少有两把，其中“关”字的刻法不同。后来笔者有幸又拍得一枚1903年山海关寄德国明信片（图3），贴蟠龙4分邮票一枚，符合当时国际明信片资费。经仔细辨认这枚寄国外明信片的山海关邮政局销戳，与图2明信片山海关邮政局戳记相同，关字都是“門”内“关”。

以上两枚明信片上的山海关邮政局戳记，时间都在1902

图2 1903年9月12日天津寄山海关明信片

图3 1903年7月27日山海关寄德国明信片

年重新开局之后使用。而在此前，山海关邮政局还使用一种英汉文日戳，图 4 是《秦皇岛邮电志》手描戳，日戳时间是 1901 年 7 月 20 日。笔者收集到一种加贴蟠龙邮票和日本在华邮局以及英国远征军邮票的清代第 1 版邮资明信片（图 5），明信片背面钤一印章“哇大帅赠”，即八国联军统帅瓦德西赠，并有四种外文签字，从而推断是侵占山海关的联军的集邮品，这枚明信片在邮资图和蟠龙邮票上加盖有“SNANHAIKWAN/ 山海关邮政局 /JAN.7 1901”戳记，戳式与《秦皇岛邮电志》记载相同，时间是 1902年1月7日。

图 4 1901 年 7 月 20 日
山海关邮政局手描戳
（原载《秦皇岛邮电志》）

图 5 1902 年 1 月 7 日加盖山海关英汉文日戳的
清代第 1 版邮资明信片

1904 年以后，山海关邮政局启用大清邮政通行的干支纪年邮戳，至 1912 年民国建立为止。图 6 为 1905 年 12 月 5 日山海关寄瑞典图画明信片，贴蟠龙邮票 4 分 1 枚，符合国际明信片邮资，加盖“直隶 / 山海关 / 乙巳冬月九日”日戳。图 7 为 1911 年 7 月 1 日山海关寄天津海神庙风光明信片，贴蟠龙邮票 2 分 1 枚，国内明信片邮资 1 分，过贴 1 分，加盖腰框式英中文“SNANHAIKWAN/ 山海关 / 辛亥六月初六”日戳。

图 6 1905 年 12 月 5 日（乙巳冬月九日）直隶山海关寄瑞典明信片

图 7 1911 年 7 月 1 日（辛亥六月初六）山海关寄天津明信片

（原载 2008 年 9 月 30 日《中国集邮报》）

北戴河夏季邮局与“I.P.O.”戳封

在今天的秦皇岛市所辖四区三县中，第一个设立邮局的不是昔日的政治中心永平府（今卢龙县城），也不是今天的政治、经济中心秦皇岛，而是19世纪末由清政府自主对外开放的北戴河海滨。

北戴河海滨的开发始于1893年。那是光绪十九年，津榆铁路由唐山开平东延至山海关，筑路工程师英国人金达在测量路线时，发现北戴河海滨风光优美，沙软潮平，是夏季海浴避暑的好地方。他不仅自己在刘庄修建一木屋用来避暑办公，还在北京、天津两地广为宣传。在天津开洋行的英籍牧师甘林闻讯后来到北戴河，在莲蓬山上建起了第一栋别墅。随后，英、美等国的传教士和使领馆人员纷纷来此买地建屋（图1）。1898年，清政府在宣布秦皇岛开埠的

图1 清代明信片：北戴河海滨的别墅

同时，正式把北戴河辟为避暑区，划定戴河口以东、鸽子窝以西沿海三里以内的狭长地带，允许中外人士杂居。每到夏季，京津两地的西方国家外交使节、传教士和国内达官贵人、商贾名流接踵而至，北戴河与国内外的通信联系成为客观需要。1896 年成立的清代国家邮政，这时正处于拓展时期，天津邮界不失时机地在北戴河海滨设立了夏季邮政分局，1899 年 5 月 22 日开张营业，由陈渭芝担任管局供事，当年 10 月 20 日关闭。1900 年 5 月 15 日重开北戴河邮政分局，同年 6 月因战乱关闭。1902 年 7 月 6 日再次重开北戴河邮政分局，以后每年夏季开办，10 月关闭。

自此，北戴河海滨夏季邮局每年 5 月 15 日至 10 月中旬开办邮政业务。直到 1922 年 9 月，位于北戴河西经路 3 － 4 号的新邮政大楼建成后，北戴河邮局改为常年营业。

多年来，笔者一直在关注从北戴河夏季邮局寄出的加盖“I.P.O.”戳记实寄封、片，所见有 4 枚，记录如下：

其一，1899 年 9 月 6 日北戴河寄美国封（图 2），见于台湾中华集邮会编印的《红印花、小龙、慈寿邮史》附录中的 1 枚，原由已故台湾著名集邮家黄建斌先生收藏。这枚封背贴蟠龙邮票 10 分 1 枚，销两格式北戴河汉英文小圆戳，正面另贴香港邮票 10 分 1 枚，骑缝加盖“I.P.O.”戳。“I.P.O.”是英文 Imperial Post Office（帝国邮政局）的缩写。从封上其他邮戳来看，此信 9 月 6 日到大沽，9 月 9 日到上海，9 月 15 日到日本横滨，10 月 9 日到达美国旧金山，10 月 14 日到达美国林肯市。

这枚封上的“I.P.O.”戳记录的是一段邮史故事。大清邮政创办之初，我国尚未加入万国邮政联盟，中国邮票只在国内具有邮资效力，出口邮件虽然贴足国际邮资，但不被邮联各国所承认，在出口邮件上，还必须加贴邮联国（或地区）客邮邮票，以表示国际邮资。大清国家邮政承袭海关邮政旧制，出口邮件集中在上海转口时加贴外国邮票，这样一来，就加重了上海转口局的业务量，以致邮件不能及时

图 2 1899 年 9 月 6 日北戴河寄美国平信

转运。有鉴于此，大清邮政当局规定自 1898 年 1 月 1 日起，加贴外国客邮票的工作，改由原寄各局先购备香港或日本邮票加贴在出口邮件上，加贴的邮票面值等于大清邮政国际邮资。但在邮件运往上海转口时，难免有邮票脱落或被私揭的情况。解决这一问题的办法是由各邮局自刻“I.P.O.”小横戳，盖于邮票与信封骑缝处，遇有邮票脱落时，仍留有部分“I.P.O.”戳记以资佐证。这样，不仅减轻了上海转口局的劳作，而且加快了邮运时效。此戳在全国 30 余处邮局使用，北戴河是其中一处。1903 年至 1905 年间，邮政当局与各国订立互寄合同以后，出口邮件无须另外加贴外国邮票，此戳停用。

其二，1899 年 7 月 26 日北戴河寄德国清代第 1 版邮资明信片（图 3）。此邮资明信片预印邮资 1 分，加贴蟠龙邮票 1 分 3 枚，合计邮资 4 分，符合国际明信片邮资。同时加贴香港邮票 2 分 2 枚，加盖 I.P.O. 戳记。此片 7 月 26 日经大沽、7 月 29 日经上海、8 月 4 日经香港中转，9 月 3 日到达德国内希林。

图 3 1899 年 7 月 26 日北戴河寄德国清代第 1 版邮资明信片（广州曹勇进藏品）

其三，2018 年 11 月香港华邮拍卖 280 号拍品，1899 年 8 月 1 日北戴河寄德国平信，贴蟠龙 1 分 3 枚、2 分 1 枚、5 分 1 枚，合计邮资 1 角，符合联邮各国平信邮资，同时加贴香港邮票 10 分 1 枚，加盖 I.P.O. 戳记。

其四，2018年11月香港华邮拍卖306号拍品，1899年9月18日北戴河寄美国挂号信函，贴蟠龙1角2枚，合计邮资2角，符合联邮各国挂号信函资费，同时加贴香港邮票10分2枚，加盖I.P.O.戳记。

（原载2004年8月3日《中国集邮报》）

喜获1899年北戴河夏季邮局一封一片

编组一部地方邮政史邮集，总是要找到最早的龙头邮品。我着手编组《秦皇岛邮政史》邮集以来，一直心仪北戴河夏季邮局的早期实寄邮品，或者因为机缘不合，或者是财力不逮，一直未能如愿。2021 年末，国内外各大拍卖行相继举行邮品拍卖会，并为客户寄出了彩印拍品目录。我一册一册地翻阅这些图文并茂的目录，希望能有我需要的邮品，在美国 Kelleher & Rogers Ltd 的一个专册上，终于发现了 3 件 1899 年北戴河夏季邮局开局首年寄出的邮品。现按照寄出时间分别介绍如下：

一、1899 年 7 月 21 日北戴河寄比利时挂号（超重）信函（图 1）

此封规格为 13cm×16.5cm，正面书写寄信人与收信人地址，原寄往比利时的烈日市，后转投到布朗肯堡。封正面加盖一红一黑两个“R”戳记，“R”表示挂号，可能分别由收寄局和转口局加盖。按照 1897 年 12 月 14 日大清邮政寄费清单第 28 号通知的规定，寄往国外邮件上贴有中国邮票，应将其贴在信件背面。此封背贴蟠龙邮票 2 分 5 枚、5 分 6 枚，合计邮资 40 分，另有寄信人火漆封印。关于此封邮资组成，在只见到拍卖图录所示的情况下，对照大清 1899—1910 年信函邮资表（见《中国清代邮票目录（修订版）》附编二），我原以为是非联邮各国平信每重 1/2 英两（15 克）2 角，外加双挂号费 2 角，合计 4 角。再查，万国邮政联盟前身是 1874 年 10 月 9 日成立的“邮政总联盟”，1878 年改为现名，而比利时 1875 年 7 月 1 日即加入邮政总联盟，不属于“非联邮国家”。我拿到此封实物后，经过仔细观察封面，左上角有“38/3”标注，推测可能是邮局注明函件重量为 38 克，按照平信每重 1/2 英两（15 克）1 角的

图 1 1899 年 7 月 21 日北戴河寄比利时挂号超重信函

标准，应当收取 3 倍的资费；再看信封正面红色“R”戳记右下有“818”字样，推测为邮局挂号序号，这样，此封的邮资组成应当是平信 10 分 + 超重 10 分 ×2+ 挂号 10 分，合计 40 分。时中国尚未成为联邮成员国，故在封面加贴香港邮票 1 角（10 仙）4 枚，骑缝加盖了长方形外框“I.P.O.”（Imperial Post Office）戳记，表示已付国际邮资。而此 I.P.O. 戳比照张恺升《中国邮戳史》相关分类，应为

“天津Ⅲ型”骑缝戳。另有信封正面右上角标注“a/44”未解何意。收寄局销戳为1899年7月21日北戴河中英文小圆戳，7月23日大沽和7月27日上海中转（销中英文小圆戳），9月1日意大利布林迪西（Brindisi）中转，9月3日到达比利时的烈日市（Liege），又经布鲁塞尔（Brussels），9月4日转投到布朗肯堡（Blankenberge）。

二、1899年8月27日北戴河寄德国明信片（图2）

图2 1899年8月27日北戴河寄德国明信片

此片贴蟠龙邮票2分2枚，合计邮资4分，符合联邮各国明信片邮资规定，加贴香港邮票2分（2仙时)2枚，并骑缝加盖“I.P.O.”戳记（“天津Ⅲ型”)，表示已付国际邮资。收寄局销戳为1899年8月27日北戴河小圆戳中英文，8月29日大沽和9月2日上海中转（销中英文小圆戳），10月9日到达德国维塞尔巴赫（Wieselbach）。

三、1899年9月6日北戴河寄美国平信

此封原是台湾黄建斌先生旧藏，本书《北戴河夏季邮局与“I.P.O.”戳封》一文中已经做过介绍，这里不再详述。

因为不懂英文，不方便直接联系海外拍卖公司，我委托了广州一位邮友代拍，天遂我愿，比预期价格还低一些，拍得1899年7月21日北戴河寄比利时挂号封和1899年8月27日北戴河寄德国明信片。另一件1899年9月6日北戴河寄美国印第安纳州林肯市封，不知花落谁家。

清代北京至山海关火车邮局

清光绪三十一年（1905 年）邮政总办帛黎所呈《大清邮政事务通报》之总论部分有一段关于邮政与铁路关系的精辟论述："惟是邮政之基，与铁路最有关涉，凡铁路开行之处，其邮递必盛兴，是铁路无异邮政之辅。"由此可见，铁路对于邮政事业的发展是多么重要。清末津榆等铁路的开通，无疑为邮政运输开辟了高效率、低成本的新途径。

早在 1881 年，我国在唐山至胥各庄之间建成了历史上的第一段自办铁路，史称唐胥铁路。这段铁路于 1888 年往西修至天津，1893 年往东通至山海关（图 1），称为津榆铁路。于是，在海关试办邮政

图 1 清代明信片：山海关火车站

时期天津经山海关至牛庄（营口）的邮路上，天津至山海关间的邮件运输就由铁路取代了骑差邮路。原来，从1878年11月15日起，在冬季封河期间，天津发往牛庄的邮件改由陆路运输，山海关以内的邮运工作是一个叫胡永安的人承办的。他雇用了四名骑差。这段路程是骑着骡子走的，要4天时间。天津山海关间运送邮件一次，不论重量多少，付给运费关平银8两。1892年至1893年冬季，津海关支付关平银256两。1892年以前津海关还派有听差一名，驻在山海关监督天津信差和牛庄信差交换邮件。自从铁路开办以后，天津至山海关邮运时间缩短为3天，运费也相应降低，并且于1892年冬季，撤回了这名听差。

1894年津榆铁路通车后，由火车运往山海关的每一批邮件都有一名天津邮局的信差押运，并在山海关与牛庄信差当面交换邮件。因信差同普通乘客一样乘车，给邮件带来了不安全因素。1896年2月9日，信差王汝成从山海关乘车送文函包封3件到天津，将信包放在座位下，不料被同车人偷走。这一失窃事件发生后，津海关代理税务司安格联向铁路主管人员提出交涉，铁路出面同意信差和其押运的邮袋可以利用守车，把邮件锁在守车柜里。

随着铁路向锦州、牛庄的延伸，山海关局的业务量逐渐增加，几乎成为重要的转口局，在一定程度上起着中心局作用。但是，好景不长。1900年，随着八国联军入侵，津京、津榆铁路关内段被英军侵占，山海关和关外铁路被俄军侵占。八国联军用大炮轰毁万里长城之首——老龙头，在山海关修建“六国营盘”（图2），驻扎军队。天津经山海关与牛庄间的陆上联系中断了。这期间，英军军邮局在津榆铁路线建立了火车邮局，为当时各国在华邮局和军邮局运送邮件。1901年7月26日天津邮界邮政司德璀琳呈文报告：“在塘沽—山海关之间，大清邮局设有安排邮差乘车跑行，我们的邮件是由英国军邮局铁路邮运组织代为运送的。”

图 2 秦皇岛市山海关区老龙头附近的英军营房旧址

1902 年，英国把其控制的津榆铁路交还中国，京榆铁路贯通。大清邮政开始在北京至山海关的火车上试办邮局。天津邮界副邮政司申玛司 1902 年 10 月份月报中记载了试办经过：“28 日我们恢复了自己的火车邮运。28 日以前我们的人员曾同英国军邮局的人员在火车上共同跑行了 10 天。在火车上我们共雇用了七名邮差，其中，北京至山海关间的快车上三名……我们正在北京至山海关间的快车上做一次试验。我们想效法英国军邮局建立火车邮局的办法。……三名能用英文读写地名的邮局听差被派在火车上做‘拣信生’，按规定他们负责接收和封发沿途各局的邮件。他们的工作记录由天津局负责检查。目前，这三名‘拣信生’仅在火车上处理总包邮件。试验工作很成功。这三个人的工作干得非常出色。我建议要逐步推广这种新的火车邮局。目前慢车上工作的那些既不能读又不会写的邮差将被‘拣信生’取代。在火车上不仅要处理总包邮件，还要处理散件。这种火车邮局对那些铁路沿线开设的内地代办铺商来说尤为有利。按照新办法，火车在经过沿线各站时，‘拣信生’不断地接收并封发邮件，代办铺商只交给‘拣信生’一件总包就可以了。”试验结束后，即诞生了在北京至山海关快车上的火车邮局。

清光绪二十九年（1903 年）三月十六日，清政府外务部核准邮政局和铁路公司互议章程八条，规定：

一、铁路只允许中国邮政官局运送包件，其民局及别国官局邮件概不准运送。至各国军队按合同应送各件，应由中国邮政局随同日行邮件代为由火车寄投。

二、火车搭客行李邮政局不愿扰及，惟若风闻或确知有夹带邮件之弊致违禁令，应如何办理之处，亦须预定妥章。

三、午前往来津榆、芦汉各处暨午后开行之火车应每日二次备有合用专棚，以便邮政局员运送寻常邮件。此两次火车开行时刻倘有改易，须于前二日向邮政局声明，以便早谕众知。

四、邮政局运送寻常邮件备用专棚，铁路应不收费。至遇有另用专车之时，其专车之费照各国向例必须格外从廉（此项照各国从廉之费，尚须另行酌订）。

五、邮政员役因公上下火车听其自便，不得拦阻，惟需携有免票为凭。倘无免票，即照常人一律看待。其免票由各邮政司向铁路局员声领转发。

六、火车各站准兑屋若干间，照纳租费，并于各站设立信箱，系归邮政局自行经理（其兑屋租费尚须另行酌定）。

七、所有此章内载邮政局应交铁路各费均按每年结清。

八、嗣后铁路推广各处，均须照此章程办理。倘有更改之处，须由外务部准定方可施行。

根据这八条章程，火车邮局有了专用车厢（邮政车）。集邮界有人士说，八条章程标志着中国火车邮局的正式诞生。我则认为，这八条章程确定了中国火车邮局的法律地位。

1905 年日俄战争结束后，清政府赎回日本擅筑的新民至奉天铁路，改建接通北京至奉天全线，称京奉铁路。从此，京奉铁路不仅是关内外邮运的重要干线，而且成为中国长江以北通过西伯利亚铁路与欧洲各国往来的国际邮件运输干线。根据 1906 年火车邮运时间表，天津至山海关快车需 6 小时 53 分，慢车需 12 小时 26 分，邮件当天可达。

说到火车邮局的历史，就不能不说火车邮戳的演变。北京至山海关火车邮局戳记最早出现于 1903 年 5 月，是大清邮政委托海关刻制的中英文双圈式日戳。外圈上部英文缩写“I.P.O-R.M.S”，全称是“Imperial Post Office-Railway Mail Service”，即帝国邮政局—火车邮政；外圈下部是“北京—山海关第一号”。内圈是英文地名“Peking —·— Shanhaiguan”和编号“No.1”（图 3 下），同式戳记还有第二（图

图 3 1903 年加盖“北京—山海关第一号”和“北京—山海关第三号”戳记的寄天津平信
（中国嘉德 2001 年秋季邮品拍卖第 2213、2214 号拍品）

4）、第三号（图3上）。此种戳记款式漂亮，集邮界一度有人称之为“英俊少年”，但在今天看来，这款戳记已是“百岁老翁”了。因其是中国火车邮局的第一枚戳记，向为藏家青睐。

2001年中国嘉德公司秋季邮品拍卖会上，有两件分别盖有第一、第三号戳记的实寄封，分别以5500元拍出。而此前的2000年嘉德秋拍中一件盖有第二号戳记的北戴河铁路站长寄美国封，则以11000元高价易主。“英俊少年”戳记虽然隽秀，但因违背中国邮政应予中国化的原则，使用时间不长就停用了。

据孙君毅《清代邮戳志》载，1904年北京至山海关火车邮局使用的是木质长方形两格式戳记（图5），这种戳记分别有“北京至山海关”和“山海关至北京”第一、第二、第三号，如1904年12月22日（甲辰冬月十六日）秦皇岛寄天津平信，加盖“北京至山海关第二号”火车邮局戳记（图6）。这种简单的戳记不能区分时间。在我们能够见到的1906年以后的实寄封片上，又出现了一种圆形内一

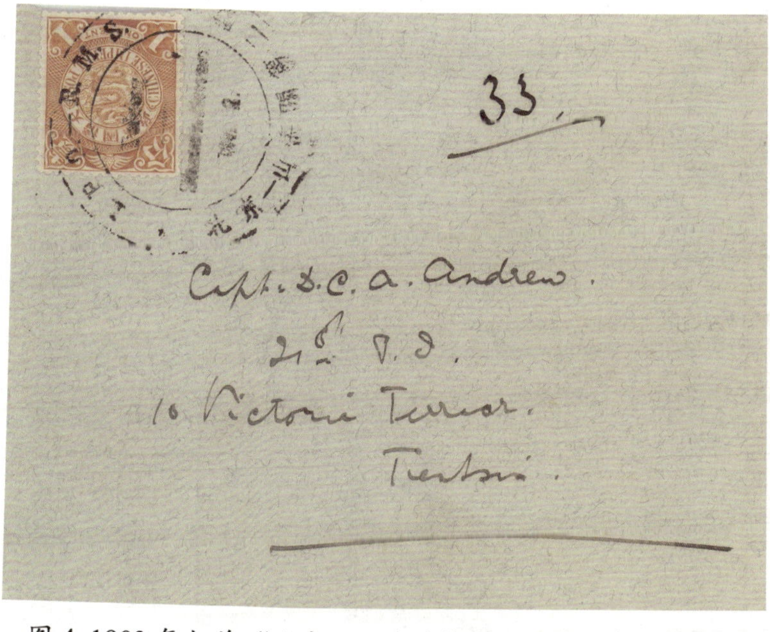

图4 1903年加盖“北京—山海关第二号”戳记寄大津平信（北京祝业平藏品）

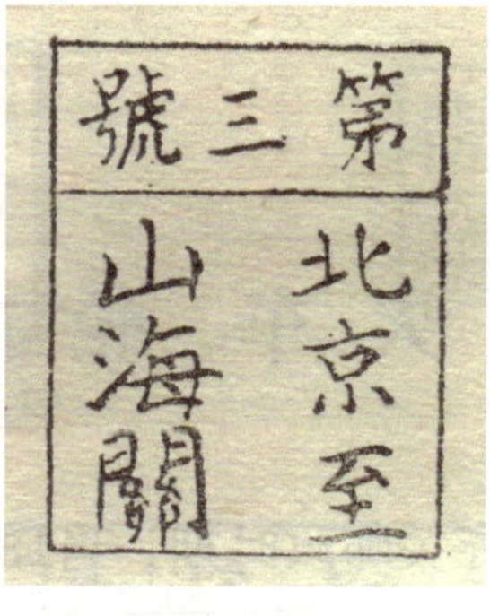

图5 孙君毅《清代邮戳志》图例

横两竖区分的戳记，例如 1908 年山海关寄天津明信片，加盖“山海关至北京第一邮政信车”戳记（图 7），此种戳记也分别有“北京至山海关”和“山海关至北京”的第一、第二、第三号，戳面仍然没有表示年月日的字钉（图 8）。1906 年，京榆火车通至奉天后，山海关至奉天的火车邮局也使用这种格式的火车邮戳（图 9）。我们在更晚些时候即 1910 年以后的实寄封片上，可以见到腰框式干支纪年日戳使用在京榆火车邮局上，如 1910 年 9 月 1 日京榆快车邮局寄塘沽清代第 3 版邮资明信片（图 10），加盖了“京榆快车 / 天津”庚戌七月廿八日戳。从此，火车邮戳的功能最终得以完善，京榆间火车邮局有了真正意义上的日戳。

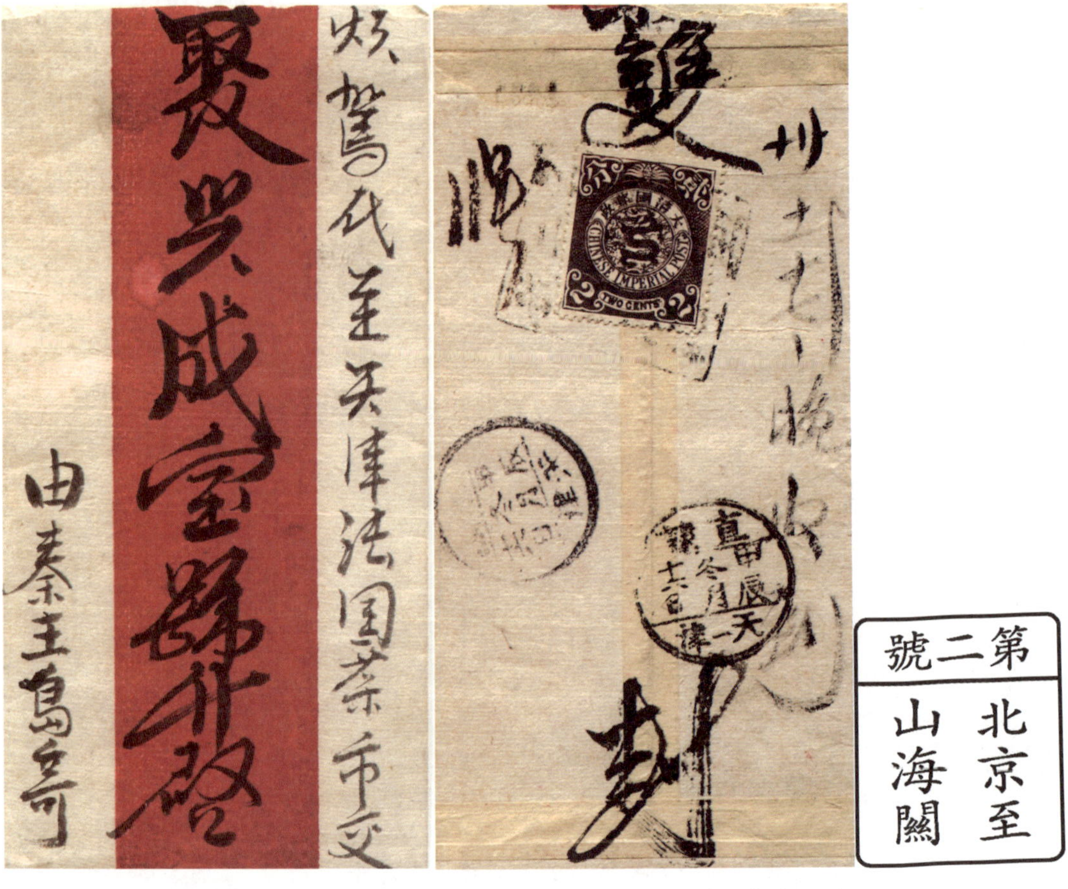

图 6 1904 年 12 月 22 日（甲辰冬月十六日）秦皇岛寄天津平信

图 7 1908 年 7 月 16 日山海关寄天津明信片

图 8 1908 年 7 月 11 日（戊申六月初五）塘沽寄北戴河明信片

图 9 孙君毅《清代邮戳志》图例

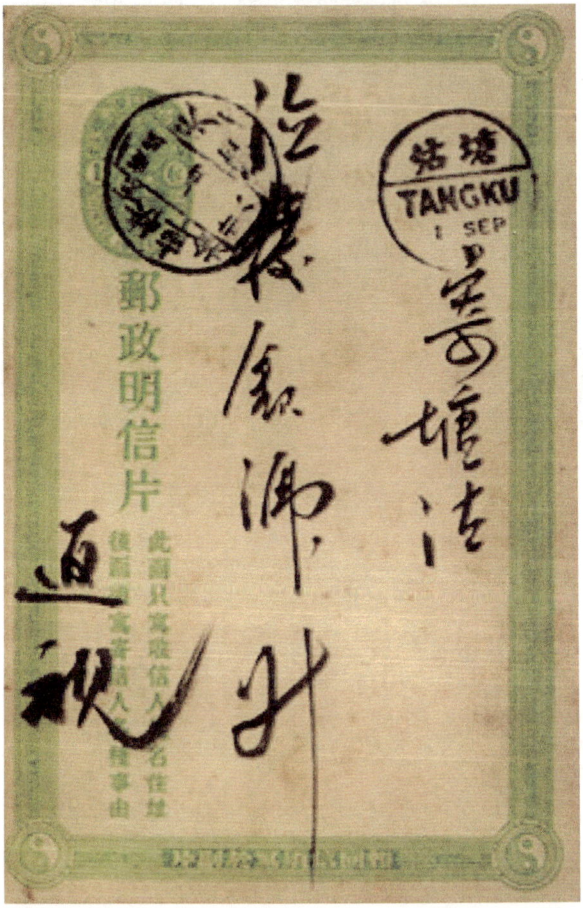

图 10 1910 年 9 月 1 日（庚戌七月廿八）京榆快车寄塘沽清代第 3 版邮资明信片（北京祝业平藏品）

（原载 2004 年 11 月 23 日《中国集邮报》）

一枚山海关寄天津红条封年份考证

在中国嘉德 2003 年春季拍卖会上，我以 1650 元人民币（含 10% 佣金）应价得到张恺升旧藏之山海关寄天津红条封（图 1）。封图收录于张恺升《中国邮戳史》第三册 174 页（右），其下分三行注曰：山海关寄天津贴蟠龙二分 / 销“直隶山海关邮政分局” / 日戳：天津干支英中文不清楚。张恺升翁，这位在中国邮史研究中造诣非凡的前

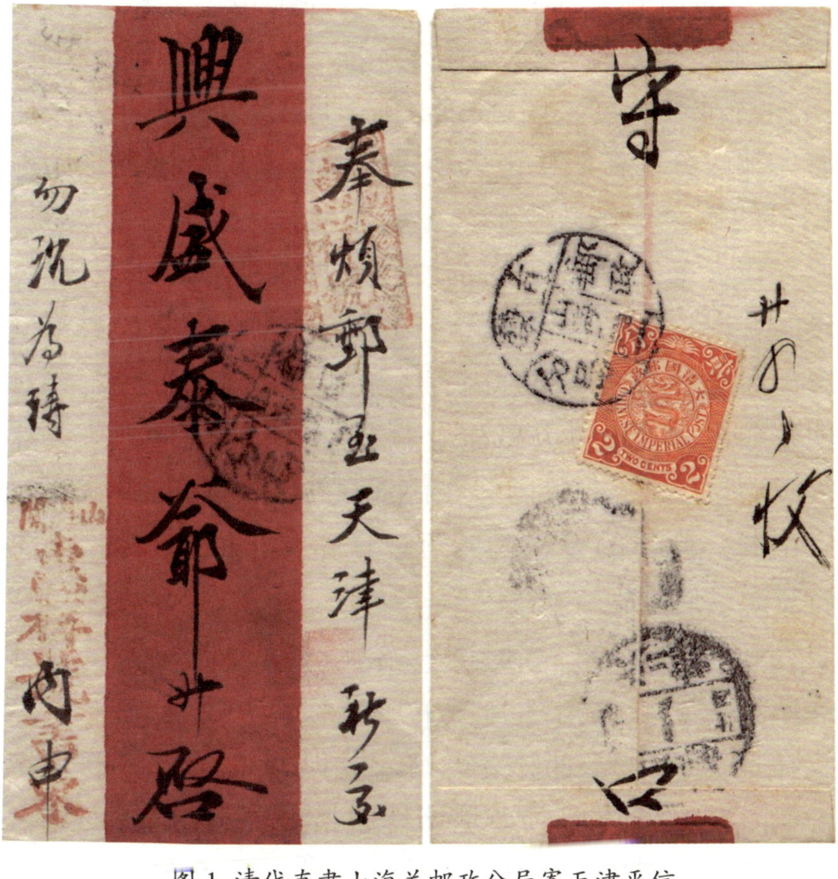

图 1 清代直隶山海关邮政分局寄天津平信

辈，对于此封寄递的具体年份，没有给出答案。想来，这可能也是此封比同场拍卖的其他清代古封落槌价偏低的原因。

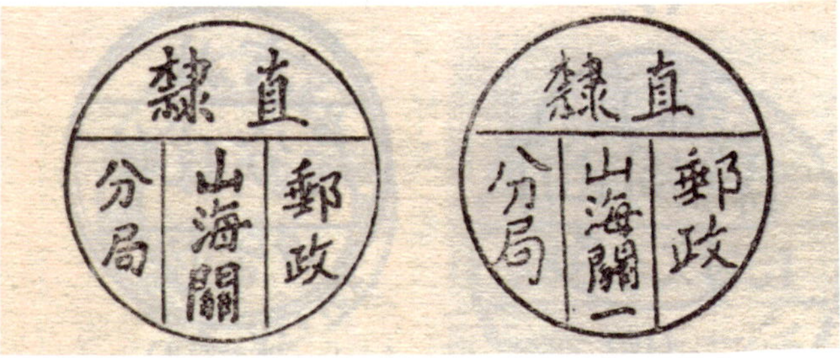

图 2 孙君毅《清代邮戳志》图例

“直隶山海关邮政分局”戳，孙君毅《清代邮戳志》第 120 页收录（图 2），也均未注明使用年份。但是，同为“直隶山海关邮政分局”戳，其中一枚加了一个“一”字，以示区别。按照中国早期邮戳的常例，戳面用中文数字表示支局，用干支表示局内不同部门。这里加刻的“一”字或许告诉我们，两把邮戳并不是在同一局内使用。那么，山海关邮政分局另有支局吗？据《秦皇岛邮电志》载，1899 年 8 月 15 日，大清邮政在山海关设立邮政分局，局址在南门外火车站附近，1900 年 6 月因战乱一度关闭，1901 年 7 月 12 日重新开办。1905 年 7 月，山海关邮政分局在鼓楼南大街设立城内支局，这也是今天的秦皇岛市范围内的第一个邮政支局。笔者推测，“直隶山海关邮政分局”戳，由原来在火车站附近的分局使用；“直隶山海关邮政分局一”戳，由新开设的城内支局使用。清代，山海关乃直隶省临榆县治所，城内官民聚居，商号林立，南门外因有火车站后才日渐兴隆。再看此封正面，落款处加盖有“山海关惠祥号书柬”印记，收信人为天津“兴盛泰”，说明这是一枚商业信函，在山海关城内邮政支局就近投寄，合情合理。由此，此封的寄递时间可以认定为 1905 年 7 月山海关城内邮政支局开业以后收寄。

确定一枚实寄封的寄递时间，落地日戳也是一个重要证据。前述张翁注解此封，天津落地日戳为干支横框（又称腰框）英中文日戳。经我在放大镜下仔细观察实物，发现乃是误认。该落地日戳的上格字迹约有一半残留，应当是繁体字楷书“隶直”（右读）二字的下端，而非英文“TIENTSIN”下端，因此，它不是干支横框英中文日戳，而是干支横框中文日戳。张翁《中国邮戳史》第四册336页“干支横框中文日戳综述”：干支纪年日戳从丙午五月开始，见有大型者戳面直径28—28.5mm，中有横形长框，内嵌日期为宋体中文。上格省名，下格是邮局所在地名，均是楷体字。可称为“干支横框中文日戳”。横框有三种，偶有边线是直竖者。1. 细弧形横框，长框之左右边线，弧形而细。2. 粗弧形横框，长框之左右边线，外弧形内直线，形成粗线。3. 直竖横框，长框之左右边线是直竖。此封上天津落地日戳中的横框，即常见之粗弧形横框。这枚落地日戳也说明，此封寄递时间应在干支横框中文日戳开始使用的丙午年（1906年）以后。

此封贴蟠龙2分邮票1枚，是我们从邮资上判断寄递时间的又一证据。查《中国清代邮票目录》附编二《清代邮资表》和《中国集邮大词典》附录二《中国历代信函邮资沿革表》可知，1904年9月1日开始，国内平信第二资（各局互寄）每重7.5克以下1分，每重15克2分；1908年取消每重7.5克1分，统一为每重15克2分；1910年8月5日国内平信第二资（各局互寄）调整为初重20克3分。观察此封完整无损，长13.2mm，宽6.5mm，属小型信封，在不装入信纸的情况下实称重量不足2克。从所贴2分邮票看，如果是1908年以前寄出，会出现重7.5克只需贴1分邮票的情况；如果是1910年8月5日以后寄出，邮资明显不符。因此，此封寄递时间，应定在1908年至1910年7月间。台湾邮学家晏星在论及此封时称，“就其戳文之磨损老旧的程度观之，应可采信为较后期（一九〇九至一九一一年间）所盖者”。晏老先生对于戳记磨损的分析，可谓经验之谈，但是，他忽略了1910年8月的国内信函邮资调整。

根据以上对山海关邮政分局的销票戳、天津落地日戳、2分信函邮资的分析，我认为此封最大可能寄递于己酉年（1909年）某月廿三日，廿四日到达天津。

（原载《天津集邮》2006年第6期）

北戴河邮局日戳志略

北戴河邮局从清朝末年建局起到新中国成立之初，随着局名的变化，其使用的邮政日戳也经历了从“北戴河”“直隶 / 北戴河”到“北戴河南山”，再到“河北 / 北戴河海滨”的演变，从日戳样式上区分，亦先后出现多种。

一、清代“北戴河”国际日戳

清光绪二十五年（1899 年）5 月 22 日，大清邮政在北戴河设立夏季邮政分局，为中外避暑人士服务，使用日戳为国际日戳，10 月 20 日关闭。1900 年 5 月 15 日重开北戴河邮政分局，6 月因战乱关闭，开业时间短，笔者未见有实寄封、片。1901 年北戴河邮政分局没有开业，1902 年 7 月 6 日北戴河邮政分局再次重开，以后每年暑期开办，10 月关闭。

清代“北戴河”国际日戳为单圈两格式汉英文戳，直径 2.50 厘米。上格小半圆内刻“北戴河”，右读；下格大半圆内第一行刻英文地名“PEITAIHO”，第二行英文月日字钉，公元纪年，从左向右读。图 1 是 1899 年 8 月 10 日北京寄北戴河平信，封上加盖北戴河落地戳。后期见有 1910 年 6 月 27 日北戴河寄天津清代第 4 版邮资明信片销戳（图 2）、晚期 1917 年 8 月北戴河寄天津民国第 1 版帆船图邮资明信片上仍然沿用销戳（图 3）。

图 1 1899 年 8 月 10 日北京寄北戴河平信（超重），8 月 11 日到达北戴河
（上海华宇 2014 年秋季邮品拍卖第 1868 号拍品之一）

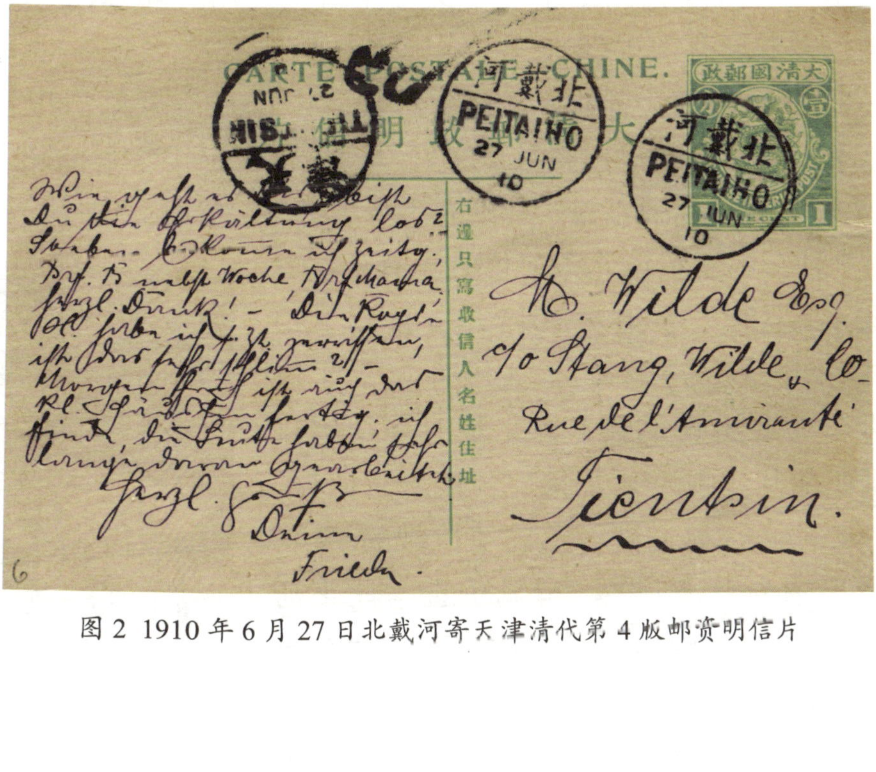

图 2 1910 年 6 月 27 日北戴河寄天津清代第 4 版邮资明信片

图 3 1917 年 8 月北戴河寄天津民国第 1 版帆船图邮资明信片

二、清代“直隶北戴河”干支日戳

清代干支日戳在 1903 年 11 月邮政总办公文中规定为国内日戳，因当时民间习惯使用阴历（农历），遂刻制干支纪年日戳。1912 年中华民国成立，改以民国纪年，干支纪年日戳停用。北戴河邮局使用的干支日戳发现有两种：

1. 双圈三格式干支戳，直径 2.50 厘米，1904 年开始启用。上格刻“直隶”省名，中格插年月日字钉，使用干支纪年，下格刻“北带河”，全戳右读。此戳“戴”字刻为“带”字，纪年有“甲辰”和“乙巳”各一种。甲辰纪年北戴河日戳见有 1 件剪片（图 4，上海华宇拍卖 2015 年 4 月网上拍品）、销“甲辰七月十一日”（1904 年 8 月 21 日）戳。笔者还收集到 1 枚北戴河寄德国汉堡图画明信片（图 5），加盖“甲辰八月四日”（1904 年 9 月 13 日）戳。乙巳年日戳的“巳”字一度误刻为“己”字，可见于直隶北带河（北戴河）寄广州明信片（图 6），加盖“直隶

图 4 加盖直隶北带河
甲辰七月十一日戳的剪片

图 5 1904 年 9 月 13 日（甲辰八月四日）直隶北带河寄德国汉堡明信片

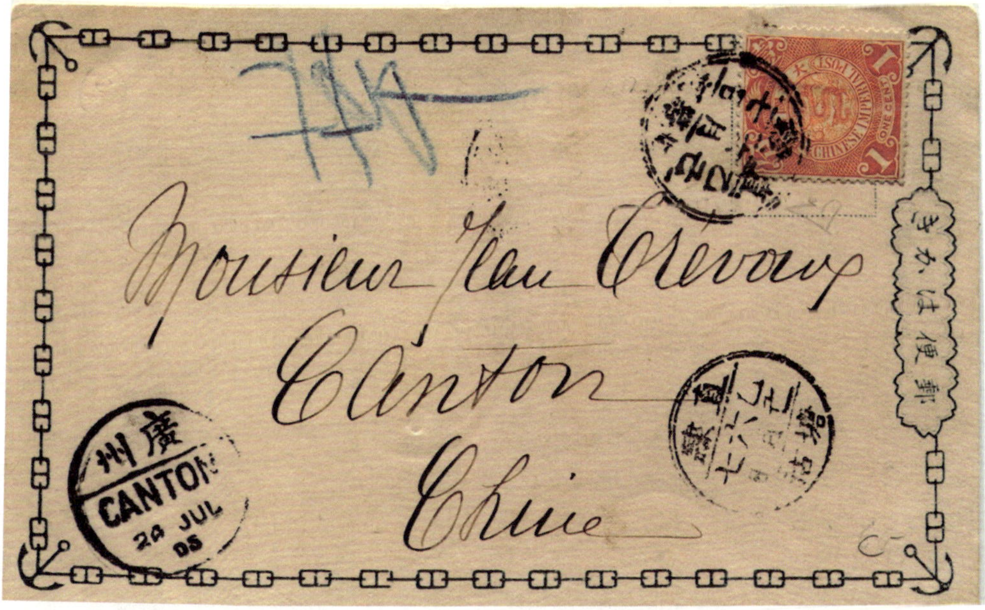

图 6 1905 年 7 月 9 日（乙巳六月七日）直隶北带河寄广州明信片

/ 北带河 / 乙巳六月七日”（1905 年 7 月 9 日）戳。但是，在上海华宇拍卖网上拍品有一枚蟠龙邮票 1 分旧票（图 7），“直隶 / 北戴河 / 乙巳六月廿一日”销票戳基本完整，与前两种戳记相比，圆形日戳的外框由双圈变成了单圈，地名由“北带河”改成了“北戴河”，乙巳年不再是“己”字，而是正确的“巳”字。相比之下，不同的两戳加盖时间差仅仅为 14 天。

图 7 1905 年 7 月 23 日（乙巳六月廿一日）直隶北戴河日戳

2. 腰框式干支日戳，直径 2.75 厘米。上部刻“直隶”省名，中部腰框内插中文年月日字钉，使用干支纪年，下部刻“北戴河”，全戳右读。此戳腰框两端弧形也较细，见有“丙午”“丁未”“戊申”等年份使用。此三种干支纪年日戳可分别见于丙午六月二十（1906 年 7 月 11 日）寄比利时清代第 1 版邮资明信片（图 8），丁未四月廿四（1907 年 6 月 4 日）寄天津明信片（图 9），戊申五月十一（1908 年 6 月 9 日）寄北京明信片（图 10）。

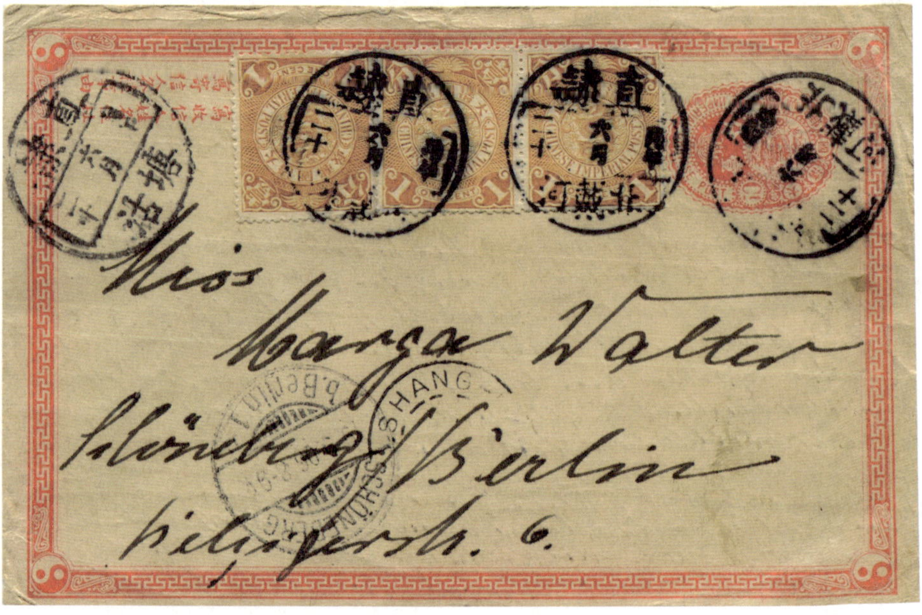

图 8 1906 年 7 月 11 日（丙午六月二十）直隶北戴河寄比利时清代第 1 版邮资明信片

图 9 1907 年 6 月 4 日（丁未四月廿四）直隶北戴河寄天津明信片

图 10 1908 年 6 月 9 日（戊申五月十一）直隶北戴河寄北京明信片

3. 腰框式英汉文干支戳，直径 2.85 厘米，上部刻英文 “PEITAIHO”，左读；中部腰框内插中文年月日字钉，右读；下部刻 “北戴河”，右读。1911 年 2 月 24 日，邮政供应处总办通知，根据日戳使用范围，将其分为国际和国内两类。第一类钢质国际日戳，仅供总局使用。第二类国内日戳分为三种：第一种供总局和业务繁忙局使用，第二种供一般支局和内地局使用，第三种供邮政代办使用。北戴河英汉文干支戳属于一般支局用戳，发现在 1909 年已经行用，早于邮政供应处通知时间（图 11）。

图 11 1909 年 6 月 20 日（己酉五月初三）北戴河寄法国明信片

三、民国“北戴河”和“北戴河南山”日戳

民国元年，北戴河邮政分局改为北戴河邮政支局，仍为夏季营业。

1. 北戴河国内日戳

中华邮政沿用清代腰框式英汉文干支戳样式，改为民国纪年，见有 1913 年 6 月 2 日天津寄北戴河民国五色旗邮资明信片，加盖中华民国“二年六月初二”日戳（图 12）。

2. 北戴河南山邮局日戳

民国三年（1914 年）北戴河邮政支局改为北戴河南山邮局（三

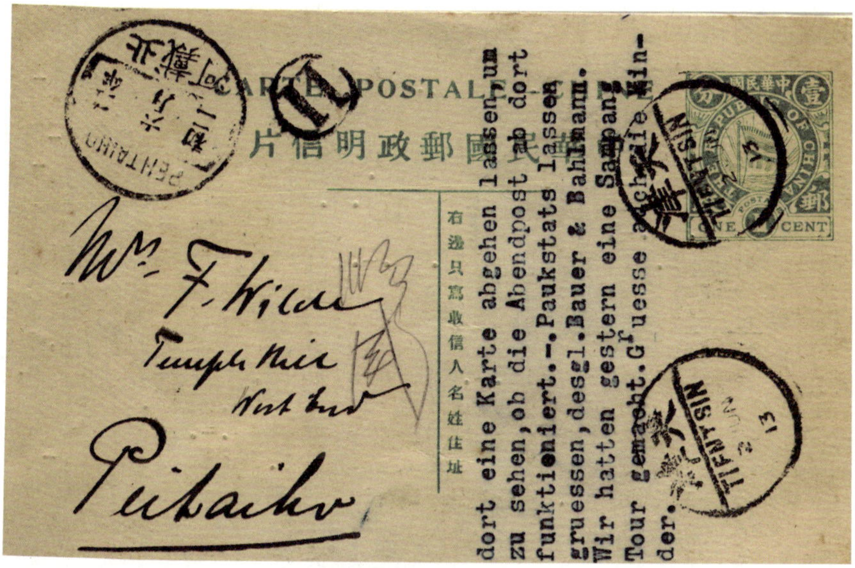

图 12 1913 年 6 月 2 日天津寄北戴河民国五色旗图邮资明信片

等）。民国十一年（1922 年）九月建成北戴河邮电楼，北戴河南山邮局改为常年营业。

北戴河南山国际日戳见有两格式汉英文戳一种，直径 2.80 厘米。上格小半圆内刻“北戴河南山”，弧形排列，右读；下格大半圆内刻英文“PEITAIHO BEACH”和年月日字钉，公元纪年，均横排，左读，见于 1923 年 6 月 22 日寄英格兰明信片（图 13）。

图 13 1923 年 6 月 22 日北戴河南山寄英格兰明信片

北戴河南山国内日戳见有三种：

其一，腰框式英汉文（单行）日戳，国内日戳，直径3.15厘米。上部刻英文“PEITAIHO BEACH”，弧形排列，左读；中部腰框内插中文年月日字钉，使用民国纪年，右读；下部刻“北戴河南山”，横排，右读。此戳腰框两端弧形极粗。见于1920年6月26日天津寄北戴河邮资明信片（帆船三版）落地戳（图14），1921年8月开通的北京至北戴河旅游航空专线，由北戴河发出的航空封上也都销有这种戳记。

图14 1920年6月26日天津寄北戴河南山第3版帆船图邮资明信片

其二，腰框式英汉文（双行）日戳，国内日戳直径3.10厘米。上部英文“PEITAIHO BEACH”刻成两行，第一行弧形排列，第二行横排，左读；中部腰框内插中文年月日字钉，使用民国纪年，右读；下部“北戴河南山”也是分成两行，均横排，右读。笔者收集到一枚销民国“七年六月三十”（1918年）日戳帆船图邮资明信片剪片（图15）。

其三，三格式英汉文日戳，直径2.90厘米。上格刻英文

“PEITAIHO BEACH”，左读；中格年月日字钉，公元纪年，右读；下格刻“北戴河南山”，中英文字横排，英文左读，中文右读。此种日戳使用时间晚于腰框式日戳，可见于1923年9月19日寄北京航空封（图16）。

图15 1918年6月30日北戴河南山寄第2版帆船图邮资明信片剪片

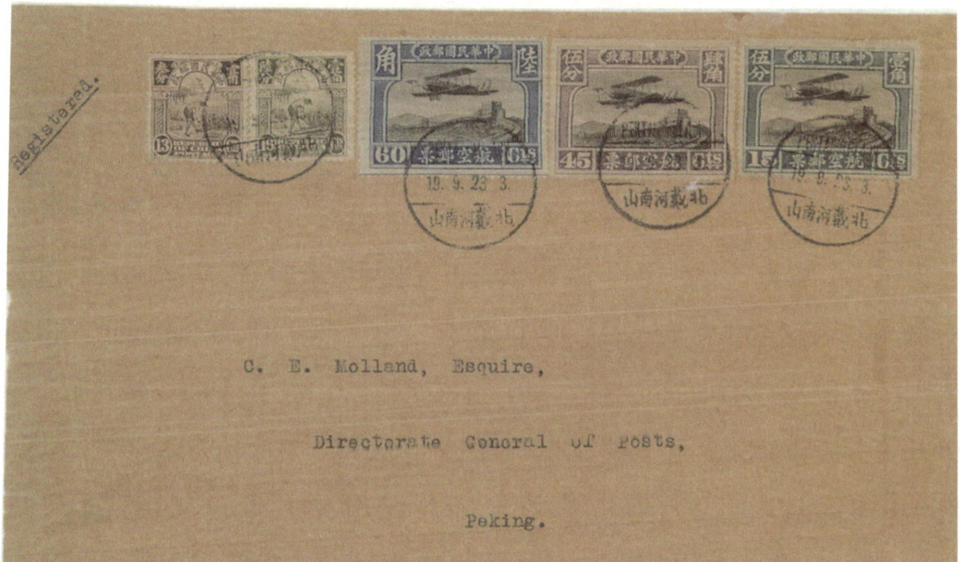

图16 1923年9月19日北戴河南山寄北京航空封（浙江杭州林衡夫藏品）

四、民国“北戴河海滨”日戳

民国十三年（1924年）北戴河南山邮局改为北戴河海滨邮局。北戴河海滨邮局日戳见有两种：

1. 实线外框三格式英汉文日戳，直径2.90厘米，国际日戳。上格刻英文“PEITAIHO BEACH”，弧形排列，左读；中格年月日字钉使用阿拉伯数字，公元纪年；下格刻“北戴河海滨”横排，右读，见于1924年7月21日寄美国挂号信函（图17）。

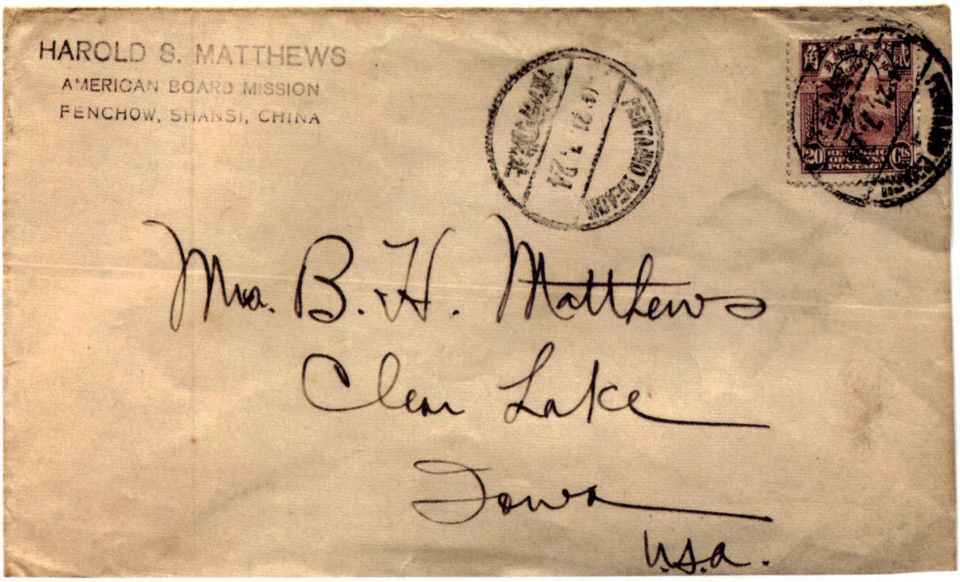

图17 1924年7月21日北戴河海滨寄美国挂号信函

2. 点线外框三格式日戳，直径2.75厘米。上格刻“河北”省名，中格年月日字钉使用阿拉伯数字，民国纪年，下格刻“北戴河海滨”，全戳文字由右向左读，见有使用较晚的1939年8月22日寄天津平信（图18）。此种日戳一直使用到新中国成立后的1957年，只是中格时间字钉改为阿拉伯数字由左向右读，见于1957年7月11日北戴河海滨邮电局市内电话附带费收据（图19）。

以上仅为笔者总结二十年间积累藏品或所见他人藏品（已注明出处）而成，仍然难免疏漏，敬请藏家、专家补正。

图 18 1939 年 8 月 22 日河北北戴河寄天津平信

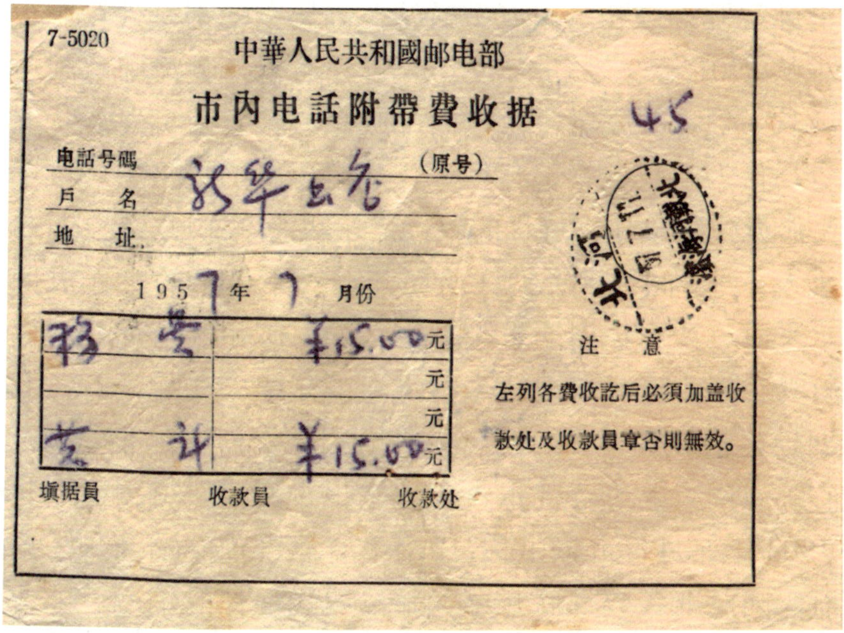

7-5020

中華人民共和國邮电部

市內电話附帶費收据

45

电話号碼 （原号）

戶 名 新华书店

地 址

1957 年 7 月份

移 费	¥15.00	元
		元
		元
共 计	¥15.00	元

塡据員 收款員 收款处

注 意

左列各費收訖后必須加盖收款处及收款員章否則無效。

图 19 1957 年 7 月 11 日河北北戴河海滨邮电局市内电话附带费收据

（原载 2007 年 1 月 30 日《中国集邮报》，原题为《北戴河邮局日戳探识》）

清代永平府邮局的设立和发展

2002年4月的一个星期日，我在秦皇岛古玩文化市场一旧书摊上见到一本1994年版《卢龙县志》，因本人籍贯为卢龙，倍觉亲切，便买了回来。日后得暇翻阅此书《邮电》一章时，见其第一句话是："清以前，信息传递和财物交往，依靠捎带。至民初无邮电机构。"顿觉此处记述失实。

大清邮政开办之初，由海关兼管，高层主管都是外籍职员。英国人申玛思从1901年9月至1909年3月先后担任天津邮政副司、邮政司和邮务长。他按照规定，定期向邮政总办报告业务发展状况。他的这些报告，作为邮政档案保存至今。从申玛思的报告中，可以摘录到关于永平府近代邮政建立过程的叙述。申玛思在1902年2月份月报中第一次涉及永平府，他说："滦州局开办一个月来的工作表明，向留守营、永平府、抚宁扩展的设想是可行的。滦州同上述三地有着相当频繁的贸易往来。这种情况还包括沿海的乐亭。如您同意，我建议应在上述四地尽快设局。"用现在的观点来看，这无疑是一个在永平府等地设立邮政网点的可行性报告。这个报告，很快就得到了批准。申玛思在1903年5月份月报中称："永平府已设代办铺商，考虑到该地是一州府，因此准备数月后开办一邮局取代现在的铺商。永平府与相邻的滦州城间目前每周有三次班跑行。"这段史料，明白无误地记述了1903年5月16日设立的永平府邮政分局铺户，每周往滦州跑三班，等于隔日一班。从这段记述还可以看出，因津榆铁路的通车，永平府通往外界的邮路不再沿袭清代东西走向的驿路，而是向南出京山铁路线上的滦州了。

图1是1904年永平府北街傅宅寄京都（北京）打磨厂一间客栈的平信，贴蟠龙邮票1分1枚，加盖木刻碑形“永平府邮政分柜”光绪纪年戳记，有滦州邮政分局中转戳记，1904年1月3日北京邮局落地戳，查1904年1月3日，农历为十一月十六日，次日送达收信人，与收信人批注“冬月十七日见”相符。图2是永平府寄保定府清苑县正堂信函，贴蟠龙邮票1分1枚，同样加盖木刻碑形“永平府邮政分柜”光绪纪年戳记，封背戳记表明，1904年3月17日北京中转，3月18日到达保定。

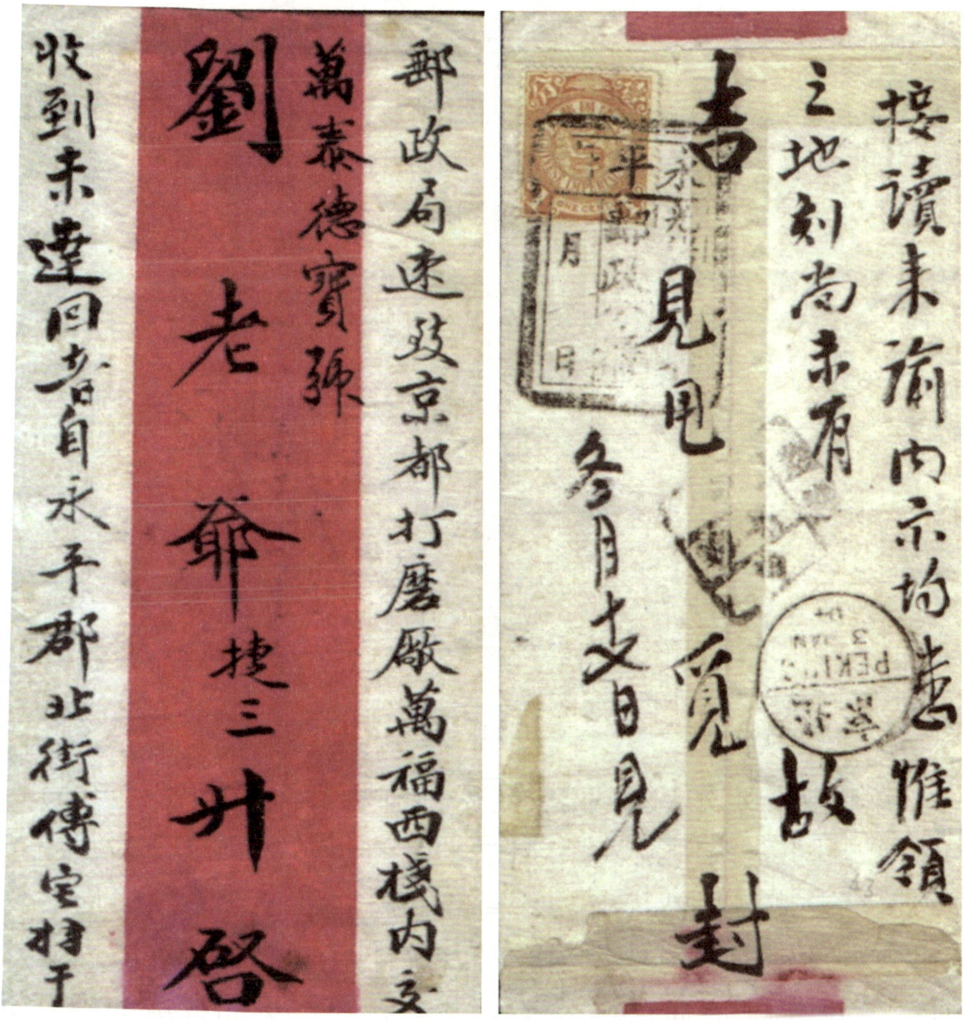

图1 1904年1月3日（到达日期）永平府寄北京平信（北京薛路藏品）

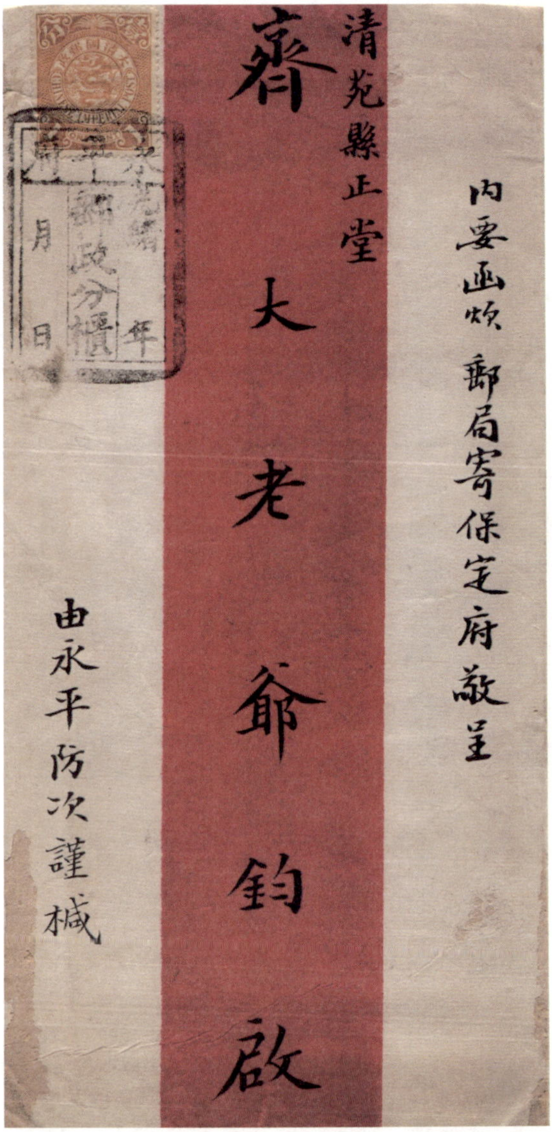

图 2 1904 年 3 月 17 日（北京中转日期）永平府寄保定府清苑县平信

大清邮政在永平府的业务发展如预期那样的顺利。申玛思在 1904 年 12 月份月报中报告：“原永平府的代办铺商已升为邮局。原店主已弃商就邮，现被任命为该局的管局供事。”“原滦州局所辖的迁安县代办商铺，因地处永平府界内，且距滦州较远，所以该代办铺商现已划归永平府局管辖。”这段史实，还有更加权威的档案资料证实。光绪三十一年正月十七日（1905 年 2 月 20 日），署理津海关税务司兼天津邮政事宜费妥玛在天津邮政总局第一届派遣执事案由清折中称："永平府设邮政分局一处，属直隶省永平府卢龙县，当派试用供事蔡春圃（直隶省永平府卢龙县人）前往管理，已于光绪三十年十一月二十一日到任。查此局所管代办邮政铺商系迁安。"上述两则史料证实：光绪三十年十一月二十一日（1904 年 12 月 27 日）永平府邮政分局正式办公，当地商人蔡春圃由代办铺商升格为邮局试用管事（相当于代理局长）。

由于邮政业务的迅速发展，永平府邮局于 1906 年成为乙类汇兑局，申玛思在同年 5 月份月报中不无得意地说："现在该局的汇票业务情况很好，这说明这项业务在那里是人们所需要的。"到了 1908 年 2 月，永平府邮政分局管内开办了陈官屯、燕河营、刘家营三个代办铺商。同年 8 月，开办刘田各庄（当时属抚宁县）代办铺商。1911 年 3 月中旬，又相继开办双望、大横河代办铺商。是年，永平府邮政分局改为支局，除原管迁安县代办铺商外，在迁安县境内的建昌营代办铺商（1907 年 9 月开办）、罗家屯代办铺商（1908 年 3 月开办）也由其管理。而今属卢龙、当时属昌黎的蛤泊代办铺商（1908 年 8 月开办）、石门车站代办铺商（1909 年 4 月开办），则由昌黎邮政分局管理。至此，永平府（卢龙县境内及迁安县大部）的邮政网点形成格局，通过传递公私信件、办理汇兑、邮寄包裹等邮政业务，服务于社会各界。

中华民国二年（1913 年）撤永平府，改卢龙县为永平县，民国三年（1914 年）复名卢龙县，但永平府邮政支局名称未变，称永平府邮局（二等），后于 1928 年调整为三等甲级局，1929 年改称卢龙邮局。

（原载 2005 年 1 月 11 日《中国集邮报》）

介绍一枚清代永平府寄德国挂号信函

卢龙（永平府）在清末民初有没有邮局？要说明这个问题，从集邮的角度来看，查找历史文献是必不可少的，但还要有一个不可或缺的证据，就是那一历史时期实寄信封的发现和存在。集邮所崇尚的证据，主要就是当年的实寄封。实寄封上所贴邮票以及邮票反映的邮政资费，所加盖的邮戳以及邮戳反映的邮路，都是那一时期邮政历史的直接见证。近几年来，我在研究秦皇岛地区邮政史的过程中，非常注重早期实寄封的收集和研究，除收集到加盖永平府邮政代办戳记的实寄封外，还收集到一枚1905年永平府寄德国挂号实寄封（见右图）。

1905年6月9日（乙巳五月七日）
直隶永平府寄德国挂号信函

这是一枚保存完好的西式信封，是用机器印刷的网状纹纸张制成，很可能是国外的产品。信封上的收信人地址姓名用德文书写，加注中文“要函代至大德国”。我们具体分析一下这枚信封的邮资、邮戳、邮路等情况。

邮票与邮资。信封上邮票为原贴，没有撕揭或添补的痕迹。所贴邮票为大清邮政伦敦版蟠龙壹角票 2 枚。查大清邮政信函资费表，自 1903 年起寄往“联邮”各国平信洋银 1 角，挂号另加 1 角。此信封所贴邮票面值合计 2 角，符合国际挂号信函邮资。

邮戳与邮路。信封上邮戳大多清晰可辨。销票戳即收寄局戳为“直隶 / 永平府 / 乙巳五月七日”戳，属于清代双线外圈三格式干支日戳。这种戳式上格为省名，下格为地名，中格为年月日。中格干支纪年的排列，以甲乙丙丁戊己庚辛壬癸十个字为干，以子丑寅卯辰巳午未申酉戌亥十二个字为支，顺序搭配，60 年一个轮回。这是中国传统的纪年方法。干支戳在 1903 年 11 月大清邮政总办公文中规定为国内日戳，最早见到甲辰年（1904 年）。此封永平府戳记上的乙巳五月七日，当为 1905 年 6 月 9 日。因永平府邮局是 1904 年 12 月 26 日由代办铺商升格而成，正值岁末年终，可能没有启用新日戳，目前见到的乙巳年日戳应是永平府邮局最早的干支戳。封上还有英文“R”戳，表示挂号，手写号码“399”，另加长方形汉文“挂号第号”戳，手填“三百九十九”。汉英文两枚挂号戳，与前述国际挂号信件邮资 2 角正相吻合。此封第一枚中转戳“直隶 / 滦州 / 乙巳五月七日”，同属于干支日戳。据史料记载，自 1904 年起，永平府到滦州的邮路由最初每周三班改为每日一班，永平府局收寄的信件当天可到滦州，故此封上两局所盖邮戳的日期相同。此信第二枚中转戳是“直隶 / 塘沽”干支日戳，虽然戳记模糊且有缺如，但隐约可辨，是邮件到塘沽上船走水路的证据。此信第三枚中转戳是上海 1905 年 6 月 15 日戳，是清代单线外圈两格式汉英文戳。上格汉文地名，下格第一行英文地名，第二行阳历日月，第三行公元纪年。根据 1903 年邮政文件规定只用于进出口国际邮件上，此信寄往德国，盖戳完全符合规定。第四枚中转戳记，已知为设在上海的法国邮局戳记，时间也是1905年6月15日。另外，此信还有一枚形状稍为别致的外方内圆形外国邮戳，不清。但到达地德国的邮戳有两枚极清晰，一枚是威斯巴登1905年7月20日中转戳，一枚是贵德林堡1905年7月21日落地戳。这些邮戳证明了，此信从中国的直隶永平府经上海出口到德国的贵德林堡，水陆路全部行程不到一个半月。这在当时应是很快的传递速度了。

早在20世纪初，大清邮政的永平府邮局就成为古城卢龙联系国内外的纽带。今天信息技术的发展更加缩短了地理距离，但愿古城卢龙能够与时俱进，在改革开放中走向世界，早日成为现代化、信息化的新卢龙。

（原载2004年8月14日《中国集邮报》）

“封”说清末永平府盐务总局

笔者经多年留意收集，得见与永平府盐务总局有关的实寄封四枚，并有幸收藏其中二枚。

封一（图1），光绪三十年八月初七日（1904年9月16日），“属永平府昌黎县”寄“花翎二品衔总办永属盐务局即选道张”公文封套，加盖方形汉满两种文字“昌黎县印”关防印章，封背批“初九日到”。

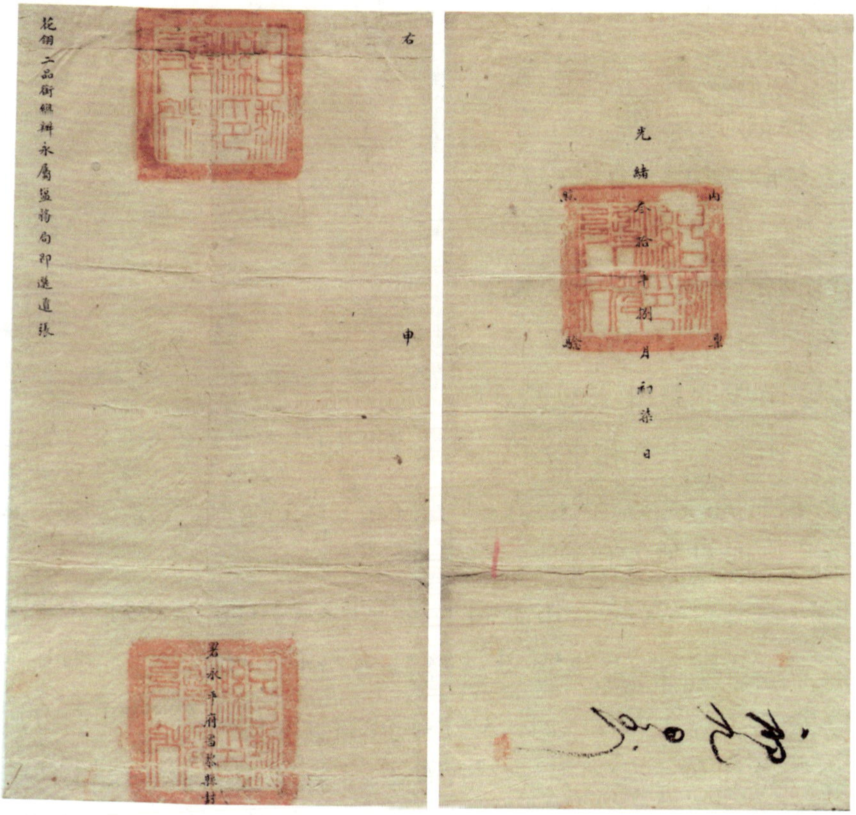

图1 1904年9月16日昌黎县寄永属盐务总局公文封套

封二（图2），宣统元年四月十八日（1909年6月5日），“直隶总督监管长芦盐政”自天津寄“永属盐务总局”公文封套，贴蟠龙邮票2分2枚，属于超重邮资，销腰框式“直隶/天津”己酉四月十九日戳，另有腰框式英汉文“LWANCHOW/滦州”己酉四月□日戳和三格式“直隶/永平府”己酉四月廿一日戳。

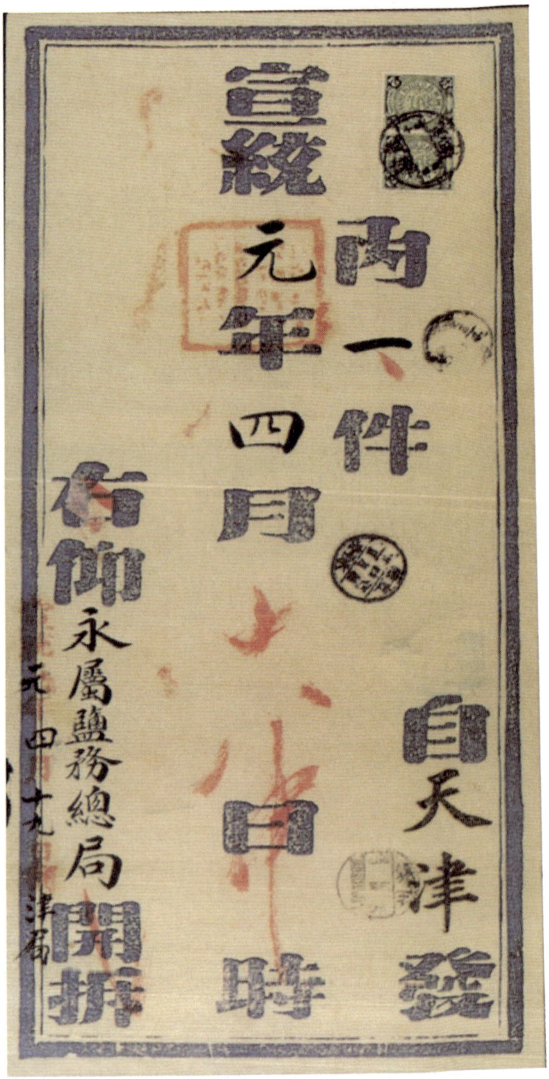

图2 1909年6月5日“直隶总督监管长芦盐政”自天津寄“永属盐务总局”公文封套（中国嘉德1998年秋拍第2056号拍品）

封三（图3），宣统二年四月廿五日（1910年6月2日），“卢龙县盐务分局”寄“滦州永七盐务总局”红条封，贴蟠龙邮票2分1枚，符合平信邮资，销腰框式英汉文“YUNGPINGFU/永平府”庚戌四月廿五日戳，滦州英汉文腰框式英汉文庚戌四月廿五日戳，另外加盖“山海关/至北京/第二号”火车邮局戳记。收信人批“宣统二年四月廿五日到”。

封四（图4），宣统二年八月二十七日（1910年9月30日），“永平督销官盐总局”自天津寄“昌黎盐务分局”红条封，背贴蟠龙邮票半分2枚、2分1枚，合计3分，符合1910年开始实行的平信邮资，加盖三格式“直隶/天津/第五十三号分柜”戳和腰框式英汉文“TIENTSIN CITY/天津城”庚戌八月廿八日戳（地名天津城下方加

图 3 1910 年 6 月 2 日（庚戌四月廿五日）永平府寄滦州永七盐务总局公文封（中国嘉德 2003 年春拍第 3380 号拍品之一）

刻一“辰”字），有腰框式英汉文“CHANGLI/ 昌黎”庚戌八月廿九日落地戳。另有极为特殊的“S 辰 12”戳。

本文试图对这 4 枚实寄封上的信息做一些诠释。

首先，永属盐务总局是何机构？永属盐务总局，又称永七盐务总局，统管永平府七州县盐政。永平府治所在卢龙县城，所属七州县为：卢龙县、迁安县、乐亭县、滦州、抚宁县、昌黎县、临榆县，分属于今唐山市和秦皇岛市。可能是滦州处于通车不久的津榆铁路线上，交通便利，永属盐务总局不在府城而在滦州办公。封二卢龙县盐务分局寄滦州永七盐务总局封即是明证。

其次，封一收信人“总办永属盐务局即选道张”何许人也？经查，此人为清末北洋重臣张镇芳。张镇芳（1863—1933）字馨庵，号

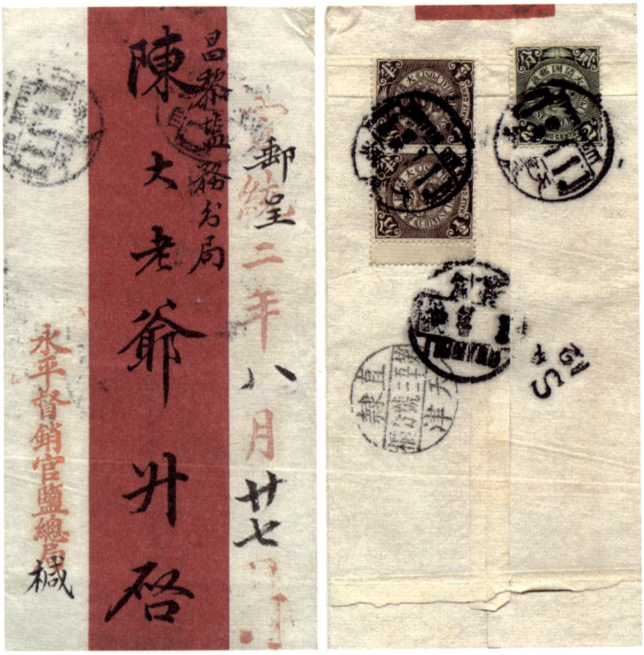

图 4 1910 年 9 月 30 日（庚戌八月廿七日）永平督销官盐总局自天津寄昌黎盐务分局公文封

芝圃，河南项城县人。清同治二年（1863 年）十二月二十日生，光绪十八年（1892 年）中壬辰科第三甲第九十一名进士。1901 年 11 月李鸿章病逝后，袁世凯以山东巡抚擢升署直隶总督兼北洋大臣。袁任职直隶后广为延揽人才，困居户部京官的张镇芳即于此时以姻亲机缘附袁。1903 年袁以直隶总督名义咨户部，调张镇芳赴直隶，先委以北洋银元局会办、直隶差委总办、天津河间兵备道，又委以总办永属七县盐务的肥缺。封一对收信人冠称的“花翎二品衔”，是张镇芳的衔级。张镇芳到任永平盐务总办时驻滦州，后于光绪三十三年（1907 年）夏秋间（一说 1906 年）擢升长芦盐运使，即回天津。另查天津直隶总督署设在了原三口通商大臣衙门（天津老城的东北角，其址今为金刚公园）；长芦盐运使衙门，也叫运司衙门或盐道衙门，设在天津老城东门内大街北侧（其址今为运署西街小学和北门里小学）。封四戳记之一所示“直隶天津第五十三号分柜”可能就在天津老城内。

盐务的核心是盐税，为旧日财政收入之大宗。张镇芳即任盐官，既忠于袁氏，又理财有方，颇能尽职尽力。袁世凯曾为张镇芳上折奏请军机处存记以示奖励。袁世凯奏折中对张镇芳总办永平府属盐务评价颇高："查永属盐务，自道光年间改归官运，废弛五十余年，久成积弊。臣于二十九年奏准派员试办，经该道（即张镇芳）悉心筹度，剔除弊窦，体恤民艰，杜绝私销，均平价值；自二十九年七月至三十年底，已得余银十余万两。自三十一年正月至年底，又得余利银十余万两。际兹库帑奇绌，该道竭力经营，得此巨款，洵属有裨国计。"（袁世凯《道员张镇芳请饬交军机处存记片》）张镇芳在永平的实绩当不止此二十余万两银，可见张之聚敛能力。另据资料介绍，长芦盐税在张镇芳任期内高达银五百七十万两，约占到直隶全省岁收三分之一，成为北洋集团的第一经济支柱。

其三，封二邮戳信息带来的疑问。按照邮路分析，"直隶总督监管长芦盐政"自天津寄"永属盐务总局"公文封套上的滦州日戳应为中转戳，直隶永平府日戳应为落地戳。因为自大清邮政在永平府建局以来，府城卢龙通往京津的邮件都是经滦州中转，利用津榆铁路外运，而绝无经永平府中转至滦州的道理。这里就有一个问题，永属盐务总办衙门并不在永平府治所而在滦州，滦州邮局为什么不就地投递永属盐务衙门而是舍近求远转寄永平府呢？

其四，封四所加盖的特殊的"S辰12"邮政工号戳记。孙君毅《清代邮戳志》载："到达局盖，最早见于1907年，1912年后仍有沿用。'S'可能代表天津邮局，号码是投递员工号，子丑寅卯等代表时辰，最晚见未字。""另一说地支号是支局序数，'S'为英文支局（Sub-Office）的缩写，数字是投递员的工号。"笔者倾向认为，"S辰12"戳记是天津城（辰）支局员工接到信柜转来此封时加盖，不会是在相对较小的昌黎邮政分局加盖。

（原载《集邮博览》2016年第9期）

秦皇岛开埠与冬季南北邮件转运

一、秦皇岛开港与开埠

1. 秦皇岛自开口岸的准备

19 世纪末，中国沿海重要港口均为清朝政府与帝国主义列强签订不平等条约而被迫开辟的，属于“约开口岸”，其港口权益几乎全部丧失，而秦皇岛港是清朝政府主动开辟的“自开口岸”。

秦皇岛港（图 1）位于我国渤海湾西北侧，地处北纬 39° 54′，东经 119° 36′，与辽东半岛、山东半岛隔海相望，穿过渤海海峡水道，与黄海相连，通向世界各港口。

图 1 秦皇岛港位置图

1878年开平矿务局成立。1894年津（天津）榆（山海关）铁路通车，在北戴河、汤河（秦皇岛站前身）、山海关设站，为开辟秦皇岛港创造了条件。清朝政府和北洋大臣命路矿督办张翼（字燕谋）勘测秦皇岛沿海港湾，设立码头的选址工作正式启幕。当时，“官督商办”的开平矿务局新井开掘，煤炭产量日益增加，需要增加载重大的轮船外运，因天津海河开挖以前的航道水浅，难以靠泊大船，需要寻找深水港口，以利运煤到上海、广州和香港，这与清朝政府在秦皇岛自开口岸、筑港通商的“大政策”相契合，而大清邮政冬季南北邮件转运的需要，则成为秦皇岛开港的催化剂。当时，大清邮政南北邮件运输有水路、陆路两种方式。如北京寄上海的邮件，先由陆路运至天津大沽（塘沽），然后装船运往上海。在一年当中，春夏秋三季均无大碍，到冬季则陡增困难。水上邮路因塘沽港封冻停运，不得不改走陆路，而当时尚未修建津浦铁路，陆路远不及水路便捷。清朝政府权衡得失利弊，在运煤港口选址建设方面上做出安排，海关税务司（兼邮政司）同意在塘沽与牛庄之间的秦皇岛沿岸设立新的装煤港口，但以装运冬季南北邮件为条件。双方取得合意后，开始寻找最适宜的地方作为港址，最终选定了秦皇岛港。

2. 发现秦皇岛与港址之争

早在1896年12月，开平矿务局雇员鲍尔温奉命前往山海关迎候“广吉号”小火轮，接收随船带来的总督李鸿章参加俄国沙皇登基大典顺访欧洲的文书档案。鲍尔温在山海关海边的一座庙宇住了一段时间，观察到刮北风时海冰被全部吹出海湾，变南风时海冰就返回，但是冰薄不够坚硬。他返回天津时向他的上级清廷路矿督办张翼作了报告，并提出在这一带沿海修建煤港的可能。张翼接受了他的意见，并派他立即去做调查。鲍尔温在滦州下火车，从滦河口东行去北戴河，因为下大雪不得不返回天津。此后，鲍尔温屡次受命勘察秦皇岛港址。

1897年夏天，鲍尔温和开平矿务局“北平号”船长马克法林接受张翼的委托再次考察港址。因张翼属意北戴河，他们首先来到北戴河，发现这里落潮时礁石很多，接通津榆铁路似有困难，认为不合适。马克法林驾驶“北平轮”运煤去营口。鲍尔温离开“北平轮”，骑马沿着海岸向东北方向寻找一个更好的地方，在北戴河和山海关之间，发现了森特波印特（音译，指秦皇岛）。世传秦始皇派方士入海求仙，曾驻跸于此，故得名秦皇岛，当地百姓又称秦王岛。此处原与陆地海水相隔，后淤塞相连，成为海岸岬角。（图 2）此处由法国人在 1870 年左右测量过，在海图上标注了一个港湾。鲍尔温认为选取这个地点较好，于是向矿务局报告发现天然良港。但是，津海关原税务司德璀琳一开始就不同意在此建港，而主张在北戴河金山嘴建港。此后，海关的副总工程师哈尔定被派来勘察，利用“北平轮”对北戴河和秦皇岛两处备选港址进行测量。根据测量结果，秦皇岛海底较之北戴河礁石不多，且所测水深从 1870 年以来无巨大变化。哈尔定的报告也赞同在秦皇岛建港。

图 2 民国明信片：秦皇岛海岸风光

鲍尔温提出的在秦皇岛建港的建议，获得津海关税务司贺壁理的支持。1897年八九月间，张翼与贺壁理、德璀琳乘火车在汤河站（图3）下车，后骑小驹（可能是驴）到秦皇岛。贺壁理一看到这个地方就立即同意发出计划，并祝贺鲍尔温的这一发现。此后或有反对用秦皇岛代替北戴河的，贺壁理总是支持鲍尔温。据光绪二十四年（1898年）十一月初八日贺壁理《申呈秦皇岛添开通商口岸文》称："自戴河口至山海关止，一再详细履勘，其间不过有两处，一为金山嘴，一为秦皇岛，水势较深，起卸尚便。惟该地常起东北风，以致两处东岸波浪甚大，只可在西边停泊商船，建造码头。以上两处，若无一铁道联系津榆之路，仍属无用。但金山嘴较铁路甚远，且必由山路崎岖之处经过，用费必大；秦皇岛较铁路甚近，用费必小。况秦皇岛海面风小浪静，是以码头应在秦皇岛建设。"

图3 1912年10月22日秦皇岛寄上海明信片：汤河火车站

在码头选址问题上的分歧，以鲍尔温为代表的一方，极力主张应当建在秦皇岛，而津海关原税务司德璀琳坚持不变的意见是选址北戴河，反对选址秦皇岛，因此发生了许多争论。张翼一度也有些动摇。鲍尔温建议他们听取专家的独立意见。因此，在“广平轮”从国外回到天津的时候，鲍尔温请求在德璀琳、张翼、卡尔德船长和他（鲍尔温）本人之间进行一次会谈。“广平轮”卡尔德船长曾任旅顺港务监督长。张翼和德璀琳对卡尔德船长最为熟悉。鲍尔温向张翼和德璀琳指出，卡尔德船长有多年的航海经验和港口知识，能够从一个船长的观点判断哪个地方是最合意的。鲍尔温问张翼和德璀琳，如果卡尔德船长测量了这些地方，是否能接受他的判断？张翼和德璀琳表示同意。卡尔德和鲍尔温用了一个月左右时间，对海上和陆地进行测量。在实地考察之后，卡尔德船长完全赞同选址秦皇岛。从此，就再也听不到德璀琳的反对声音了。后来，鲍尔温和德璀琳殊途同归，1898 年 6 月 10 日，鲍尔温就任开平矿务局秦皇岛经理处（图 4）首任经理，而德璀琳于 1900 年 12 月 22 日复任津海关税务司后兼任秦皇岛海关税务司。

图 4 清代明信片：开平矿务局秦皇岛经理处

3. 秦皇岛港海运肇始于冬季南北邮件转运

光绪二十三年（1897 年）九月三十日总税务司为冬季南北邮件运输事申呈总理衙门文称："去岁冬令北方积雪，路途壅塞，车马难通，所有由陆路往来烟台、镇江寄递信件较为迟缓，以致各国使署人员纷纷讥怨。现值将届封河，须由陆路寄递之时，故宜预筹良策。窃维天津北河及大沽拦江沙沿海一带甚浅，甜水之处，每年冬季冻冰，而迤北具系咸水，并非年年冻结，即使凝冻，冰不坚厚，船只均可乘势冲激驶傍堤岸。即如北太河（即北戴河，下同——作者注）、山海关等处，水势甚深，堤岸亦易拢泊。闻十年之间竟有七八年并不冻冰，即偶凝结，距岸不远。近来烟台、上海冬季仍有轮船来往，但皆不向北行驶。惟设有轮船自烟台径赴北太河递送信袋，在彼易于起岸由轮车接运，则由沪寄京之信件五日可达，较之由陆路寄递须二十日之久，相去悬殊。查开平煤矿公司有平字号火轮数艘，每值冬令多无生理可作，若能派令一艘在烟台过冬，则凡由沪寄来之信袋可令接递至北太河转交轮车递运，俾邮递之事可较迅捷矣。至该轮船因此役需用之煤斤，嗣后可由邮政局照数付还价银。"

总税务司的这一呈文在六天后即得到总理衙门的批复："自是为邮政迅速起见，除咨北洋大臣转饬该公司与总税务司妥议外，相应札行总税务司遵照速与该公司商办可也。"由此批复之快看来，清代政府衙门的办事效率并不全低，同时也反映出清朝政府在秦皇岛建港开埠的迫切。由此，秦皇岛港迎来了历史性的第一宗业务——1897 年冬季的南北邮件转运。

4. 光绪皇帝御批开埠

光绪二十四年（1898 年）三月初五日，总理衙门补奏秦皇岛自开口岸折称："兹查直隶抚宁县属北戴河至海滨之秦王岛，隆冬不封，每年津河冻后开平局船由此运煤，邮政包裹亦附此出入，与津榆铁路甚近，若将秦王岛开作通商口岸，与京榆铁路相近，殊于商务有益，如蒙谕允，即由臣等咨行北洋大臣、顺天府尹先将应办事宜速筹备，定期开办。所有添开秦王岛通商口岸缘由，理合附片具奏。”光绪皇帝当日朱批：“依议钦此”，准自行开辟秦皇岛通商口岸。此后，秦皇岛港历经沧桑，在20世纪末成为世界最大煤炭输出港。秦皇岛因港立市，因港兴市，今天的秦皇岛市主城区就叫海港区。

二、秦皇岛冬季南北邮件转运

1. 冬季南北邮件转运涉及的范围

光绪二十三年九月三十日（1897年11月9日）发布《大清帝国邮政布告 · 第二十三号》称：“1897年至1898年寒冬季节，大清帝国邮政将保持北京、天津、牛庄、烟台、上海间的海陆邮路畅通无阻。”布告公示海运与陆运事项，关于海运部分称：“装有帝国邮政邮件的轮船一艘，定于每周法国或英国邮件到达日期的次日驶离上海，并在烟台将邮件交与另一艘帝国邮政轮船带至北戴河，然后分别将邮袋由铁路运往天津、北京或由陆路运往牛庄。上述各邮局运往北戴河的邮袋，同样将由回程轮船带至烟台。轮船离埠和邮件封发日期由相关邮局通告周知。”

1902年10月10日，海关总税务司署邮政总办帛黎签署的邮字第66号通告称：“已指示天津邮局从11月20日至3月15日在秦皇岛开设支局，以便在秦皇岛接发寄往或寄至牛庄的邮件。一般说来，牛庄港的封冻时间要比天津港早半个月，开化时间要晚半个月。已指示上海邮局，在同牛庄的直通海上邮路中断期间，寄往牛庄的邮件通过秦皇岛经转。”“由秦皇岛到牛庄（然后再到旅顺和齐齐哈尔），由秦皇岛到天津、北京（然后再到保定、正定）可在信差的押运下利用铁路运输。”

由以上布告和通告内容可知，秦皇岛港转运冬季邮件，在北方涵盖了今天的京津冀和东北三省的广大地区。

2. 冬季南北邮件转运的运作方法

这里，从船期安排、邮件资费、轮船接驳三个方面说明。

（1）关于船期的安排

1897年11月3日，北京海关总税务司赫德致各海关税务司邮字第42号通告附件1《总税务司致天津税务司文》称：

由于今年封河期有提前的征兆，因此我先提前通知您：

一、根据法国和英国邮件到达的时间，轮船可能每星期由上海驶向烟台一次。轮船启航时间将电告烟台。烟台收到上海的邮件后立即用一艘事先准备好的平字号船将邮件运往北戴河。在该船启航时电告天津。天津邮局负责在北戴河接收平字号船运达的邮件，同时把寄往烟台和上海的邮件交付给平字号船返程带回。该船与交接邮件后立即返航，不得延误。以这种方式运输的邮件应当与其他船运邮件同等看待。

二、有天津税务司和开平矿务局经理张大人共同安排平字号船航行的具体细节。邮运所消耗的煤斤待封河期结束时一并结算。

光绪二十四年（1898年）九月二十日，总理衙门札行税务司称：“光绪二十四年九月十五日，据总税务司称，窃邮政冬季南北往来递寄信袋系用开平公司火船帮扶速递一事，上年曾请由贵衙门咨行北洋大臣转饬该公司照办在案，今年若能按照办理，实与官民及各国使署商民大有裨益等因前来。除由本衙门咨行北洋大臣转饬该公司仍照前案办理外，相应札行税务司遵照可也。”这就是说，1898年秦皇岛港的冬季邮件转运照例进行，1899年亦无例外。

1900年10月初，八国联军在秦皇岛登陆，全面占领港口。这一年的南北方冬季邮件转运，大清邮政需要听从于联军的决定。天津邮界曾经与联军接触，讨论由联军提供的往来烟台和秦皇岛的交通船运输，作为回报，邮政方面愿意承担自己邮件和各国邮件的装卸工作，并负责押运往来天津和秦皇岛之间的所有邮件。由一名或几名中国邮差在此线上押运邮件，每日由两端各发运一次。此项拟议的执行情况不详。这一年，也可能是大清邮政为防不测，同时安排有天津—镇江邮路，每日发运一次邮件。

1901年冬，开平矿务局恢复了“平”字号轮上海—烟台—秦皇岛间的海上邮件运输。是年11月23日邮政总署邮政总办帛黎在上海发布的第54号邮政通告称：“冬季邮件运输：一、现已做出今年冬季封河期间天津与南方经秦皇岛交换海运邮件的安排。根据这项安排，上海与秦皇岛途经烟台，每星期隔开二班轮船。上海轮船启航时间将尽可能与欧洲邮件到达的时间相衔接。二、考虑到我们已做出新的海运安排以及最近秦皇岛港已得到改善，这些足以使整个冬季的海上运输得到保障。因此，今年的封河期不再安排上海到天津取道镇江的陆路运输。三、有关冬季邮件运输的具体细节请看造册处秘书将给你们的第35号通知。该通知应张贴和向公众散发。”

1906年，据《大清邮政光绪三十二年事务通报总论》载：“再查冬季办公，由秦王岛转寄已全无阻碍，殊觉满意。故上海之邮件，无庸借径芦汉铁路。缘其快车每星期开驶一次，不若海路邮船按日开行反较适于公众。”

（2）关于冬季南北邮件转运资费的规定

南北冬季转运邮件在邮件资费方面有特殊规定，由于掌握材料的限制，本文仅以信函为例说明。

1897年11月3日北京海关总税务司赫德致各海关税务司邮字第42号通告附件1《总税务司致天津税务司文》称：“三、冬季经北戴河—烟台海运出口邮件，无论是洋人寄的还是华人寄的，其尺寸和重量都不得超过邮资第28号通告所规定的限额。但对进口邮件应注意，收到从国外邮联邮局发来的固封邮件，如未超过邮联所规定的重量尺寸，并且其中只装有普通邮件的话，我海港邮局可以接受并发往前途。这里的普通邮件系指信函、报纸和书籍而言。包裹应与普通邮件分别封装。这两类邮件在利用这条邮路运输时按不同的费率收费。有关费率，邮务秘书将另行通知。但各口岸邮联邮局自行封装交大清邮政转发的邮件则必须符合邮资第28号通知的规定。”这里明确提出，普通邮件和包裹这两类邮件在利用这条邮路运输时按不同的费率收费。

据1897年11月9日邮政通令第1号称："总字第807号通令第2条第42款已对南方和北方之间的冬季邮运做了具体规定。认真研究随文附去的文件，将会有助于全面理解第807号通令的规定。""应当注意以下主要规定：（一）国内平常邮件，无论是经海运还是陆运，一律不加收邮资。（二）经陆路或海路发往或发至北方的国际邮件，除需付国际资费外，还需加附国内邮资。（三）国际挂号邮件需加附国内挂号费。寄往国外的由寄件人预付，国外寄来的由收件人支付。"

1901年11月23日北京邮政总署邮政总办帛黎在上海发布的第54号邮政通告重申："用海路或陆路寄往或寄自北方各口岸的国内邮件，无论华人还是洋人交寄的信件，一律按普通国内资费表收费。用海路或陆路寄往烟台以北各地的国际邮件，无论华人还是洋人交寄，除按邮联费率收费外，还要按国内费率加收国内运费；挂号邮件除按邮联的规定收取挂号费外还要按国内规定加收挂号费。所加收的运费由寄件人支付，进口邮件由收件人支付。"

以上明确了"经陆路或海路发往或发至北方的国际邮件"按不同的费率收费，即需要分别加附国内平信（或明信片等）和挂号邮资。

这种用海路或陆路寄往或寄自北方各口岸的国内邮件加收的国内邮资何时取消，亦有明确的文件规定。1902年10月10日海关总税务司署邮政总办帛黎签署的邮字第66号通告称："秦皇岛的港口条件已有根本变化，这使冬季封河期间由该港至上海的海上运输有了保障，加之我们每年冬季都和船务当局及时做好安排以确保上海、烟台和秦皇岛间的定期邮运班次，因此，南方和北方之间互寄的各类邮件已没有必要再执行冬、夏季两种不同的资费。现决定取消冬季资费。"

（3）关于秦皇岛港的邮件接驳作业

从1897年起，每到冬季，天津邮政总局将原在塘沽的员工大部分调到秦皇岛，办理邮件转运。天津副邮政司申玛思于1899年12月27日至29日视察了秦皇岛港邮件转运，亲眼目睹了邮件从海边装卸并运回火车站的全过程："港湾里离岸约100码范围内的海面已完全封冻。100码之外的浮冰区域，一直向海中延伸相当远的一段距离。让船只驶过这片冰面是很困难的。港口工程师筑起了一座向海中伸出约700英尺的木制栈桥（图5）。如果没有这座栈桥，那么装卸邮件的工作会是相当困难而又费时费力的。那天上午十一点轮船进港，但等把所有邮袋都在海边遮蔽妥当便已差不多到了下午五点。第二天凌晨三点半，马车载着邮件离开海边奔往火车站。因当时天下着雪，必须这么早动身。我押运这批邮件回到天津。”

图5 1897年秦皇岛简易浮动式码头和平底铁皮舢板

3.《大清帝国邮政布告·第二十三号》等所称的北戴河地名之我见

1897年11月9日《大清帝国邮政布告·第二十三号》布告所称以及1897年11月3日北京海关总税务司赫德致各海关税务司邮字第42号通告附件1《总税务司致天津税务司文》等所称“北戴河”，均应当理解为秦皇岛。

这里倒不是文件发布者地理概念不清，而是与前面所述秦皇岛港选址之争有关。在争议期间，以天津海关税务司兼邮政司德璀琳为代表，坚持在北戴河建港的主张，反对在秦皇岛建港。《大清帝国邮政布告·第二十三号》等称为“北戴河”云云，行文与德璀琳坚持在北戴河建港的意见不无关系。港口选址之争，一直持续到1898年，所以，在1897年的邮政文件中出现“北戴河”就不足为奇了，而在港址确定之后的邮政文件中，皆称秦皇岛，不再提及北戴河，实际情况也是北戴河从未有过南北冬季邮件运输。

南北冬季邮件运输，是利用开平矿务局冬季闲置的“平”字号运煤轮船进行的。开平矿务局为了承担冬季邮件海上运输任务，曾组织载重800吨的“永平号”轮载客货在烟台和秦皇岛之间往返试航，在秦皇岛港成功靠泊。轮船靠岸下客和卸货，需要具备一定的设施和条件。1897年冬，秦皇岛港建有简易木质浮动式码头。这种浮动码头是用从山海关采购的大车轮和车轴，再用12英寸木料把轴架高，上面铺上30英尺长的木板，构成长150英尺的小码头，放入海里连成一排，不用时推到岸上。1897年的冬季邮件就是利用这座浮动式码头装卸的（图5）。

据《光绪二十四年中外大事汇记》载：“秦皇岛有平板桥（栈桥码头）由西岸达岛之麓，长十余丈，桥左右皆米船渔艇，维泊约数百。”这说明，1998年，秦皇岛港建成了固定的木质栈桥码头。1899年12月，天津邮政副司中玛思来秦皇岛港看到的木制栈桥应当就是此码头。1899年4月，按照英国工程师休兹的设计方案，秦皇岛港口建设全面展开，开始修筑防波堤、木质栈桥和码头至汤河站铁路支线，至1900年上半年，已筑成防波堤300米，其内侧修建木质栈桥码头，长200米，宽7—8米，前沿水深5.49米（低潮时4.27米），可泊靠当时较大吨位轮船2艘。1900年7月，义和团烧毁木质小码头，拆毁港口部分铁路。10月，八国联军在秦皇岛登陆，来往船舶使用英国海军舰艇“地都号”作为登陆平台。10月25日，英国开始修复码头和自备铁路作为军用，1901年后由秦皇岛港使用。12月15日，秦皇岛港正式开放对外贸易。所以，1902年10月10日海关总税务司署邮政总办帛黎签署的邮字第66号通告称：“秦皇岛的港口条件已有根本变化。”（图 6）再看北戴河海域，从来没有试航记录和筑港的实际动作，不具备承担冬季南北邮件海上运输的客观条件。

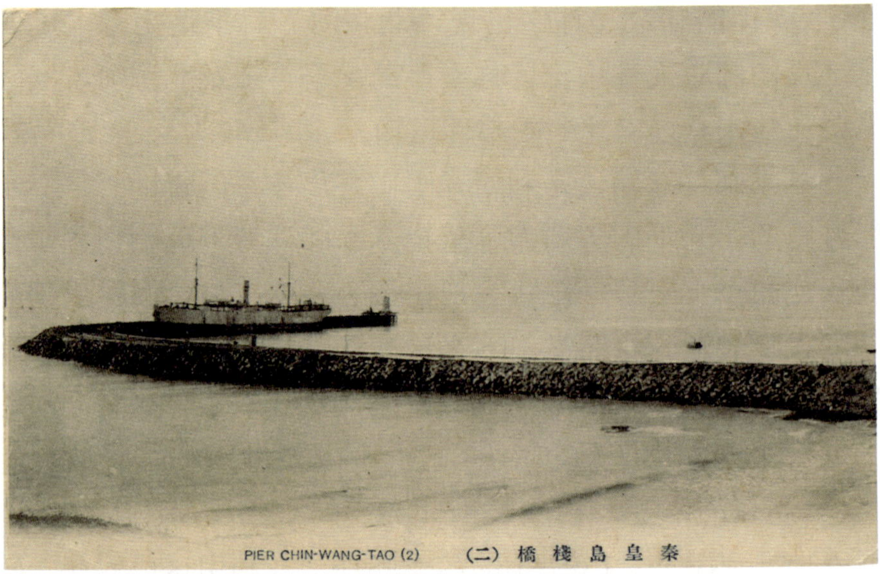

图 6 清代明信片：1901 年建成的秦皇岛港栈桥

三、冬季南北邮件转运的历史印记

秦皇岛港的冬季南北邮件转运，能不能在实寄封片中找到记录，特别是秦皇岛中转邮戳，这是我在收集和研究秦皇岛地区邮政史过程中一直注意的问题。在秦皇岛邮政局设立之前，天津邮局冬季派出支局在秦皇岛负责转运，但是没有见到相关的中转戳记。1901 年 12 月 15 日（光绪二十七年十一月初五日），大清邮政开设秦王岛（秦皇岛）邮政分局，在冬季转运邮件上留下中转戳记成为可能。不过，收集和辨别加盖秦皇岛中转戳记的冬季南北邮件如遇雪泥鸿爪，需要仔细留神，仔细观察分析。

图 7 所示这枚 1902 年 1 月由唐山寄德国明信片，贴蟠龙邮票半分 2 枚、4 分 1 枚，属于国际明信片邮资 4 分，加附冬季邮件国内明信片邮资 1 分，其常规邮路本应由唐山向西到塘沽船运到上海，正是因为冬季塘沽海面封冻而由秦皇岛港转运，故加盖了 1902 年 1 月 9 日秦皇岛邮政局日戳，1 月 16 日到达上海转口国外，2 月 25 日到德

国巴特利普施普灵格。这枚实寄明信片在秦皇岛经转时，秦皇岛邮局开办尚不足 1 个月，这是目前发现的冬季南北邮件海上运输早期加盖秦皇岛中转日戳和加附国内邮资的实例。

图 7 1902 年 1 月 9 日唐山经秦皇岛—上海航线寄德国明信片
（香港 Interasia Auctions Ltd 2014 年 1 月拍品）

我在收集、研究秦皇岛冬季转运的实寄封片时，还发现了一些可以互相对比的有趣邮品。在北京保利 2019 年秋季邮品拍卖会上，一件 1906 年直隶永平府（府治在今秦皇岛市卢龙县）寄德国的清代第 1 版邮资明信片（图 8），我以底价 6000 元（另加佣金）拍得。这枚实寄明信片与我早前收藏的一件清代永平府寄德国挂号实寄封（见本书《介绍一枚清代永平府寄德国挂号信函》一文附图 1），正好对比说明邮路的变化。

先说那件 1905 年直隶永平府寄德国实寄封。信封加贴蟠龙 1 角邮票 2 枚，与国际挂号信函资费 2 角相符。封上邮戳大多清晰可辨。销票戳即收寄局日戳是“直隶 / 永平府 / 乙巳五月七日”（ 1905 年 6 月 9 日）。第一枚中转戳是“直隶 / 滦州 / 乙巳五月七日”。第二枚中转戳是“直隶 / 塘沽”干支日戳，虽然戳记模糊且有缺如，但隐约可辨，是邮件到塘沽上船走水路的证据。第三枚中转戳是上海 1905 年 6 月 15 日戳。第四枚中转戳是设在上海的法国邮局戳记，时间也是 1905 年 6 月 15 日。但到达地德国的邮戳有两枚极清晰，一枚是威斯巴登 1905 年 7 月 20 日中转戳，一枚是贵德林堡 1905 年 7 月 21 日落地戳。这就是说，清代直隶永平府通往欧洲的邮路，是经滦州通过火车运到塘沽，再由塘沽船运至上海转口，经苏伊士运河到欧洲。

再说图 8 所示 1906 年直隶永平府寄德国清代第 1 版邮资明信片，加贴蟠龙 1 分、2 分邮票各 1 枚，与国际明信片资费 4 分相符，销直隶永平府丙午二月十一日（1906 年 3 月 5 日）日戳，经直隶滦州二月十一日（1906 年 3 月 5 日）、直隶秦王岛二月十二日（1906 年 3 月 6 日）中转，3 月 15 日到达上海转法国在华上海邮局，4 月 20 日到达落地德国柏林，邮路清晰。由前面 1904 年直隶永平府寄德国实寄封邮路的分析可知，永平府寄国外邮件，由滦州转塘沽经海路到上海。

图 8 1906 年 3 月 5 日（丙午二月十一日）直隶永平府经秦皇岛—上海航线寄德国清代第 1 版邮资明信片

此片由直隶永平府发出，在直隶滦州不是向西到塘沽中转，而是转而向东到秦皇岛中转，其原因就是1916年的初春时节塘沽港尚未解冻，而秦皇岛港作为中国北方天然不冻港，可照常维持海上运输。两枚直隶永平府通往上海的实寄封的邮路变化，忠实记录了秦皇岛冬季邮件转运的历史。

秦皇岛以西直至京津地区冬季寄往上海邮件经秦皇岛转运，秦皇岛本地冬季邮件当然也不再向西绕道塘沽，而是直接南下经烟台到上海。秦皇岛经塘沽至上海转运国外的实寄封、片比较常见，这里不再列举，而秦皇岛本地冬季邮件直接经烟台寄上海的邮件则少之又少。图9所示秦皇岛寄美国明信片，贴蟠龙邮票1分2枚、2分1枚，合计4分，符合国际明信片邮资，销直隶秦王岛丙午正月十八日（1906年2月11日）日戳，上海中转日戳时间为2月17日，邮程6天。图10所示山海关寄德国明信片，贴蟠龙邮票4分1枚，符合国际明信片邮资，销直隶山海关乙巳冬月九日（1905年12月5日）日戳，右下角有直隶秦王岛乙巳冬月十日（1905年12月6日）中转日戳，到达上海中转时间为12月16日，秦皇岛至上海段邮程10天。

图9 1906年2月11日（丙午正月十八日）直隶秦王岛经上海寄美国明信片

图 10 1905 年 12 月 5 日（乙巳冬月九日）直隶山海关经秦皇岛—上海航线寄德国明信片

以上所述，也仅仅是北方寄往南方的冬季邮件加盖秦皇岛中转戳记的个例，而寄自或寄往山海关以外东北地区加盖秦皇岛中转戳记的冬季邮件，笔者尚未有见，还有南方寄往北方的加盖秦皇岛中转戳记的冬季邮件，也尚未有见。

秦皇岛港作为冬季南北邮件转运中心，一直延续到 1911 年。1912 年津浦铁路全线通车后，南北冬季邮件改由火车运输，但是，当发生水灾、战争等危及南北运输的情况时，秦皇岛港又多次承担了南北邮件转运。

（原载《集邮》杂志 2022 年第 4、5 期）

秦皇岛冬季南北邮件转运的新例证与启示

笔者在《秦皇岛开埠与冬季南北邮件转运》一文中，列举了经秦皇岛转运的 1902 年唐山寄德国明信片、1906 年永平府寄德国清代第 1 版邮资明信片作为证据，最近，又出现了新的例证。

2020 年 10 月举行的北京保利拍卖十五周年庆典拍卖会第 10433 号拍品，是一枚 1904 年丰润寄德国清代第 2 版邮资明信片。此片预印邮资 1 分，加贴蟠龙邮票 1 分 3 枚，合计邮资 4 分，符合国际明信片邮资标准。销方形无年月日“丰润邮政局”戳，1 月 14 日唐山两格式国际邮件中转戳，另有长方形两格式无年月日“秦王岛 / 邮政

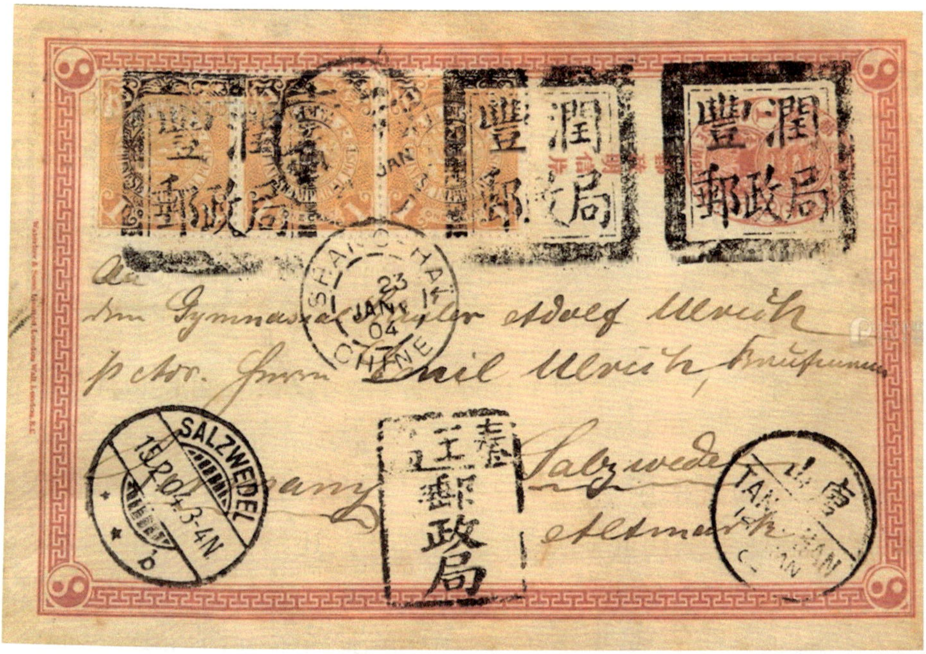

图 1 1904 年丰润寄德国清代第 2 版邮资明信片（广州曹勇进藏品）

局”中转戳，1 月 21 日上海转口戳，1 月 23 日上海法国在华邮局转口戳，2 月 15 日德国萨尔茨韦德尔到达戳，戳记清晰，邮路完整。

这期间的秦皇岛邮局中转戳记，因年代不同，式样亦不同，无形中为集邮者增加了兴趣。前文介绍的 1902 年唐山寄德国明信片，加盖的中转戳是“秦王岛邮政局”英汉文大圆戳（图 2）；1906 年永平府寄德国清代第 1 版邮资明信片，加盖的中转戳是“直隶 / 秦王岛 / 丙午二月十一日”干支纪年戳（图 3）；而这件 1904 年丰润寄德国清代第 2 版邮资明信片，加盖的中转戳是没有年月日的“秦王岛 / 邮政局”长方形戳（图 4）。此片从丰润邮政局寄出，1 月 14 日经唐山中转，可以推算为火车当日到达秦皇岛，最迟次日可到。清代干支日戳始于甲辰年，查万年历可知农历甲辰年正月初一是 1904 年 2 月 16 日。此片寄出的 1 月 14 日前后，清代各个邮局的干支纪年邮政日戳还未启用，故秦皇岛邮局仍然在使用这枚早期的“秦王岛 / 邮政局”戳记。

图 2 1902 年用

图 3 1906 年用

图 4 1904 年用

1904 年丰润寄德国清代第 2 版邮资明信片的出现，不仅仅是增加了清代秦皇岛冬季南北邮件转运的例证，还给了我新的启示。

根据 1902 年 10 月 10 日海关总税务司署邮政总办帛黎签署的邮字第 66 号通告，秦皇岛冬季中转的南北邮件，不仅包括天津、北京和上海之间的往来邮件，还包括上海和东北牛庄（今营口）之间的往来邮件，由秦皇岛到牛庄（然后再到旅顺和齐齐哈尔），由秦皇岛到天津、北京（然后再到保定、正定）。但是，目前笔者发现的加盖秦皇岛中转戳记的北方寄往南方的冬季邮件个例，只是天津以东的唐山（包括丰润）、永平府（卢龙县）寄出的明信片，而没有发现寄自或者寄往天津、北京以及山海关以外东北地区的冬季邮件。笔者推测其原因可能是，秦皇岛冬季转运的京津及东北地区与上海之间的邮件大多为整包，无须拆包逐一加盖戳记，而距离秦皇岛较近的唐山、永平府发出的邮件应当是散发较多，所以加盖了秦皇岛邮局中转戳记。

（原载《河北集邮》2020 年第 11 期）

秦皇岛的外国在华邮局

自1840年鸦片战争后，清政府被迫开放五口通商。首先是英国擅于广州等口岸贸易处所设立正式通信机关，于是，列强各国纷起效尤，法、美、德、俄、日等国也在中国通商口岸办起他们自己的邮局，而清政府把这些掠夺中国邮权的外国在华邮局称为“客邮”。这些所谓的“客邮”，在光绪年间次第增加，很快遍布于口岸和内地。据光绪三十二年（1906年）调查所得各国在华开设邮局的处所，英国有10处，德国有14处，法国有13处，日本有16处，美国有1处，俄国有5处。民国以后，外国在华邮局势力更甚。如日本（南满铁路在内）设有邮局55处、附属局28处、代办所66处、野战局3处、邮票代售处76处、信柜21处、信箱180具、信筒239具。

1898年清政府自开秦皇岛通商口岸，辟北戴河为中外杂居的避暑地，山海关是连接东北与华北乃至关内各地的交通要冲，为兵家必争之地。这一地区独具政治、经济、军事意义，被帝国主义列强视为利益之所在，其侵略魔爪和触角自然伸向此地。据《海关十年报告1892—1901》记载的外国在华邮局（即所谓“客邮”）在天津邮界设置情况：“日本民用邮局现在在北京、天津、塘沽、山海关有支局；德国在同样地点有支局；法国与俄国，在北京与天津有支局；印度军邮局在北京、天津、塘沽、芦台、唐山与山海关有支局；而且，除法国与俄国外，都于冬季在秦皇岛开办邮局。”由此可知，外国在华邮局在秦皇岛地区开设局所的主要有日本和德国。

另据《天津邮政史料》披露：光绪二十七年（1901年），日本山海关二等邮局设立在山海关南门外，有平房一所，甚形坚固，共有五间。日本邮员二名之寓所即在内。另有日本信差 1 名，中国听差 1 名。管局员为超等邮务佐（T.lnouye）。经办业务种类有各种邮件、寻常包裹、保险包裹、保险信函及保险箱匣，并代订报纸。日本邮局的服务对象以日侨为多数，并时有与西伯利亚及东三省通信的中国人。汇兑业务以往来日本为最多。资费规定：往来日本及在华所设之日本各邮局系按日本国内资费收取；往来邮会各国之邮件，系按邮会资费收取。投递界限以本处城外为限。日本山海关二等邮局另在秦皇岛设立邮寄代办所 1 处，邮票代售处 1 处（设在中国三利

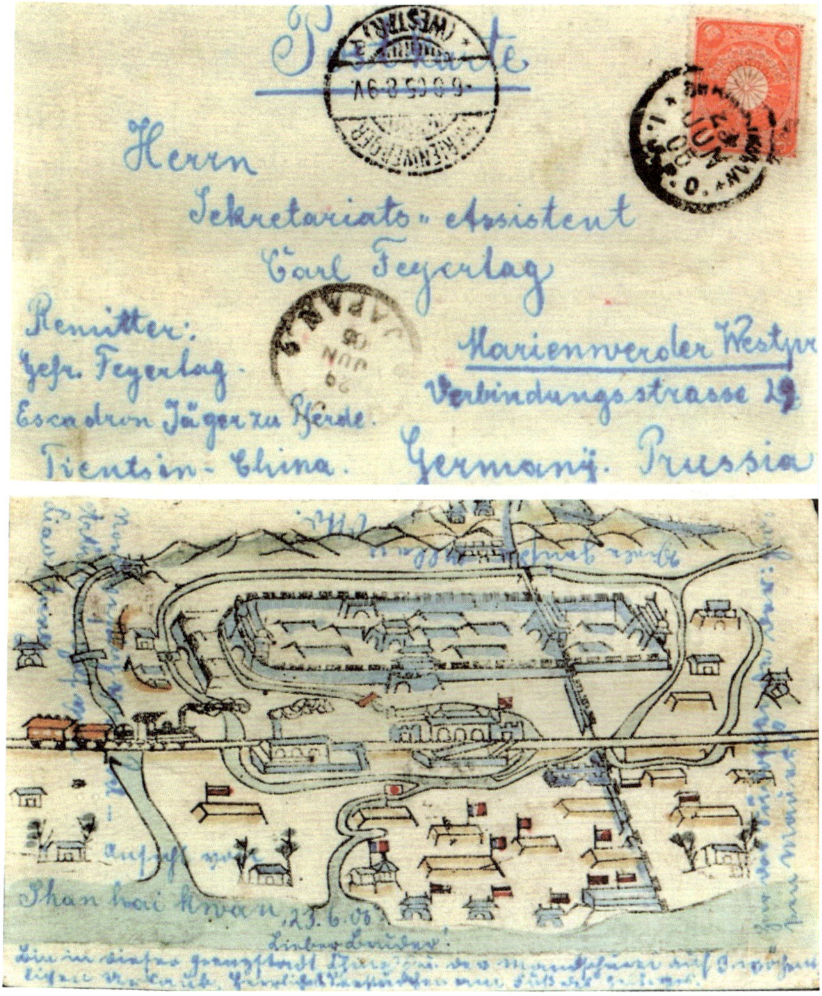

图 1 1905 年 6 月 23 日山海关日本在华邮局寄德国明信片
（中国嘉德 2013 年春拍 2471 号拍品）

永商店）。图 1 所示为 1905 年 6 月 23 日山海关日本邮局寄德国明信片，8 月 6 日到达德国，明信片图案为山海关城区图。

德国邮政在秦皇岛地区设局情况，目前能查到的档案资料记载语焉不详。有集邮者研究披露，德国邮政山海关代办所始设于 1901 年 11 月 26 日，开办之初使用德军山海关军邮副戳销票（图 2），1902 年 3 月 1 日起使用德国邮政山海关日戳，至 1902 年 10 月 31 日关闭。德国邮政秦皇岛分局（一说秦皇岛邮站）始设于 1901 年 12 月 1 日，至 1902 年 1 月 30 日使用无日期邮戳销票，1902 年 1 月 15 日起使用日戳，至 1906 年 3 月 10 日关闭。从全国来说，1917 年 3 月 14 日，中华民国政府宣告与德国断绝外交关系，德国在华邮局截至 4 月 25 日全部关闭，而此前，光绪三十二年（1906 年），德国天津邮局将塘沽、秦皇岛分局自行裁撤。我收集到的几枚明信片，恰好可以佐证这段邮史，第 1 枚是 1906 年 1 月 23 日秦皇岛德

山海关 8 号军邮站戳
1900.11.26 ～ 1901.8.31

山海关无日期军邮副戳
1900.11.26 ～ 1901.8.31
作为山海关客局临时戳
1901.9.1 ～ 1901.11.30

山海关客局日期戳
1902.3.1 ～ 1902.10.31

秦皇岛客局无日期戳
1901.12.1 ～ 1902.1.30

秦皇岛客局日期戳
1902.1.15 ～ 1906.3.10

北戴河 9 号军邮站戳
1901.5.22 ～ 1901.8.31

图 2 德国在山海关、秦皇岛、北戴河军用和民用邮局使用的戳记（北京陈东忻制图）

国邮局寄荷兰阿纳姆的明信片（图3），明信片正面右上方盖有一枚清晰的“德国邮政/秦王岛”（TSCHINWANGTAU ★ DEUTSCHE POST）日戳，左下方是1906年3月10日荷兰阿纳姆到达戳。第2枚是1906年2月□日秦皇岛德国邮局寄到德国柏林的明信片（图4），也是加盖一枚“德国邮政/秦王岛”日戳，有1906年3月28

图3 1906年1月23日德国在华秦皇岛邮局寄荷兰阿纳姆明信片

图4 1906年2月□日德国在华秦皇岛邮局寄德国柏林明信片

日柏林到达戳。第 3 枚是 1902 年 4 月 15 日山海关德国邮局寄德国曼海姆的明信片（图 5），加盖一枚清晰的“德国邮政 / 山海关”（SCHANHAIKWAN ★ DEUTSCHE POST）日戳，有德国曼海姆 5 月 24 日到达戳。

图 5 1902 年 4 月 15 日德国在华山海关邮局寄德国曼海姆邮资明信片

以上 3 枚明信片都贴有德国在华邮局使用的邮票。图 3、图 4 所贴邮票 1905 年 10 月 1 日发行，在 1902 年绿色 5 芬尼邮票上加盖黑色花体“China”，改值为 2 分。《中国清代邮票目录》附录二在收录这两种邮票时，称为“德王像横盖‘China’邮票”和“德王像无水印加盖花体‘China’改值邮票”。多年前，在我向有以访问学者身份旅德进修交流经历的 FIP 评审员游乃器先生请教时，意外地听到不同说法。游先生说，这种邮票上的头像，不是德王像，而是日耳曼女神像，以前有人把头像认错了。笔者希望这本目录再版时能够更正，以免继续以讹传讹，贻笑大方。

本地区除列强各国民用邮局以外，还有八国联军之军邮局开设。1900 年庚子事变，联军从陆路开到津榆铁路沿线，军舰亦闯入秦皇岛海域。10 月 1 日，德军从秦皇岛港登陆，占领海岸和汤河火车站（秦皇岛站前身）；英军在山海关老龙头登陆，占领海防炮台和宁海城；俄军占领山海关桥梁工厂和铁路学堂。次日，各国侵略军组成联合舰队登陆，然后占领山海关火车站。1902 年《辛丑条约》签订，清政府允许列强在黄村、廊坊、杨村、天津、军粮城、塘沽、芦台、唐山、滦州、昌黎、秦皇岛、山海关长期屯兵驻扎。从此，山海关南部沿海地带，秦皇岛和北戴河，先后驻有英、法、日、意、德、俄、比、奥等八个国家的侵略军，常驻兵力在 1500 人左右，并修筑了坚固的营盘。现在，山海关老龙头一带，还有当年由德、日、意、英、法等国侵略军修建的“营盘”遗存，图 6 为山海关法国兵营正门。英国兵营建在宁海城和以西海岸，图 7 为英军在天后宫南侧海上举行的游泳活动场景。

当时，各国在山海关、秦皇岛、北戴河驻军的通信，是通过自己的军邮局进行的，其中英国远征军军邮局存在时间最长。当时，天津到山海关的铁路被英军侵占，英国军邮局在火车上挂有一节“国际”邮件车厢，供各国军邮局使用。在塘沽到山海关之间，大清邮局的邮件，也是由英国军邮局铁路邮运组带运。1902 年 10 月，英军将津榆铁路交还中国经营以后，由中国邮局接替英国军邮局在

图 6 清代明信片：山海关法国兵营正门

图 7 清代明信片：山海关天后宫岸边，联军参观英军士兵游泳比赛

火车上押运邮件，并带运英国军邮局的邮件。直到宣统元年（1909年），英国设在山海关的军邮局关闭以后，还保留每天一个邮袋由中国邮局转递到天津。德国侵略军在本地区也设有两处军邮站，即：1900 年 11 月 26 日在山海关开设的第 8 军邮站和 1901 年在北戴河开设的第 9 军邮站。这两处军邮站均于 1901 年 8 月 31 日关闭。笔者收集有两枚德国军邮局分别从山海关和北戴河寄国外的明信片（图 8、图 9）。

帝国主义列强在中国设立“客邮”的目的，并非为了方便我国民众使用邮政，而是为了对我国进行政治、军事、经济、文化等方面的侵略而服务的。我国政府和人民对“客邮”进行了长期的抵制。1903 年 3 月，清政府外务部（1901 年总理各国事务衙门改称外务部）照会驻京各国公使转达各国政府，把在华邮局迅即撤回，并致电中国驻外使臣，向各国外务部交涉。各国多推委因循，拖延数十年未决。1921 年，美国发起的裁减军备会议在华盛顿召开，我国提出撤销外国在华邮局议案。是年 11 月 25 日，太平洋与远东问题委员会

图 8 1901 年 1 月 29 日德军山海关军邮站（No.8）寄德国德累斯顿明信片

图 9 1901 年 5 月 29 日德军北戴河军邮站（No.9）寄德国凯撒斯劳滕明信片

第六次会议上议及此案，我国代表施肇基发表宣言，翌日第七次会议各国代表续议此案，赞成撤销。12月12日第十五次会议重复表决，决定1923年1月1日为外国在华邮局撤销之最后期限。1922年末，各国在华邮局通通宣告停闭，日本也不得不于1922年12月31日撤销在山海关所设邮局。

（原载2007年2月27日《中国集邮报》）

此“山海关”非彼“山海关”

中国嘉德2008秋拍邮品中，出现了山海关邮政总局第三、第四、第六、第十一届“派遣邮局执事案由清折”共4件（图1—图4）。笔者研究秦皇岛地方邮政史有年，山海关现为秦皇岛市辖区，当然也在笔者研究的范围之内，但对“山海关邮政总局”，却前所未闻，不免查阅一些史料，以求明白。

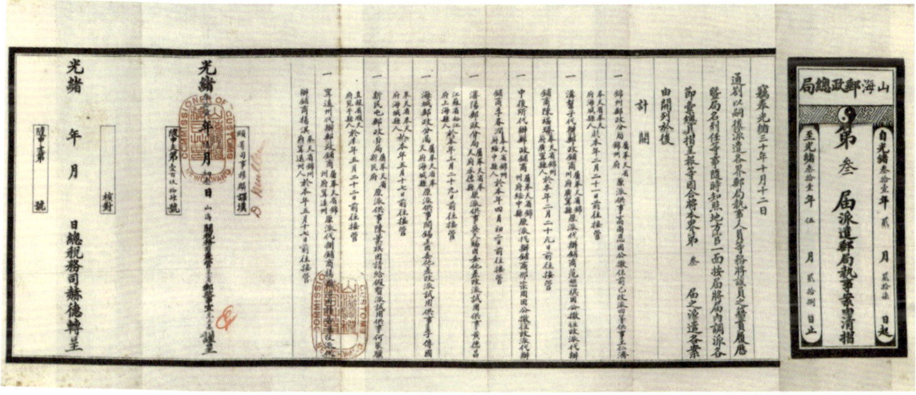

图1 光绪三十一年山海邮政总局第三届派遣邮局执事案由清折

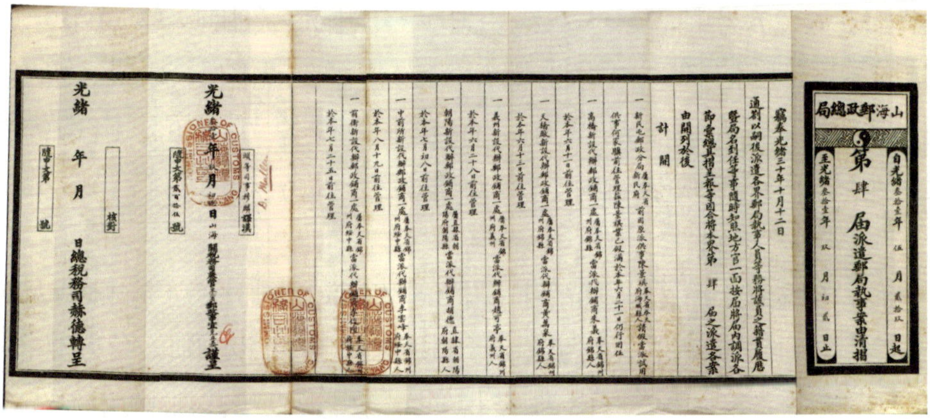

图2 光绪三十一年山海邮政总局第四届派遣邮局执事案由清折

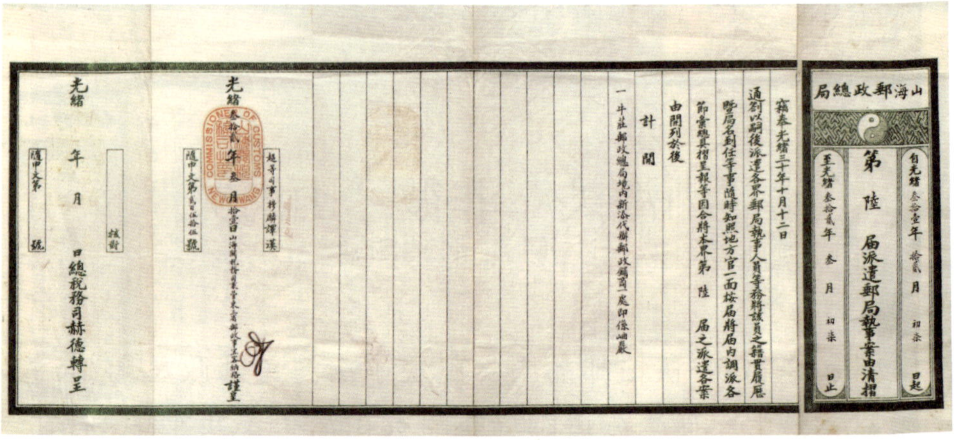

图 3 光绪三十二年山海邮政总局第六届派遣邮局执事案由清折

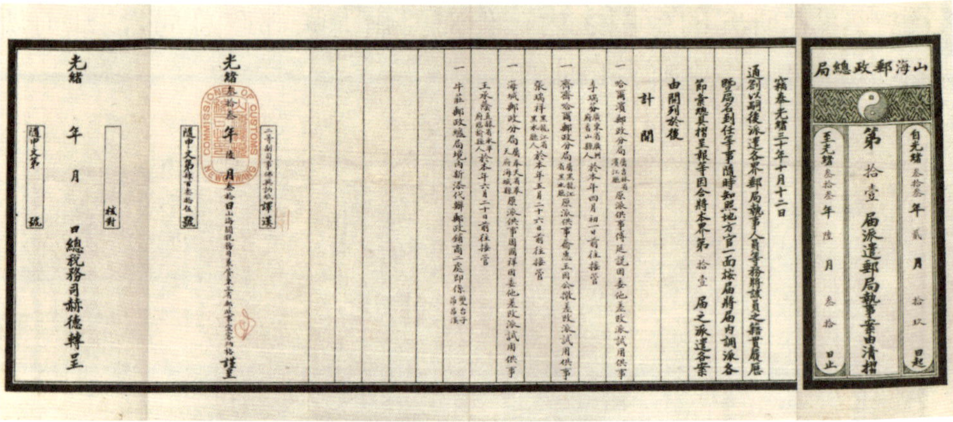

图 4 光绪三十三年山海邮政总局第十一届派遣邮局执事案由清折

现先将嘉德拍品图录上这 4 件清折的拍卖说明文字摘录如下：

图 1，6127 号拍品："光绪三十一年山海关邮政总局第三届派遣邮局执事案由清折，内容为锦州、沟帮子、沈阳、海城、新民屯、宁远州等邮政局人事变动事宜，有山海关税务司关防，由山海关税务司兼管东三省邮政事宜克立基谨呈，总税务司赫德转呈，穆麟译汉。"

图 2，6125 号拍品："光绪三十一年山海关邮政总局第四届派遣邮局执事案由清折，内容为义州、朝阳等地新设邮政代办所事宜，有山海关税务司关防，由山海关税务司兼管东三省邮政事宜克立基

谨呈，总税务司赫德转呈，穆麟译汉。”

图3，6126号拍品：“光绪三十二年山海关邮政总局第六届派遣邮局执事案由清折，内容为牛庄邮政总局境内新添邮政代办所事宜，有山海关税务司关防，由山海关税务司兼管东三省邮政事宜客纳格谨呈，总税务司赫德转呈，穆麟译汉。”

图4，6124号拍品：“光绪三十三年山海关邮政总局第十一届派遣邮局执事案由清折，内容为哈尔滨、齐齐哈尔、海城、牛庄邮政局人事变动事宜，有山海关税务司关防，由山海关税务司兼管东三省邮政事宜客纳格谨呈，总税务司赫德转呈。”

查看此4件清折制式封面，预印的呈文单位“邮政总局”前均有手写“山海”两字，即“山海邮政总局”，但图录说明文字称为“山海关邮政总局”，落款均署名“山海关税务司兼管东三省邮政事宜”，印章均为“山海关税务司”。

一提到山海关，人们自然想到万里长城东端那座城楼上高挂“天下第一关”牌匾的古老关城。从地理位置上说，山海关背燕山、襟渤海，扼辽西走廊西南之咽喉，在清代有“两京锁钥无双地，万里长城第一关”之称，难道这“山海邮政总局”就设在历史名城山海关吗？根据邮政史料的确凿记载，1899年8月15日大清邮政在山海关设立邮政分局一处，局址在关城南门外火车站附近，1900年6月因战乱一度关闭，1901年7月10日在城内重新开办。该局通过直达火车每日同北戴河、唐山、大沽、天津交换一次邮件。局内人员包括一名汉文供事、一名听差、一名信差和一名在山海关和唐山间跑行的邮差。从该局人员配备和经营业务来看，只办理本局相关业务，并无兼管东三省邮政事宜之情况。那么，此4件清折上的“山海邮政总局”又从何而来呢？

拍品图录说明文字中提及此4件清折都由“总税务司赫德转呈”。赫德是中国近代海关与邮政史上一个关键人物，弄懂了这个关键人物，也就弄懂了近代海关与邮政的关系。

赫德（1835—1911），英国北爱尔兰人。1854 年放弃在爱尔兰女王大学贝尔法斯特学院攻读硕士学位的计划，申请赴中国。先后在宁波、广州英国领事馆工作。1859 年 6 月进入中国海关，曾任广州海关副税务司。1861 年任代理总税务司，1863 年升任总税务司。1865 年总税务司由上海迁北京，1866 年总理衙门授权海关兼办邮递，受理各国驻华使馆往来公文和海关本身公私信件。1878 年 3 月，赫德在清政府北洋大臣李鸿章的支持下，指派德璀琳以天津为中心，在北京、天津、芝罘（烟台）、牛庄（营口）、上海 5 处海关仿照西欧试办近代邮政，开始收寄华洋公私信件，发行邮票。1880 年赫德下令德璀琳建立“海关拨驷达局”（意即海关邮局），全国 24 处设有海关的地方基本上都开办了海关邮政。1896 年 3 月 20 日，总理衙门以赫德所拟开办邮政章程入奏，同日光绪皇帝朱批“依议”，获准成立国家邮政，总理衙门委任他兼总邮政司。1908 年赫德请假回英国，至此他控制中国海关长达半个世纪。原来，清代邮政经过海关兼办、海关试办才改组为国家邮政。大清邮政开办初期，仍由海关兼管，故有税务司兼管某某邮政司之说。1906 年，清廷预备立宪，改定官制，设立邮传部，内设邮政司掌管全国邮政。但由于新旧体制矛盾和英法为争夺中国邮政控制权从中作梗，一直到 1911 年 5 月 28 日邮传部邮政总局才从海关正式接管邮政。

上述 4 件清折中所称“山海关税务司”，并不是地理地图上的山海关，而是海关关名。“山海关税务司”衙门并不设在山海关。自清乾隆以降直到民国，山海关都是临榆县治所，仅见民国十八年（1929 年）《临榆县志》卷十七有载：“海关，清光绪二十八年设于岛（笔者注：即秦皇岛）上，民国因之。”另据海关史料，1898 年，清政府将秦皇岛辟为“自开口岸”，津海关税务司德璀琳前往筹建，1901 年 12 月开关，为津海关分关，称为津海关税务司秦皇岛分司，与“山海关税务司”无涉。那么，“山海关税务司”衙门到底驻在何地呢？据查，“山海关税务司”实际上是营口海关税务司。根据

1858年中英《天津条约》，海城县牛庄被辟为通商口岸。1861年5月，英国首任驻牛庄领事密迪乐实地考察后，发现营口水域航道与上游牛庄相比既深又阔，便强行以营口代替牛庄为通商口岸。1864年5月9日，清政府在营口设立山海关税务司公署。但外国人沿用中英《天津条约》的称谓，称之为牛庄口岸或牛庄海关。另查，大清邮政将通邮地区划为若干个邮界，界内各设一个总局，统辖界内分局及代办处。牛庄邮界内设牛庄总局，管理东三省（盛京、吉林、黑龙江）邮政事宜。牛庄邮政总局由山海关税务司兼管。中国嘉德拍卖的这4件山海邮政总局清折，呈报人先后为克立基和客纳格，这两人也是时任山海关税务司兼管东三省邮政事宜。所谓“山海邮政总局”，其实就是牛庄邮政总局，清折内所报备的各邮局人事变动及新添邮政代办所事宜，都发生在牛庄邮界之内。当时，邮政业务在东三省发展很快，至清光绪三十二年（1906年），牛庄邮界共有总、分局22个、代办所29个。

综上，中国嘉德拍卖的4件清折上的“山海关税务司”，是指该海关关名“山海”，其兼管的邮政总局局名亦应称为“山海”，拍品图录上4件清折的说明文字称为“山海关邮政总局”，多用了一个“关”字，让人产生误解，如果称为“山海邮政总局”，既合实物，又免生疑义。现在看来，因为清代海关和邮政事务一直把持在赫德等外国人手中，所以营口海关关名才被搞得莫名其妙。营口海关本在营口，英文却称为牛庄，税务司衙门又用远在六百里之外的赫赫有名的山海关谓称，别说今天的中国人大多不清楚，恐怕当时也没有几个人能说明白。正所谓：此“山海关”非彼山海关，山海关外才是“山海关”。

（原载2010年《集邮》增刊第16期）

【民国邮政篇】

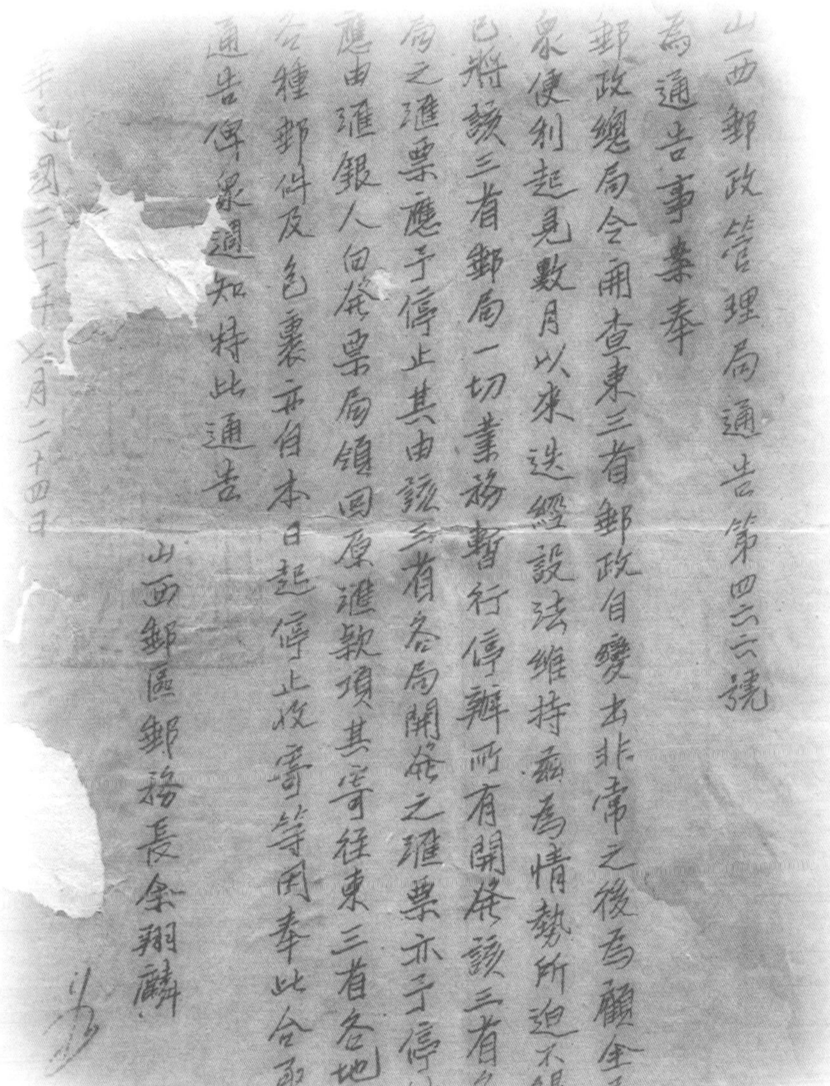
山西郵政管理局通告第四六六號
為通告事案奉
郵政總局令開查東三省郵政自變出非常之後為顧全民
衆便利起見數月以來迭經設法維持無為情勢所迫不得
已將該三省郵局一切業務暫行停辦所有開發該三省各
局之匯票應予停止其由該三省各局開發之匯票亦予停付
應由匯銀人向發票局領回原匯款項其寄往東三省各地之
各種郵件及包裹亦自本日起停止收寄等因奉此合亟
通告俾衆週知特此通告
山西郵區郵務長余翔麟
華民國二十一年七月二十四日

解析洪宪“元年”永平府寄荷兰封

这是一枚宽 105 毫米，高 65 毫米的小型西式信封（见下图）。这枚信封虽小，但颇有看点：

其一，永平府邮局销票日戳采用的是“洪宪”纪元。

1916 年（洪宪元年）2 月 29 日永平府寄荷兰平信

此封上贴民国帆船邮票4分1枚，销永平府邮局三格式英汉文日戳，日期为“元年二月廿九”，这个“元年”，可是民国元年？非也。它是“洪宪元年”即1916年。

辛亥革命后，南京临时政府决定统一使用民国纪元，并改用阳历。1912年1月2日，临时大总统孙中山公布使用新历法，以公元1912年为中华民国元年。中国从此结束了封建帝制以皇帝年号纪年的历史，阳历相对于阴历（旧历），也称新历。但是，袁世凯1912年攫取中华民国大总统职务以后，自不量力做起了皇帝梦，于1915年12月12日宣布实行帝制，改中华民国为中华帝国，把大总统的称号换成了洪宪皇帝，规定自1916年1月1日起，废除民国纪年，改为“洪宪元年”。袁氏的倒行逆施，当然遭到全国的一片反对。袁世凯于1916年3月22日被迫取消帝制，复位为大总统，次日宣布废除洪宪年号，恢复中华民国纪年。洪宪年号的使用不过83天。同年6月6日，袁世凯病死。永平府邮局1916年2月29日使用洪宪年号日戳的实寄封，正是这段历史的文字遗存。就史而论，洪宪改元只不过是民国初年由袁世凯自编自演的短暂的称帝闹剧中的一种道具而已，但它确实又是这场闹剧的一个真实记录。因而，近几年来洪宪年号在收藏界成为一个吸引眼球的看点和卖点。“物以稀为贵”，因为洪宪年号短命，留下痕迹不多，标有这一年号的收藏品，在价格上可能会十倍、数十倍高于与其同时代的其他同类民国物品。另外，此封销票邮戳的日期也有些许趣味，阳历每四年一遇的2月29日，竟让“洪宪元年”也赶上了。

其二，此封销票戳上的地名“永平府”三字，在1916年已不具有行政建制上的意义。永平府在中华民国二年（1913年）被撤销，“永平府”三字仅作为地名被保存下来，实为卢龙县治所。根据有关档案记载，永平府邮局的名称一直到1929年才改称卢龙邮局。

其三，此封经由西伯利亚邮路。

封上相关戳记所记录的邮路是：永平府（元年2月29日）一山

海关（年份不清，因日戳样式与永平府日戳相同，推断为元年3月1日）—满洲里（1916年3月5日）—彼得格勒（1916年3月19日）—荷兰（无落地戳）。封背另有一长方形（圆角）小戳“E8”，不知由何处邮局加盖，亦不知其含义。

据《光绪三十三年邮政情形总论》记载：“再查铁路一项，是年颇有扩充。综计俄西比利亚一路，已经搭运邮件。其日本、朝鲜及南洋一带，则有轮船将邮件寄至海参崴，即于该处换搭俄国西比利亚火车，每一星期开往欧洲三次。其北洋一带，则有京奉大路直抵奉天交由日本铁路，寄至宽城子换交俄车，经由哈尔滨会合海参崴火车，以转欧洲各境。其路程较诸往日迅捷异常，计由英国寄北京仅须十有六日。”“五月间，中国向日本购回新奉铁路，其路轨宽度已改从中国之轮度。由北京发轫即可径达奉天，并由该处换车即可驶转西比利亚。”1907年（光绪三十三年），京榆（北京至山海关）铁路通至奉天（今沈阳）以后，改称京奉铁路。京奉铁路往北与俄罗斯东西伯利亚大铁路相衔接，成为我国北方与欧洲各国往来国际邮件的运输干线，设在京奉铁路咽喉之地的山海关邮局，亦成为主要转口局。从那时起，由永平府寄往欧洲的信件，不再由本地西行到塘沽经水陆转上海出口，而是由本地向东经山海关至满洲里出口走西伯利亚邮路。这条邮路更加快捷，此信从满洲里到俄罗斯新京彼得格勒所用时间为14天。

其四，彼得格勒中转时加盖俄文副戳“Д .Ц./петроградъ”（彼得格勒）。

此封寄荷兰，正面洋文书写名址，但用汉文标注“外洋”，贴帆船邮票4分1枚，应为欠资封。查1916年国际邮资，平信为1角（银元），明信片邮资4分，按信件资费计欠资6分，但奇怪的是收寄局永平府邮局和国内中转局山海关邮局和海拉尔邮局都没有发现欠资，或者发现后没有加盖欠资戳，反倒是俄国中转局彼得格勒加盖了邮资检查戳记。如果不是该戳使用俄文和刻有局名彼得格勒，简直不敢相信作为中转局竟认真到如此程度。这枚邮资检查戳为吾辈少见，呈长方形，观其青莲印色，倒也符合国际上邮政副戳的用色常例。

（原载 2007 年 4 月 10 日《中国集邮报》）

北戴河航空旅游专线与航空封

在世界航空邮政史上，中国属较早开发航空邮政的国家之一。在中国航空邮政史上，北京—北戴河航线则是唯一的一条旅游专线，具有有别于其他航线的目的性、季节性特点。记录这条航线历史的航空实寄封，在普通集邮者看来已是难得之物。

1921 年 4 月 26 日，北京邮政总局与民国北京政府航空署签订航空邮运合同。同年 7 月 1 日正式开办北京—济南—上海首条载运邮件的航空线并发行首套航空邮票之后，同年 8 月 12 日开通了北京—北戴河航线。开航的缘由和目的，源于北戴河旅游业的发展和游客的需要。北戴河海滨在 19 世纪末经清朝光绪皇帝御批，辟为避暑地，允许中外人士杂居，到 20 世纪 20 年代初，已逐渐在世界上享有盛名。当时到北戴河避暑的多为北京、天津的达官政要、富商巨贾，外国使领馆官员和传教士等。每年暑期，这些人往往把家眷先送往北戴河，自己则在周日前后往返于北京和北戴河之间。为了缩短时间，免去夜班火车之劳，飞机当为首选。于是“北戴河之航行，循外人之要求而毅然为之”，航班每周五下午 3 时由北京南苑机场起飞，大约 2 小时后在北戴河海滨赤土山机场降落。每周一上午 8 时由北戴河飞回北京。飞机是当时美国最新式的维梅商用飞机，可容乘客 10 人，每人准带行李 30 磅，飞机同时兼带邮件，主要是新闻纸和信件。

在 1925 年出版的管洛声编《北戴河海滨志略》一书中，有署名“胥台后人”的曾写下《游海滨观飞艇记》一文，记下了当年开航的情形：

北戴河航空站设于东方赤土山之下，其地濒海，平沙十里一望无垠，先期，航空署派员勘定，旋令洋员协同站长赵孟萍君、技士韩渠侯君复勘布置设站。八月十二日下午三时由京飞航而来，抵站之时为五点十五分，历程二小时有奇，亦云速矣！是艇为三号机，名“正鹄”，其身若鱼，长三丈，头部圆径五尺，尾部不满三尺，叠置小翼二重，其大翼二重叠置首部，其飞轮之发动机置于中间，左右各一，下有四轮，其转舵在于尾。其主体之质，以钢与铝为之，其翼则以钢为骨，幔以夏布，外镀铝质。身之首部上有窗户，置玻璃以为障，驾驰者居之，行止旋转之总枢机在焉。其后为乘客之所，内设藤椅八，其后为厕所，均有玻璃窗户。旁设小门，一为出入之处，其尾部为储物之所。载重在二吨以上，马力六百，其驾驶者一为英人马克梅尔，一为华人伊里布。

是日，中外人之集而观者数百人。先时，余登赤土山伫望，未久，遥见自西而来，形若蜻蜓，其行款款，高凌霄汉，其声镗镗，震人耳鼓，旋到站场，翔翔而下，落地停机极为平稳。询诸站长，来者并无乘客，邮信之数计百余件，原定后三日上午八时返京，奈是时微雨朦朦，霾云密布，因阻飞腾，延至下午二时始得开航，邮件较多，亦无乘客。余因天雨初晴泥涂滑滑，未往站畔一视飞升，耳闻空中镗镗声作，即趋室外遥望，见其由北而南转西而去，目送飞鸿仿佛似之。

此次航行定价乘客单程六十元，来回一百元，邮标（邮票——作者注）分五种，自一分五递加至九角。

北京—北戴河航线既然是为避暑游客开航，也就决定了其仅在暑期开航的特点。这条航线自 1921 年首航，到 1924 年停航，共运营了 4 个暑期。1921 年暑期北戴河南山邮局共发出 8 批航空邮件，共计 331 件；接收 9 批邮件共 199 件。1922 年 8 月 4 日至 9 月 11 日，北戴河发出航空邮件 230 件，接收 170 件。1923 年 8 月 10 日至 9 月 15 日，北戴河发出航空邮件 132 件，接收 26 件。1924 年开办北京—

天津—北戴河航线，北戴河发出航空邮件48件，接收23件。经过80年历史沧桑，这1100余件航空邮件或湮灭、或流散在世界各国藏家手中，价值已相当不菲。

图1是1921年北戴河寄北京的航空平信。封正面手写“飞艇寄”，贴航空邮票15分1枚，封背贴帆船图普通邮票3分1枚。根据航空邮运合同规定，各类函件交航空运寄的，其航空费必须贴航空邮票，不得误贴。如一件20克以下的航空平信，应收普通邮资3分，航空邮资15分，合计邮资18分，照章应贴普通邮票3分，航空邮票15分，不能通用。贴错邮票，则按欠资处理，加倍收费。此项规定一直延续到1931年4月16日止。这枚北戴河寄出的航空封上所贴邮票与一枚20克以下的航空平信邮资相符。封上销北戴河南山1921年8月22日腰框式英汉文日戳，该戳采用民国纪年，“十年”即1921年。根据1921年8月12日开始的北京至北戴河每周一个往返航次的飞行安排，这枚封是1921年8月22日由北戴河返航时携带，可以推算出是开航以后的第二次返航邮件。

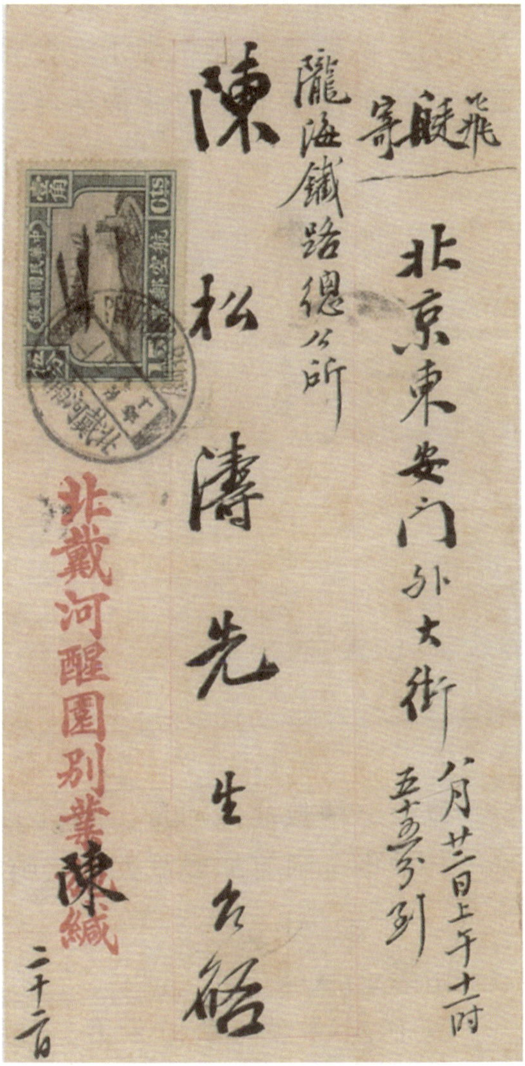

图1 1921年8月22日
北戴河南山寄北京航空平信

图2是1923年8月27日北戴河寄上海航空挂号信函，

封正面加盖国际通用法文“由航空寄递”和“挂号”戳。按照规定，20克以下的航空挂号信，应收普通邮资3分，挂号费5分，航空邮费15分，合计邮资23分，照章应贴普通邮票8分，航空邮票15分。此封贴全套航空邮票（15分、30分、45分、60分、90分）各1枚，合计邮资240分，大大超过航空费的规定标准，属于自愿多贴。封销北戴河南山1923年8月27日腰框式英汉文日戳，上海8月29日到达日戳。当时，花两块半大洋（银元）寄一封航空信，只能是富人所为，两块半大洋相当于一个普通三口之家1个月的生活费。北京—北戴河航线航空封流传至今，每枚的市场价值已达1000—3000美元不等。

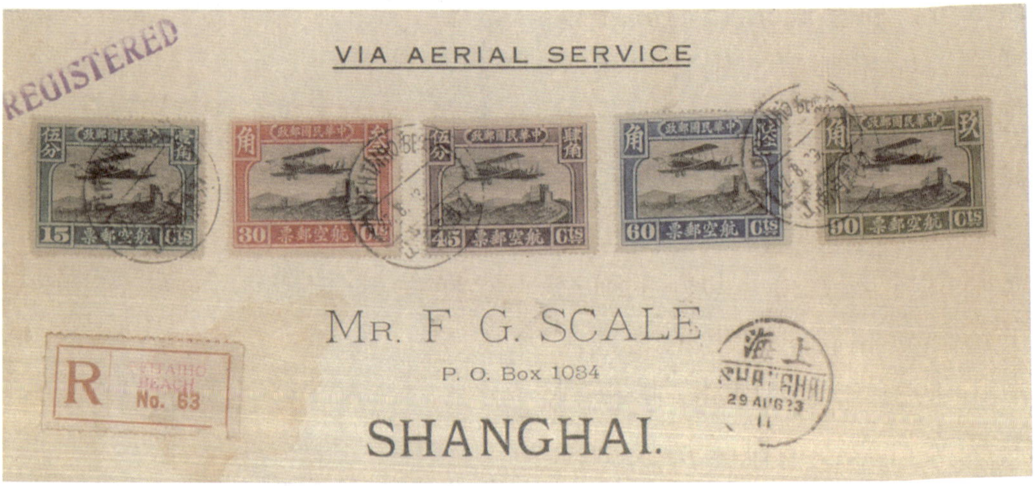

图2 1923年8月27日北戴河南山寄上海航空挂号信函

以上这两枚北戴河寄出的航空封现由浙江杭州林衡夫先生收藏，见于其中华全国集邮展览大金奖邮集《中国航空邮政1920—1937》。

附录：

据1924年版《中国年鉴》记载，航空署于1922年7月曾颁布有《京戴飞行条例》，其内容如下：

1. 本署去年夏季举办京戴飞航，颇承各处欢迎，兹届夏令自应赓续，举办北京北戴河间临时航空，搭载旅客，运送贵重货物及邮件。

2. 北京北戴河间临时飞航自阳历8月4日开始，以3个月为限。

3. 北京北戴河间临时飞航，每星期五下午3时由北京飞往北戴河，每星期一上午8时由北戴河飞往北京。

4. 北京航空站在南苑，北戴河航空站在赤土山后。

5. 搭客票价每次单程（即由北京至北戴河，或由北戴河至北京往复飞）收费洋70元。

6. 售票地：北京在南苑航空站及六国饭店内美国转运公司，北戴河在赤土山之后航空站。

7. 飞机用英国最新式维梅商用飞机，可容10人，飞行人员经验丰富，欧战时曾著战功者。

8. 搭客每人只能携带30磅以内之手提行李一件，其体积须不妨碍他人乘坐。

9. 各种邮件、信函及包裹，均由各地邮局代递，各种贵重物品，即由北京及北戴河航空站长收递。

10. 各种邮件应在普通邮票外加贴航空票，其资例由邮局另行广告。

11. 贵重物品每件不超过10公斤（约合16华斤半）。寄费可向收递处询之。

12. 搭客乘坐飞机，至迟在开行两小时以前，向上列售票处购票，以便核计人数、编号列次，开航时搭客即按照票位号依次入座。

13. 搭客由京城赴南苑航站及由南苑航站进城，均由美国转运公司之汽车送迎，车票由客自备。

14. 如因天气不良或他种关系，不能飞航时，票价仍可退还，欲留往下次乘用者听便。

15. 北京或北戴河本地空中游览一次，收费洋15元，其他特别飞航可径向航空署、航空厅或北戴河航空站，或美国转运公司接洽。

（原载2005年2月8日《中国集邮报》）

北戴河邮政信柜拾零

北戴河自 1898 年被清政府辟为允许中外人士杂居的避暑区以后，一时名声大噪，但毕竟占地面积有限，清政府批准的避暑区仅为戴河口以东、鸽子窝以西沿海三里以内的狭长地带。1899 年 5 月 22 日，大清邮政北戴河夏季邮局开张营业。自此，北戴河海滨夏季邮局每年 5 月 15 日至 10 月中旬开办邮政业务，主要是为中外避暑人士提供服务。北戴河邮局在有限区域内，用得着另设代办机构收揽信函拓展业务吗？对此，留存的邮局档案未见记载，但近年来集邮发现，北戴河邮局在清末民初设有两处邮政信柜。在此作一介绍，以飨读者，以补邮政史料。

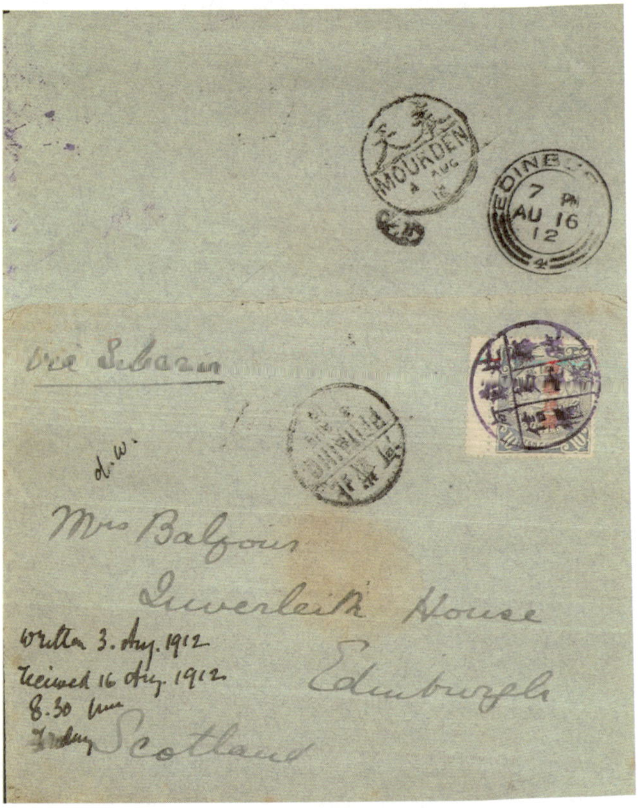

图 1 1912 年 8 月 3 日直隶北戴河第 1 号信柜经西伯利亚寄苏格兰爱丁堡平信

其一，北戴河第 1 号邮政信柜实寄封 1 件。

1912 年北戴河寄苏格兰爱丁堡平信（图 1），见于北京诚轩 2006 年秋季拍卖会第 1486 号拍品。西式封贴蟠龙加盖“中华民国”邮票 10 分 1 枚，符合国际平信邮资，销圆形“北戴河 / 邮政 / 第壹号 / 信柜”戳记，旁有 1912 年 8 月 3 日北戴河两格式汉英文戳，封背有 8 月 4 日奉天两格式汉英文中转戳，8 月 16 日苏格兰爱丁堡到达戳。

其二，直隶北戴河南山第 2 号信柜实寄明信片 1 件。

1921 年北戴河寄美国帆船图第 3 版邮资明信片（图 2），见于上海泓盛 2007 年秋季拍卖会第 815 号拍品。明信片预印邮资 1.5 分，加贴帆船邮票 3 分（明信片国际邮资为 4 分，此片过贴 0.5 分），销圆形“直隶 / 北戴河南山 / 第贰号信柜”戳，另有 1921 年 7 月 5 日北戴河南山两格式汉英文日戳。

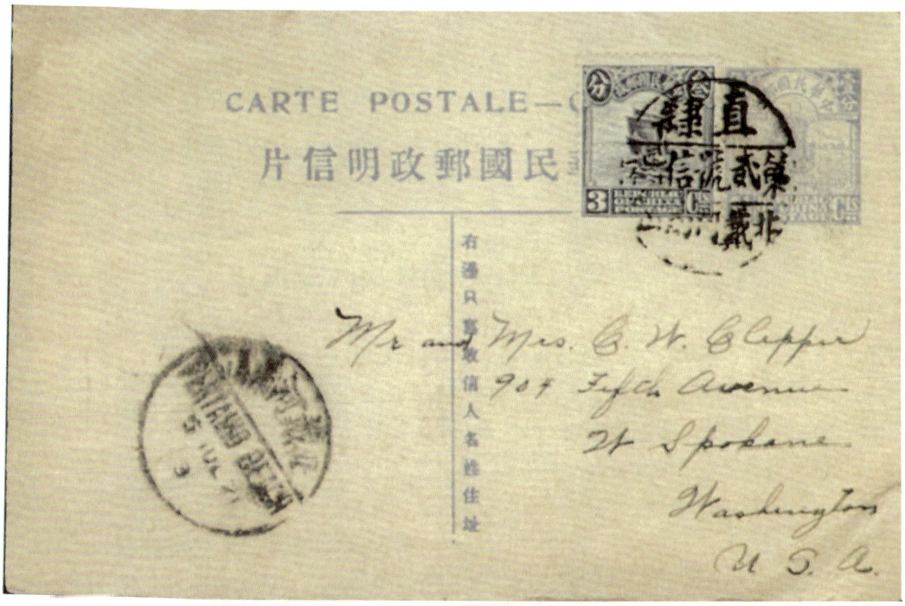

图 2 1921 年 7 月 5 日直隶北戴河南山
第 2 号信柜寄美国第 3 版帆船图邮资明信片

另，直隶北戴河南山第 2 号信柜实寄封 1 件。

1921 年北戴河寄英国改寄法国封（图 3），见于上海华宇 2014 年春季拍卖会第 2076 号拍品和 2016 年秋季拍卖会第 1362 号拍品（第 2 次拍卖）。西式封贴帆船邮票 5 分 2 枚，符合国际平信邮资，销圆形“直隶 / 北戴河南山 / 第贰号信柜”戳，封背有 1921 年 7 月 27 日北戴河南山两格式英汉文戳，奉天英汉文中转戳（日期不清），寄英国后改址寄法国，有 1921 年 8 月 12 日法国霞慕尼落地戳。

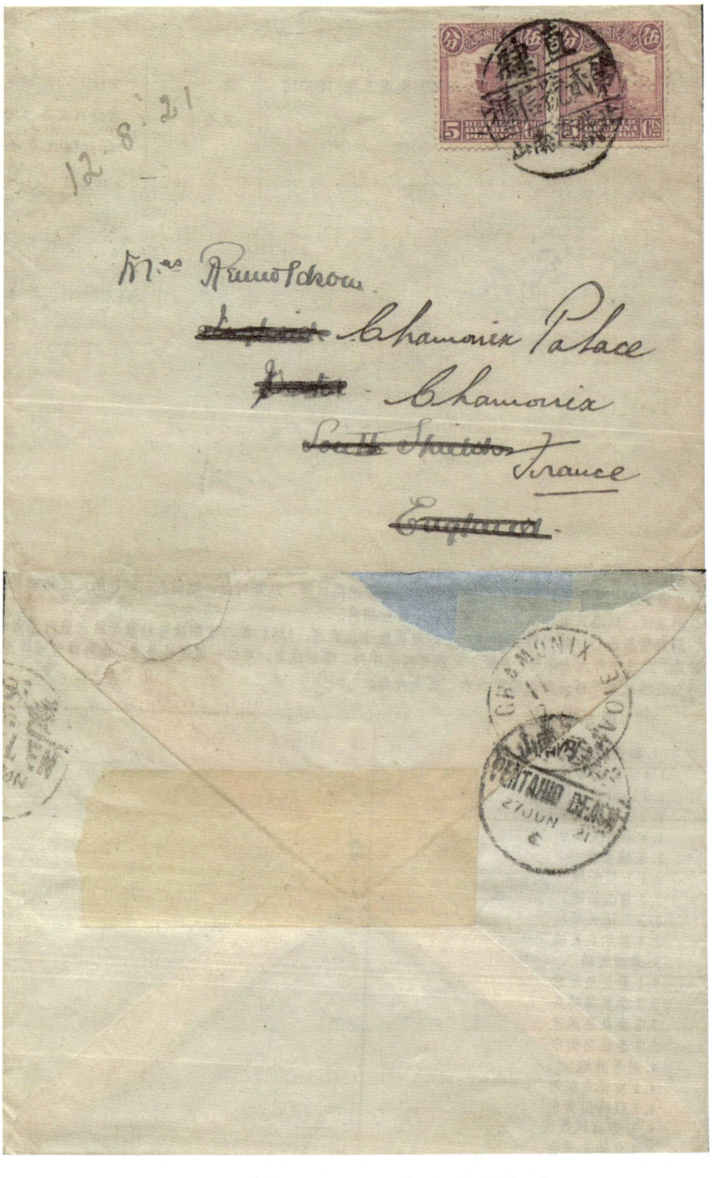

图 3 1921 年 7 月 27 日直隶北戴河南山
第 2 号信柜寄法国平信

以上三件实寄封片，足以证明民初北戴河有两处邮政信柜存在，但该两处信柜具体设在何处，何时开办，何时结束，仍有待考证。

（原载《河北集邮》2021 年第 1 期）

和昌黎邮局有关的一枚实寄明信片

在2017年的一场邮品拍卖会上，一枚图画明信片吸引了我的目光（图1）。记得此片曾在一家网站上拍卖，当时所见明信片图画

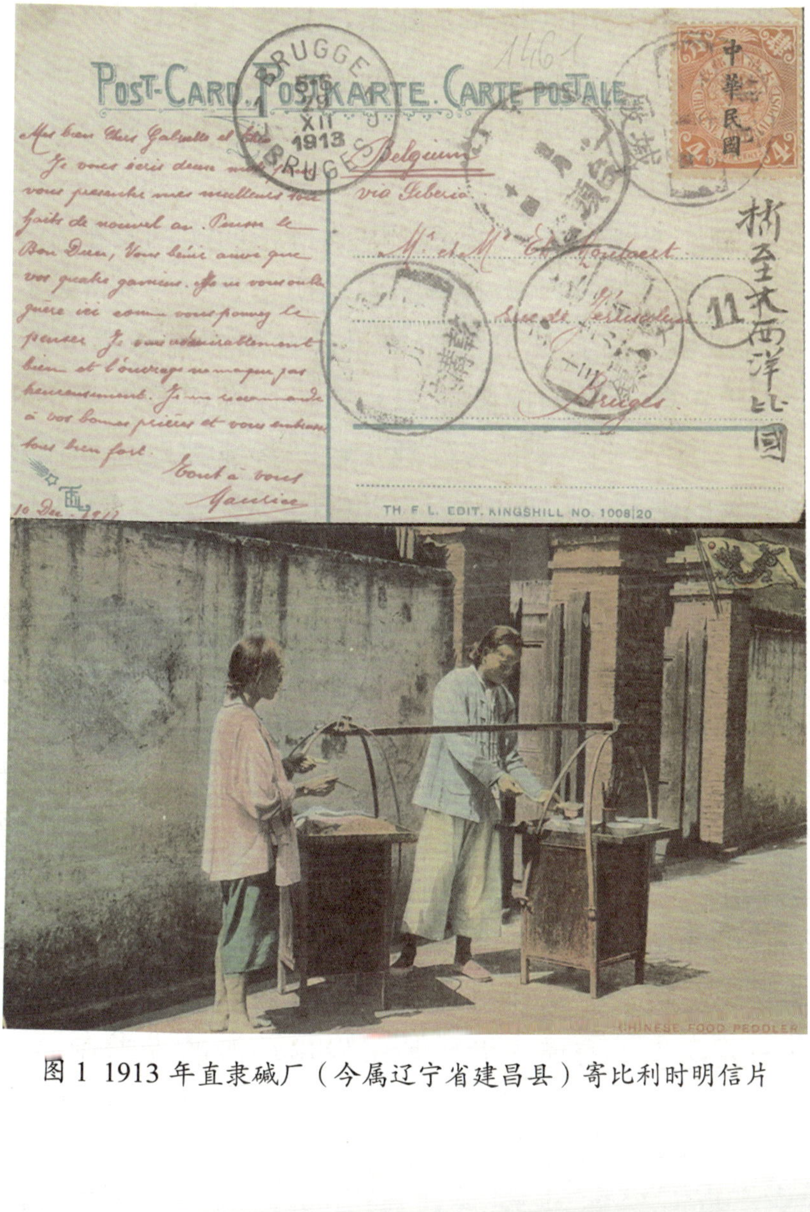

图1 1913年直隶碱厂（今属辽宁省建昌县）寄比利时明信片

面贴有蟠龙邮票 2 分 2 枚，邮票上销地名不清的“邮政局”碑形戳；明信片书写面右上角有明显的邮票脱落痕迹，留下半个销票戳，还有 3 个中转戳和 1 个到达戳。网站拍卖说明文字对此片做了客观描述。仔细观察图画面所贴蟠龙邮票，虽然与国际明信片邮资相符，但其不可能在民国建立后的 1913 年 12 月使用，且这两枚邮票还似乎遮挡了一枚戳记，怀疑是后贴。蟠龙销票戳记上下错位，并非盖戳时自然形成。本次拍卖图录显示此片面貌有了一定变化，图画面两枚画蛇添足的蟠龙邮票已被揭去，在书写面掉票位置补贴了 1 枚蟠龙 4 分加盖中华民国（楷体）邮票，且票上戳记“直隶”两字与片上戳记残留部分的“碱厂”两字高度吻合。但愿是机缘巧合、奇迹般找到了原来脱落的那枚邮票贴回原处。经过此番变化，这枚实寄明信片的信息显得基本完整。

这枚明信片图画面是一个走街串巷挑担叫卖的食品小贩。左上部有一枚不清晰的邮戳。从书写面看，明信片书写于 1913 年 12 月 10 日，从直隶碱厂寄往比利时布鲁日，贴加盖楷体字“中华民国”邮票 4 分 1 枚，与当时的国际明信片邮资标准相符，销票和中转加盖中华邮政民国纪年直隶地名日戳 4 枚，落地戳地名为比利时布鲁日。邮戳记录的邮路是：直隶碱厂二年十二月十二（1913.12.12）→直隶干沟镇二年十二月十□（1913.12.1 □）→直隶双山镇二年十二月十三（1913.12.13）→直隶台头营二年十二月十四（1913.12.14）→比利时（1913.12.29）。销票日戳所示地名直隶碱厂今为辽宁省建昌县碱厂乡驻地，中转日戳所示地名直隶干沟镇、直隶双山镇今属秦皇岛市青龙满族自治县，另一枚中转日戳所示地名直隶台头营今属秦皇岛市抚宁区，似乎都与昌黎邮局无关。其实不然，经考证，这枚明信片所经过的邮路与昌黎邮局的关系竟然非同寻常。

公元 1894 年，经过昌黎县城的津榆铁路通车，昌黎迎来了一次快速发展的历史机遇，这座县城近现代工商业的规模，很快超过了其上级政府驻地永平府城卢龙，处于发展阶段的大清邮政也不失时机地在昌黎布局。1899 年 8 月，天津邮政司事申玛思呈北京邮政总办月报中即提出在昌黎开设邮局或者代办铺商的设想，由于 1900 年发生庚子事变而暂时搁浅。1901 年 9 月，申玛思呈北京邮政总办月报中再次提出，在那些通达火车的地区扩展邮政是颇有前途的，我们可以把这项工作提到议事日程上来了。如在昌黎等地建局，可以利用北京至山海关的火车邮路，不必再支付其他费用，所需的仅是建局的费用和维持局务的开支。申玛思这个扩展邮政网络到昌黎的设想，很快得到了上级批准，大清邮政遂于 1902 年 1 月 24 日开设昌黎邮政局（图 2），由丁梦祥担任供事（相当于局长）。昌黎邮政局运营不出所料地顺利，1902 年 10 月 30 日天津邮政司德璀琳给总邮政司报告说，年初在昌黎开办的邮局已见成效，该局现已几乎达到收支平衡。

图 2 1905 年 7 月 29 日（乙巳六月廿五日）直隶昌黎寄美国纽约平信

1901 年 9 月，申玛思呈北京邮政总办月报中还提出，待这些邮局设立完毕、工作步入正轨之后，我们可以以铁路线为起点向南、北两个方向发展，用邮差邮路把那些有邮政业务发展前途的城镇连通起来。按照这一设想，昌黎邮政局很快向铁路两侧发展网点。到清末十年间，昌黎邮政分局管辖的代办支局、铺商已经有9家：

1903年3月7日开办的留守营代办分局铺户；

1904年6月11日开办的抚宁县代办分局铺户；

1905年12月23日开办的安山代办分柜铺户；

1905年12月27日开办的台头营代办分柜铺户；

1907年5月22日开办的北戴河车站代办分柜铺户；

1907年12月6日开办的赤崖代办铺商；

1907年11月30日开办的施各庄代办铺商；

1908年8月29日开办的蛤泊镇代办铺商；

1910年7月25日开办的大夫庄代办支局。

1912年中华民国建立，1913年11月13日交通总长周自齐呈大总统报明改组邮局办法，略依行政区设邮务管理局，以下斟酌地方大小，事务繁简，分为一至三等邮局。由此，昌黎邮局隶属于直隶邮务管理局，被核定为二等邮局。在此时期，本地民族工商业的较快发展，为邮政局所建设提供了较好的客观条件。昌黎邮局在县境内新开办的代办机构有2处：

1912年10月1日开办的泥井代办支局；

1912年10月6日开办的新集代办支局。

昌黎邮局在县境以外新开办的代办机构达7处：

1912年11月15日开办的双山镇代办支局；

1912年11月18日开办的木头凳代办支局；

1912年11月22日开办的干沟镇代办支局；

1912年11月26日开办的碱厂代办支局；

1912年11月30日开办的牤牛营子代办支局；

1912年12月4日开办的八家子代办支局；

1912年12月4日开办的大城子代办支局。

民国初年，双山镇属于抚宁县，木头凳和干沟镇属于临榆县，此三地今均属秦皇岛市青龙满族自治县；民国初年至今，碱厂、牤牛营子、八家子均属于辽宁省建昌县；唯大城子在民初属辽宁省建昌县，今属内蒙古自治区喀喇沁左翼蒙古族自治县。

因为在这枚明信片上留有戳记的直隶碱厂、直隶干沟镇、直隶双山镇、直隶台头营这 4 处邮政代办支局均归昌黎邮局管辖，所以邮路也理所应当经过昌黎。根据 1912 年天津副邮界邮运图所列共 55 条邮路之中的第 32 条邮路即昌黎至台头营线所示，邮路全程 70 里，昌黎至抚宁 40 里（用时 4 小时），抚宁至台头营 30 里（用时 3 小时），可以推断此明信片传递到台头营后，必然经过昌黎中转无疑，只是没有加盖昌黎日戳而已（也许图画面左上部那枚不清晰的邮戳就是昌黎中转日戳），此时京奉铁路已经全线通车，此明信片在昌黎上京奉火车后经西伯利亚国际邮路至欧洲比利时的布鲁日，从交寄日算起用时 18 天，在当时来说，已经是很快的邮寄速度。

1915 年 4 月 1 日，直隶邮务管理局对天津管辖段内三等局和代办所进行调整，昌黎二等邮局管辖安山、抚宁县、台头营共 3 个三等邮局和泥井、施各庄、赤崖、大夫庄、新集东、靖安镇、石门车站、蛤泊镇、姜各庄、木井、双山镇、木头凳、干沟镇、刘田各庄共 14 个代办所，原辖碱厂、牤牛营子、大城子共 3 个代办所划归平泉二等邮局管辖。此为后话，不再详述。

（原载《延陵邮刊》2018 年第 3 期）

从河北昌黎滨海镇村镇信柜说起

这是 1935 年由河北昌黎滨海镇寄北平实报社挂号信函（见下图）。封背贴北平版烈士像邮票 0.5 分、1 分各 2 枚，伦敦版单圈孙中山像邮票 5 分 2 枚，合计面值 13 分，符合挂号信函邮资；盖销圆形三格式“河北 / 滨海镇村镇信柜 / 昌黎”戳和横式矩形“R/ 由滨海镇村镇信柜挂明 / 第 15 号”手填数字副戳，民国二十四年（1935 年）

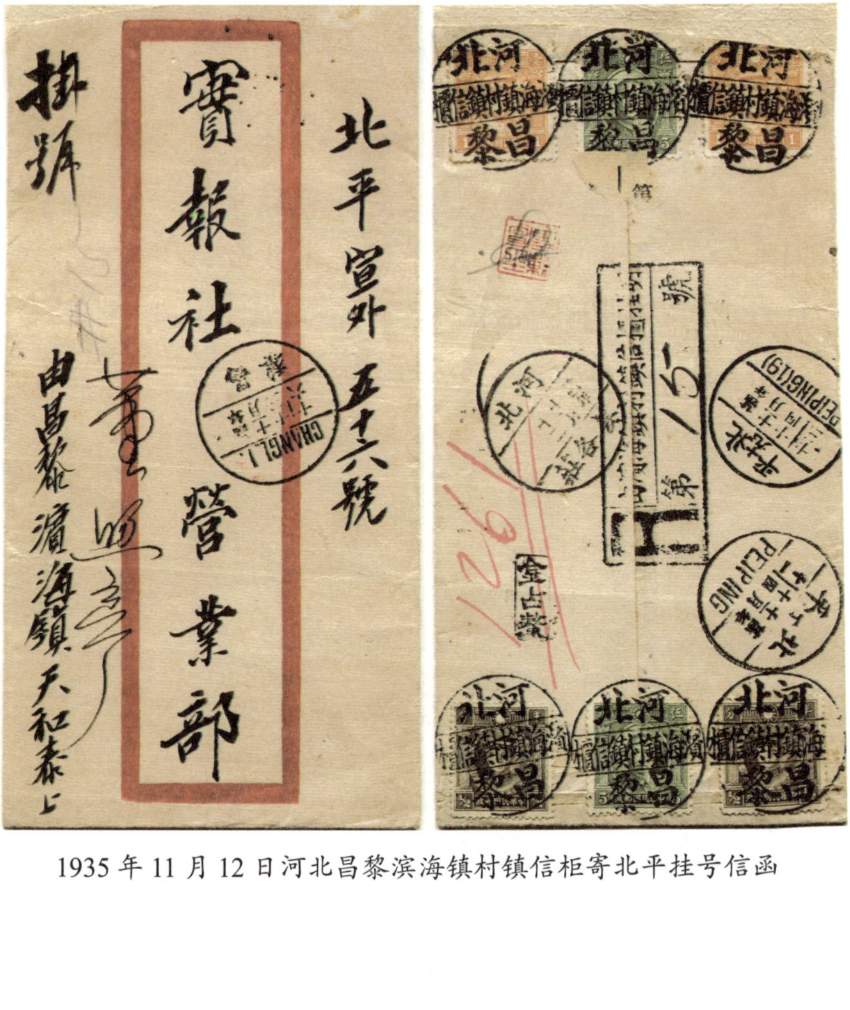

1935 年 11 月 12 日河北昌黎滨海镇村镇信柜寄北平挂号信函

11月12日河北姜各庄中转戳，同月13日昌黎英汉文中转戳，同月14日“北平（丁）”汉英文落地戳，同月14日“北平（十九）”汉英文投递戳和投递员名章。封上先后盖用的10枚邮戳和1枚投递员名章清晰，收寄、中转、投递邮路完整，最大亮点是盖用的村镇信柜戳记。

信柜戳是邮政戳记的一种，原为大清邮政信柜或代办铺商使用，刻地名加信柜字样，不刻年月日。早期信柜戳没有统一格式，式样各异，深受戳记集邮者青睐。中华邮政时期，在广大农村地区推广设立信柜，称为村镇信柜。《中华民国十年邮政事务总论》“置邮溯源”称：“究之近年来各项设施之中，其奏效最著，影响最巨者，莫如村镇投递及揽收邮件之办法。”这里就是对村镇信柜作为邮政网络末端在中国广大农村承担邮件投递及揽收功能的高度评价。张恺升《中国邮戳史》称，1917年直隶省内信柜戳开始加嵌“村镇”二字。1928年直隶省更名河北省，邮政戳记上的省名也随之做了变更，河北邮务管理局统一更换了辖区内70个村镇信柜所用木质戳和挂号戳记，应当包括河北昌黎县滨海镇村镇信柜戳记。1936年7月16日，滨海镇村镇信柜升格为邮政代办所。

滨海镇今为何处？今日昌黎县行政区划内已经没有滨海镇。根据姜各庄中转戳这条线索，可知滨海镇村镇信柜的上级邮务单位在姜各庄。1907年12月12日设立姜各庄代办邮政铺商，后改为代办所。1921年10月23日，姜各庄邮政代办所升为三等邮局，属昌黎邮局管辖。根据民国二十二年（1933年）《昌黎县志》载，姜各庄属昌黎县第五区，区内村镇未见有滨海镇，有类似地名海滨铺。新中国成立后的1949年12月，滦河以南原属昌黎县的姜各庄等39个村划归乐亭县管辖，为乐亭县第九区。1958年成立姜各庄公社，1984年改乡，1989年改姜各庄镇。今姜各庄镇辖区内行政村地名有滨海村、北海滨村、中海滨村、南海滨村，不知民国年间的滨海镇现为何处。又据我在乐亭县邮政局退休的老同学何正仁介绍，人民邮政在姜各庄镇辖区内曾设有董庄邮政所，距各海滨村甚近，因近年业务减少而被撤销。再查民国《昌黎县志》，该县原第五区内有“沙崖董庄”。“沙崖”是当地对海滨沙山地貌的统称，不少村名前面都有“沙崖”二字。考虑到邮政网点设置的延续性，滨海镇村镇信柜也有可能就设在今姜各庄镇董庄村。

这封挂号信的收件人为实报社，该报 1928 年 10 月 4 日创刊于北平，四开四版。由管翼贤创办并任社长。陈豹隐、李达、张友渔、张申府、丁玲、沈从文、老舍等曾应邀撰写社论、通讯和文稿。主要篇幅多登国内外重要政治时事新闻，副刊每日刊发言情、武侠小说四五种。以社会市民阶层为主要读者对象，创刊初发行量即达两三万份。抗战全面爆发后，管翼贤投靠日本，《实报》沦为汉奸报纸。1944 年 4 月 30 日停刊。

（原载《上海集邮》2020 年第 12 期）

从宁古塔到关内留守营

我在北京的一次邮品拍卖会上，拍得两枚宁古塔寄留守营实寄封。

图 1 为红条封，宁安庆升福商号寄关内留守营福兴和宝号转七里涧王子贞先生，贴北京二版帆船邮票 10 分 1 枚、北京二版帆船“限吉黑贴用”邮票 4 分 1 枚，合计邮资 14 分，销 1927 年 3 月 19

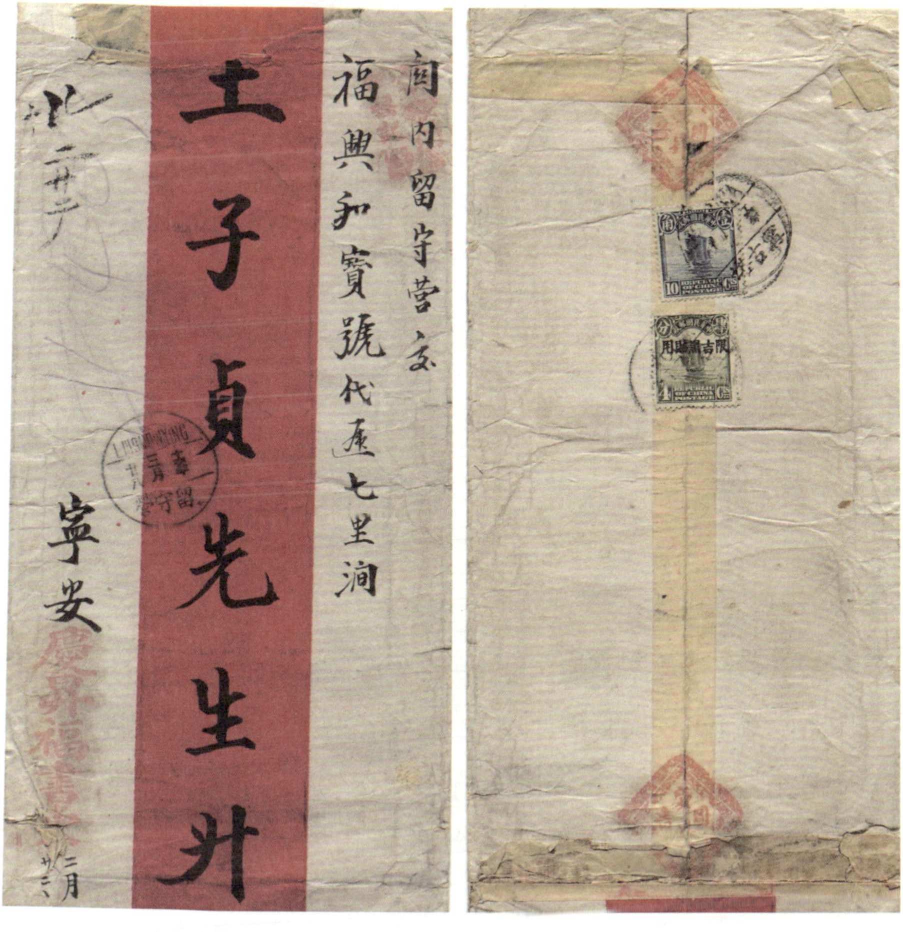

图 1 1927 年 3 月 19 日宁古塔寄留守营超重平信

日宁古塔英汉文日戳，此为北京二版帆船“限吉黑贴用”邮票发行次日使用，3 月 28 日留守营英汉文落地日戳。

图 2 为红框封，宁安庆升福寄关内留守营转七里涧西庄王柏先生，贴北京二版帆船邮票 6 分 1 枚、北京二版帆船“限吉黑贴用”邮票 4 分 2 枚，合计邮资 14 分，销 1929 年 1 月 16 日宁古塔英汉文日戳，1 月 24 日留守营英汉文落地日戳。

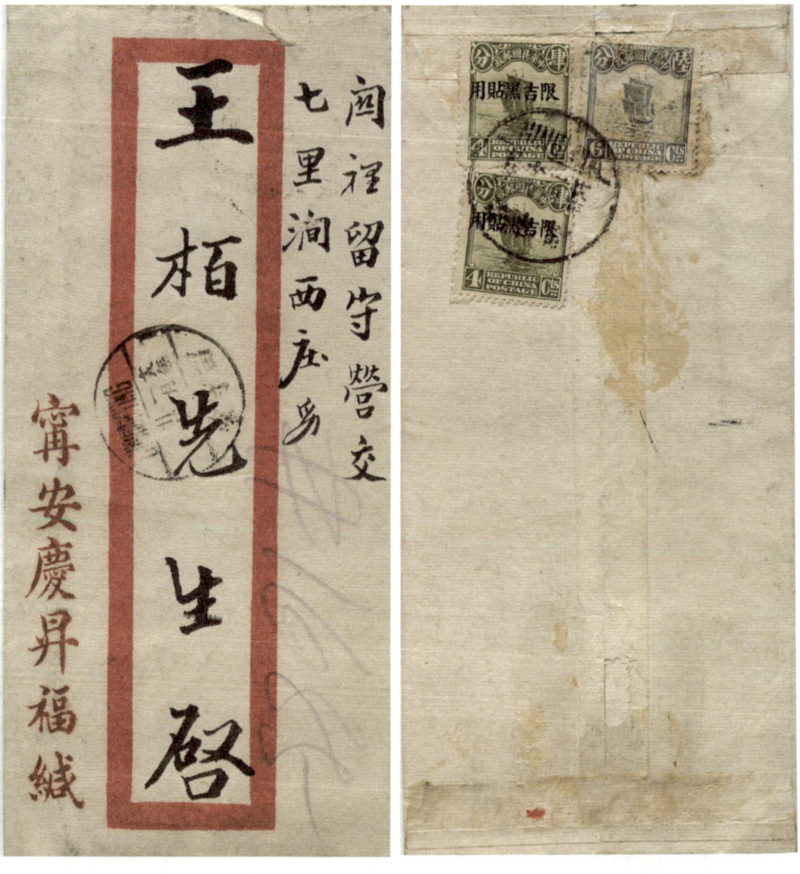

图 2 1929 年 1 月 16 日宁古塔寄河北留守营超重平信

查当时信函邮资，平信 4 分，挂号 6 分，此两封均贴 14 分邮票，应当是因超重加收一个平信邮资基本费。这两封信内页不存，推测为一位在宁古塔庆升福经商的老客（关内外对商人的称谓）所写的家信。

说到宁古塔，在清朝历史剧中，常会听到皇帝动怒时的一句经典台词："将某某发往宁古塔，永世不得入关！"好像宁古塔是个很可怕的蛮荒之地。其实不然。《宁安县志 · 序》称："宁安县旧称'宁古塔'，山清水秀，气候宜人，果殷稻香。"

宁古塔，实无塔。清初流人方拱乾撰《绝域纪略》载："相传当年曾有六人坐于阜，满呼六为宁公，坐为特，故为宁公特，一讹宁公台，再讹为宁古塔矣。"然而这也仅为一家之言。据考，"宁古"为满语，汉译为"六"或"六个"，"塔"是满语"特"的讹音，汉译为"居址"，合译为"六居址"。是指当时宁古塔地方的六个大部落而言。

清康熙五年（1666 年），宁古塔将军衙门从旧城（今黑龙江省海林市长汀镇古城村）迁至今宁安市（1993 年 5 月经国务院批准撤县改市）城址。康熙十五年（1676 年），宁古塔将军驻地迁至乌拉（今吉林市），留副都统镇守。光绪二十九年（1903 年）设宁安府，始有宁安之称，旋改为绥芬厅。宣统元年（1909 年）升绥芬厅为绥芬府，宣统二年，改绥芬府为宁安府。民国二年（1913 年）撤府改为宁安县。

宁古塔从顺治年间开始成了清廷流放人员的接收地。康熙年间有几位文化人被流放于此，并有著述记录山川形势、风土人情、物产贡赋以及官制兵额、城堡部落等。有方拱乾的《宁古塔志》（又名《绝域纪略》），杨宾的《柳边纪略》，吴振臣的《宁古塔纪略》，张缙彦的《宁古塔山水记》和《域外记》。当流人来到宁古塔时，也带来了中原文化、先进的生产和经营方式——"倡满人耕而贾"。流人向当地人传授耕作技术，种植稻菽，改变了当地满人以渔猎为主的原始生活方式。流人还教当地人把人参、貂皮拿到市场上交易。由于贸易活动日渐繁荣，宁古塔新城呈现出"商贩大集，南产珍货，十备六七，街市充溢，车轿照耀"的景象。光绪年间是宁古塔旧商业史上第一个鼎盛时期，据光绪三十年（1904 年）官方统计，共有私人铺商 695 家。1931 年九一八事变前夕，宁安县旧商业史上出现了第二个鼎盛时期，共有私人铺商 768 户。本文开篇所述两枚实寄封即出自这一时期的宁安庆升福商铺。

宁古塔作为大清帝国经营东北的军事重镇，沿袭元明两代的驿道驿站制度，设有宁古塔—吉林—辉南—奉天府（今沈阳）—新民—锦州—宁远（今兴城）—临榆（今山海关）—永平府（今卢龙）—京师（今北京）的驿道。清光绪三十四年（1908 年），绥芬厅在宁古塔设立文报分局，代替驿站，专司官署公文传递，这一年，大清邮政设置宁古塔邮政局，收寄官民信件。民国元年（1912 年）6 月，裁撤驿站，官署公文交邮局挂号寄递。至 1929 年，仍然称作宁古塔邮局，和关内商函书信往来不断。

关内留守营，地处今河北省秦皇岛市抚宁区东南端，东邻北戴河，因明末吴三桂、冯守业屯兵扎营留守于此而得名。1893 年，京榆铁路由唐山一路向东，跨过滦河，到达山海关。恰逢京榆铁路在留守营设站。铁路的通车，不仅给沿线带来了发展近现代工商业的机会，也带来了近代邮政。开办不久的大清邮政不失时机地在铁路沿线设立邮政分局和代办铺商。

洋人主事的天津邮政司并不急于求成，而是先搞了一番可行性调查。1901 年 12 月天津副邮政司申玛思呈邮政总办月报称：“6 日（副邮政司事毕德生——作者注）前往留守营。留守营距抚宁县约二十五华里，人口约三千。镇内有二十家银号和约四十家店铺。这些店铺同满洲、滦州、天津等地都有贸易往来。但如设局，则尚难做到收支平衡。7 日毕德生乘马车前往抚宁。抚宁是个有城墙的城市，人口约五千，城里有一家当铺，二家银号和大约四十家店铺，尚不如留守营繁华。”1902 年 10 月 30 日，天津邮政司德璀琳向总邮政司署呈文：“首先我推荐在……留守营开设代办铺商。您已批准在留守营开设邮局。但我认为设代办铺商开支少，而所起的作用却毫不逊色。”光绪二十九年二月二十九日（1903 年 3 月 27 日），大清邮政开办留守营代办邮政分局铺户，当时的代办人名叫张佩，1908 年 11 月由范润庚担任代办人。代办铺户受先前设立的昌黎县邮政分局管辖。留守营除接收火车运来的邮件外，还接收由抚宁每日一班转来的邮件。此后，留守营邮政业务迅速增加。宣统三年八月初十日（1911年10月1日），留守营代办邮政支局升格为乙类汇兑支局。

1915年4月1日，中华邮政直隶邮务管理局调整留守营为二等邮局，当时还管理北戴河车站三等局和裴家堡、大蒲河、团林镇、刘台庄、榆关镇代办所。1917年又增加宋庄、西河南、小蒲河、薛家营、沟而湾、官庄邮寄代办所。1928年11月1日，经邮政总局批准，河北邮区局所调整，留守营为二等乙级局。前述两实寄封，即收寄于留守营二等邮局时期。

（原载《秦皇岛集邮》2017年第3期）

柳江邮局与柳江煤矿

在秦皇岛地区邮政发展史上，1919 年 10 月 1 日开办的柳江邮局，距离 1899 年北戴河夏季邮局的开办，已经 20 年，但它设立之初的级别却不低，与秦皇岛、山海关邮局一样，被定为二等局（1928 年 11 月 1 日变更为三等甲级局）。图 1 是中华邮政 1924 年 7 月发行的第 6 版帆船图邮资明信片，1925 年 2 月 15 日由柳江经西伯利亚寄德国德比勒菲尔德。1923 年 1 月 1 日至 1925 年 10 月 1 日期间，国际明信片邮资 6 分，此片预印邮资 1.5 分，加贴民国帆船图邮票半分 1 枚、1 分 1 枚和 3 分 1 枚，合计邮资 6 分，符合国际明信片邮资标

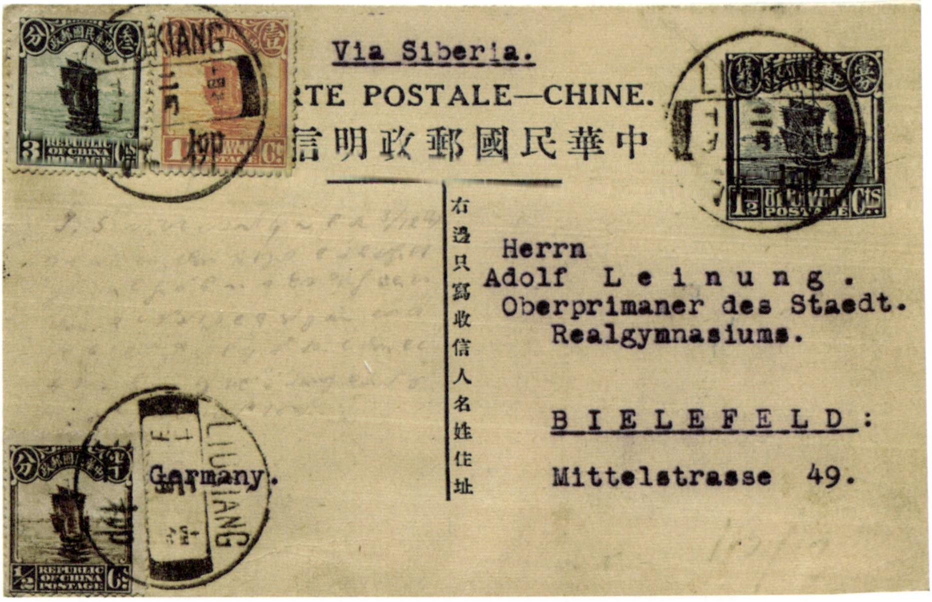

图 1 1925 年 2 月 15 日柳江经西伯利亚邮路寄德国第 6 版帆船图邮资明信片

准。柳江不过是盆地里的一个小村庄，设立这个二等邮局有什么必要呢？原来，这与一座煤矿——柳江煤矿的开办息息相关。

柳江盆地蕴藏着丰富的煤炭资源。早在明清时期，当地人土法开采，产量不多。明万历二十七年（1599 年）《永平府志 · 杨镐传》中就有记载："石门产煤，曩县辇送道府各署，以供官用，然力借里民挽运络绎，众以为殃，镐力禁，民快之。"清乾隆二十一年（1756 年）《临榆县志》也有"黑山（今秦皇岛市海港区石门寨镇黑山窑村），在石岭南，距城四十里，产煤"的记载。一直到清末，柳江煤田都是小规模零星开采，产量不高。1914 年 8 月 28 日，李治呈请农商部核准开采柳江村部分煤矿；同年 9 月 8 日，张德勋呈请直隶省第一矿务监察署核准黑山窑村部分煤矿。至 1916 年 8 月 2 日，由李治、张德勋会呈农商部，两部分合并，成立柳江煤矿公司。1918 年正式注册，股本金 72 万元，生产无烟煤，销往上海及长江流域。至 1920 年 11 月 3 日，正式经部核准。1916 年，刘汝林、齐翰卿等人在临榆县上庄坨、石岭一带创办了兴业煤矿公司。1922 年，兴业煤矿被直系军阀齐燮元、冯国璋、曹锟等人投资 80 多万元收买，更名长城煤矿公司。20 世纪 20 年代初期，长城、柳江煤矿各有采煤工人三四百人，到 20 年代末期发展到 3000 多人，年产煤约 30 万吨，给资本家带来了丰厚的利润。

煤矿的开采，给柳江带来了商机，用今天的话说，人流物流资金流汇集柳江，处在发展时期的中华邮政不失时机地在此设立了柳江二等邮局，此前于 1908 年 1 月 28 日开办的石门寨代办支局（原为代办铺商，1912 年改称代办支局）（图 2）、1911 年 8 月 10 日开办的驻操营代办所，都划归其管辖。柳江邮局与柳江煤矿一样，发展较为顺利，1920 年 7 月 1 日开办龙王庙、义院口邮寄代办所，1926 年 1 月 1 日开办上庄坨邮寄代办所，均由柳江邮局管理。

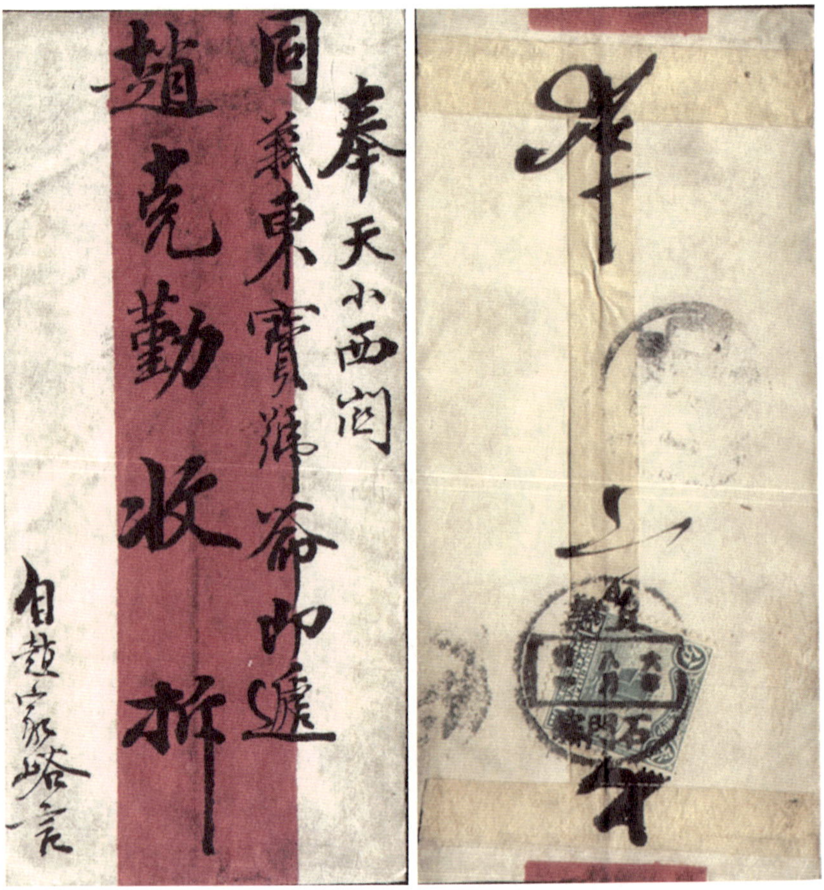

图 2 1917 年 8 月 27 日直隶石门寨寄奉天（今沈阳）平信

据 1926 年《通邮处所集》记载，当时的柳江邮局已经开办代收货价、邮寄保险包裹业务，保险金额以五百元为限；并且收寄联邮各国包裹。柳江邮局设立后，除通往秦皇岛的邮路外，还有一条通往口外热河的邮路，即柳江—石门寨—驻操营—义院口（1920 年 7 月设邮政代办所）—龙王庙（1920 年 7 月设邮政代办所）—木头凳（1912 年 11 月 18 日开设邮政代办支局）—干沟镇（1912 年 11 月 22 日开设邮政代办支局）步班邮路，单程 138 里。图 3 是河北（“河北”表示邮区，并非行政区划）凌源喇嘛洞村镇信柜寄天津挂号信函，贴帆船邮票 4 分 4 枚，合计邮资 16 分（平信 4 分 + 挂号 6 分 + 回执 6 分），销圆形三格式“河北 / 喇嘛洞村镇信柜 / 凌源”戳记，加盖

1930年8月22日河北干沟镇中转日戳和柳江中转日戳，8月23日天津到达戳。1926年设上庄坨代办所，增加柳江至上庄坨步班邮路。1933年初，日军侵占热河后，又侵入长城以内地区，柳江至干沟镇邮路只通到义院口，3月21日和23日，邮差李守本、齐晋贤不避艰险，两度由华山峪爬长城通过火线与龙王庙、木头凳、干沟镇代办所取得联系。后因长城以外邮局被伪满控制，年末此邮路仅通至义院口。1944年柳江邮局撤销后，这条邮路撤销。

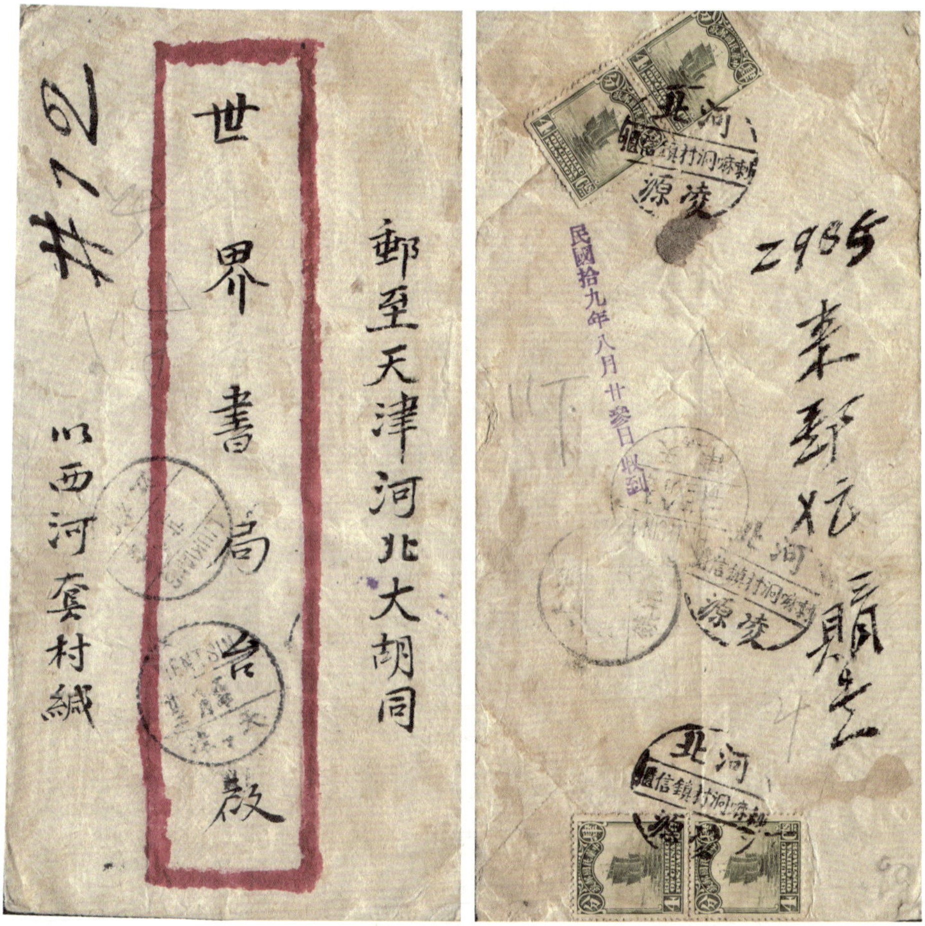

图3 1930年8月22日柳江邮局中转的河北（邮区）凌源喇嘛洞村镇信柜寄天津双挂号信函（天津昊德2020年秋季邮品拍卖第3017号拍品）

1927年11月直隶邮区月报载明，柳江邮局向南有通秦皇岛邮路，向北有通上庄坨、干沟镇邮路。通往秦皇岛的邮路，由小火车运输邮件。为向秦皇岛港运送煤炭，1915 年秋，临榆县石门寨刘各庄人刘汝林（号珍甫）招股本 20 万银元，修建了柳江经傅水寨、小部落、杜庄、海阳至京奉小铁路 11 公里（因轨距仅有 762 毫米，俗称小铁路），1916 年 9 月通车，该线从柳江煤矿起至京奉铁路汤河站，全长 17 公里。

然而好景不长，1931 年日本关东军发动了九一八事变，侵占我国东北，觊觎关内。1933 年 1 月 1 日发动榆关事变，侵占了山海关，并于 3 月侵占热河后向长城沿线各口进犯。4 月 15 日，中国军队撤出秦皇岛，滦东地区（滦河以东地区，今属秦皇岛市）局势混乱不堪，滦东各邮局员工在炮火之下维持局务，历经艰险。图 4 为在此期间秦皇岛柳江煤矿公司寄上海挂快信函，封背贴伦敦版孙中山像邮票 4 分 4 枚，合计邮资 16 分，符合当时挂快信函邮资标准，加贴快信签条，销 1932 年（民国廿一年）4 月 18 日柳江三格式中英文日戳，4 月 23 日到达上海，加盖上海三格式中英文落地日戳和商码戳记。1933 年 3 月 17 日，河北邮区邮务长科登向邮政总局局长呈文称："日军所到之处，或将邮务破坏，或强迫接收。现时所有通长城以外之邮路，除兴隆至马兰峪尚能通行外，其余由古北口至承德，由唐山至平泉，由凌源至建昌营，由台头营至都山，由柳江至干沟，各路均不能通。"1933 年 5 月 17 日，河北邮区邮务长科登向邮政总局局长呈文又称："柳江至秦皇岛轻便火车自四月十六日恢复行驶。据该局四月二十八日特字呈文，据邮差李守本报称：'凌南代办所已经伪国改为邮局，并派邮差跑行干沟镇邮路，并转口及本口之邮件，交由干沟镇代办所签收'等情。据此，此项邮件本应不收，惟查干沟镇地方在敌军范围以内，既有特殊情形，不得不为之变通。故只令该代办人试行拒收；如不能办到，则暂为接收，按欠资办理。惟寄干沟镇本镇者，则暂行照投，不再收费。再柳江煤矿公司（国人经理），已在天津某洋行保险，门首悬挂英旗，邮局重要物品均移矿内，故一切局务甚为稳妥。又该局五月二日呈称：'近日来，日机仍

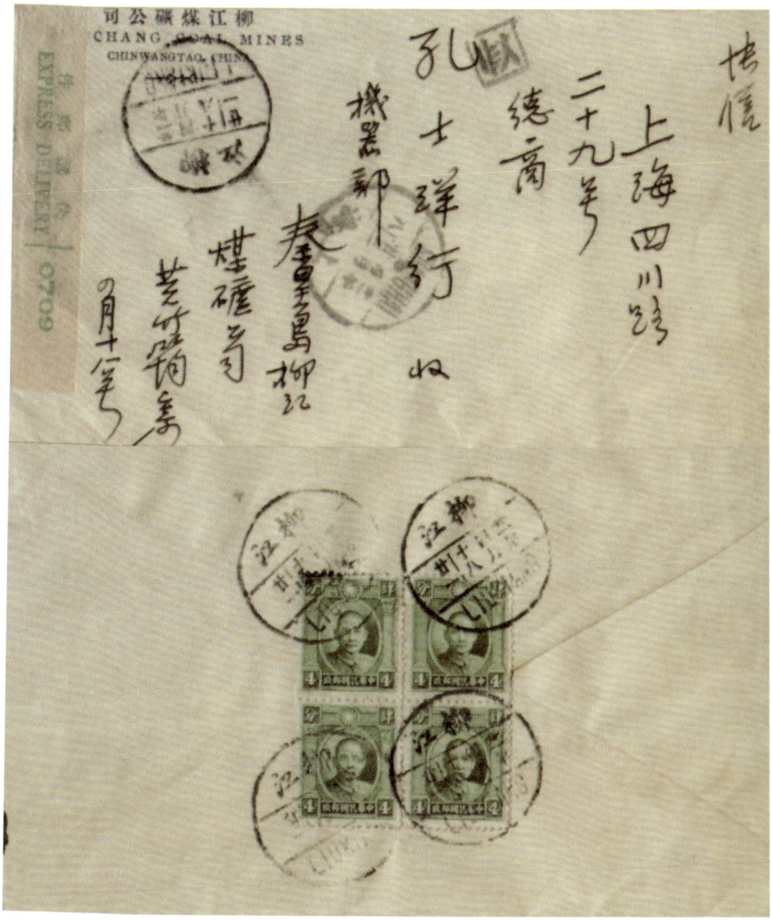

图 4 1932 年 4 月 18 日柳江寄上海挂快信函
（上海东方大观 2014 年春拍 1302 号拍品）

前来柳江，并时在距丨余里村庄掷弹。四月三十日双方在西南十四里平山营交战’等情。据此，现在柳江仍在秩序紊乱中。”

日本侵略者早就觊觎石门寨地区丰富的煤炭资源，柳江煤矿、长城煤矿等成为日本帝国主义掠夺经济资源的重要目标。1938 年 1 月 29 日，日军霸占长城煤矿，与柳江煤矿合并，组建长城炭矿铁道株式会社长城矿务所，雇佣中国矿工下井采煤，将质量好的煤从秦皇岛港经海路运往日本。1938 年到 1945 年，日军从长城煤矿掠夺煤炭 72.98 万吨。日本的军事侵略和经济掠夺，受到中共领导下的冀东军民的激烈反抗。1943 年秋，抗日游击队炸毁柳江铁路上最长的高庄桥，迫使铁路停运，日军在柳江地区的煤炭采掘陷入困顿。

日本帝国主义的侵略，也使中华邮政屡遭劫难。1937 年七七事变发生，日军侵占华北。1938 年伪邮政总局建立，1942 年改称华北邮政总局，直至 1945 年日本投降，滦东地区的邮政事业基本由伪政权控制，业务日益萎靡，难以为继，柳江邮局亦在所难免。1944 年 8 月 12 日，河北邮政管理局局长黎其康以当地治安不良或业务欠佳予以关闭为由向华北邮政总局呈文称："当地矿山电台均被烧毁，居民只余十四五户，共计不过百余人。在一二年间难以恢复旧观。十余日门市并未售出邮票一分，每日下午四五点钟街上既无行人，邮局实无存在必要。遂于本年七月二十一日关闭。"就这样，一度兴旺繁忙的柳江邮局至此完结。

（原载《河北集邮》2020 年第 10 期）

民国时期秦皇岛港的邮件转运

民国时期秦皇岛港的邮件转运主要有四次。

第 1 次

［**时间**］ 1930 年

［**航线**］ 秦皇岛－上海

［**缘由**］ 1930 年 4 月，蒋、冯、阎大战爆发，阎锡山、冯玉祥联合国民党内其他军阀同蒋介石在河南、山东交战，双方投入兵力达 100 多万。这是国民党统治期间最大的一次军阀混战。津浦铁路沿线地区成为战场，铁路运输被迫中断。邮政当局利用秦皇岛港运煤船到上海装载邮件，以维持南方与华北、东北的邮运。

［**运作方法**］ 由河北邮政管理局与开滦矿务局签订运邮合同，所需费用由管理局负责结算。秦皇岛邮局只与开滦秦皇岛经理处交接邮件，不直接与轮船接触，发出邮件全部封袋，缮制路单一式 7 份，1 份留底，1 份直寄上海局，交开滦 5 份，开滦签退邮局 1 份，交船 4 份，船方签退开滦 2 份，交上海邮局 2 份，上海邮局签退船方 1 份。上海和秦皇岛间的轮船每月对开 15 － 20 次，上海发秦皇岛邮件每次在 1000 袋以上，而秦皇岛发上海邮件每次 200 袋至 300 袋。这一时期邮件丢失现象不断发生，主要是船上失窃。上海发秦皇岛邮件包裹较贵重，丢失也多，秦皇岛发上海邮件包裹价值较低，丢失也少。开滦从船上接收邮件不甚认真，而邮局交接验收手续健全，遇有差错能立即发现，所以损失全由开滦负责赔偿。邮局由开滦栈房接收邮件后，用铁棚车皮运到秦皇岛火车站，在站台分拣后，

装铁棚车或邮车运至天津、北平或山海关、沈阳。当时秦皇岛南站台其他运输业务不甚忙，铁路部门在这一时期有求必应，给邮局许多方便。1930年六七月间，津浦铁路恢复通车，秦皇岛港转运邮件结束。

［**相关链接**］

秦皇岛火车站变迁

1893年建成的津榆（天津至山海关）铁路（1907年后改称京奉铁路），在今秦皇岛市海港区内设有汤河站。1899年，秦皇岛港从汤河站引出，修筑一条长5.6公里的码头支线连接港区运行线。1915年5月，为适应港口发展的需要，京奉铁路秦皇岛段改线南移，撤销汤河站，新设秦皇岛站（1984年9月28日改称秦皇岛南站），1916年9月1日竣工通车（图1）。新设的秦皇岛站紧靠秦皇岛港区，使进港引线缩短了4.8公里。

图1 民国明信片：秦皇岛火车站

秦皇岛港的隶属关系及称谓

秦皇岛港自光绪御批开埠起，产权控制在开平矿务局，并建立起独立的隶属关系。1898 年初，开平矿务局于秦皇岛通商口岸设立“开平矿务局秦皇岛经理处”，使之成为开平矿务局储运、经销的最主要机构。当时的秦皇岛港，俗称为“开滦码头”（图 2）。开平矿务局于 1901 年被英国人骗占后改称开平矿务有限公司，1912 年与滦州煤矿联合经袁世凯政府批准为“开滦矿务总局”，秦皇岛经理处的称谓一直未变。1942 年 12 月太平洋战争爆发后，日本对开滦煤矿和秦皇岛港实行军管，港口对内称军管理秦皇岛港务局，对外称军管理开滦炭矿港务局，直至日本投降。1945 年 11 月，国民党政府接收代表将秦皇岛港“发还”开滦矿务局，港口复称秦皇岛经理处。1953 年 1 月 1 日，开滦煤矿宣布撤销前所属秦皇岛经理处，秦皇岛港隶属关系出现了历史性变化，称为“交通部航运总局天津区港务管理局秦皇岛分局”。1955 年 5 月 1 日升级为“交通部秦皇岛港务管理局。”

图 2 清代明信片：秦皇岛港栈桥

第 2 次

［**时间**］ 1933 年 4 — 7 月

［**航线**］ 秦皇岛—塘沽

［**缘由**］ 1933 年 1 月榆关事变后，中国军队于 4 月 14 日奉命退守滦河以西，日军于 4 月 16 日占领秦皇岛，4 月 17 日侵占昌黎县城，北宁铁路（1929 年由京奉铁路改称）受阻。

［**运作方法**］ 邮政轻件组织早班抢运，重件由秦皇岛港海运至塘沽。1933 年 5 月 20 日，山海关—唐山通车，7 月 5 日芦台—唐山通车。7 月 18 日，伪满奉（天）山（海关）铁路局山海关站制定《山海关、唐山间中国邮件临时运营办法》，临榆邮局租用邮车容间，恢复铁路邮运，秦皇岛海上运邮停止。

第 3 次

［**时间**］ 1937 — 1938 年

［**航线**］ 秦皇岛—上海

［**缘由**］ 1937 年七七事变后，日军全面发动侵华战争，津浦、平汉铁路再次阻断，南北邮递重件改由塘沽和秦皇岛转运。

［**运作方法**］ 因秦皇岛至上海的运煤船不定期航行，所以只利用这些船只运输重件。1938 年 1 — 8 月，秦皇岛开往上海运带邮件的船只每月 10 艘左右，每船开航的前一两天，由河北邮政管理局运输组将探询的开船消息转达给秦皇岛邮局，以备按时组织抢运。开滦经理处吸取了 1929 — 1930 年间因转运中邮件不断丢失而赔偿损失的教训，提出与船方交接邮件时要邮局派员在场协助检查验收，邮局同意按此执行，因而丢失毁损邮件大为减少。发运邮件路单一式 7 份改为 8 份，即增加船方签退邮局 1 份。

［**相关链接**］ 这一时期秦皇岛已被日军占据，铁路主要为日本侵略军服务，铁棚车很难要到，只能利用邮车零星发运。秦皇岛火车站停点二三分钟，每次只能装几十袋，一次接船邮件多次才能发

完。邮袋堆积在车站，最多时达七八千袋。有时要到铁棚车，还要派员押运，铁棚车常被甩在中途货场，有时停留几天。押运人员受冻挨饿，生活非常艰苦。

第 4 次

［**时间**］ 1945 － 1948 年

［**航线**］ 秦皇岛－上海

［**缘由**］ 抗日战争胜利后，国共和谈失败，第三次国内革命战争爆发，津浦铁路沿线发生了为数甚多的战役战斗，包括邮运在内的各种运输均无稳固保障。

［**运作方法**］ 由于开滦经理处此时已无租用的外国船只，邮局过去与开滦所订合同，除装卸、搬运等费用规定仍保留外，有关船上运输规定均取消。因海运事务统归招商局管理，即由上海邮局与招商局订立新合同，并由上海邮局负责海运费用，秦皇岛邮局只负责装卸搬运等费用。招商局借口双方都是企业经营，只收轻件，不收包裹，后经上海邮局报南京政府交通部，交通部于 1947 年 5 月指令航政局各口岸所属轮船载运邮局一切邮袋，否则航政局不准予放行。从此招商局各轮船公司于船只开行前一日送交邮局 1 份轮船进出口岸通知书，航政局接到邮局的装运邮件证明书后，才开具通行证。

［**相关链接**］ 此时秦皇岛站铁路运输情况更加恶化，对邮局不能提供更多的车辆。当时山海关为关内外邮件转口局，大量的东北邮件在山海关站已装满了邮车，到秦皇岛已无容间可用，再加秦皇岛站仅停车 3 分钟，致使大量邮件积压。经与上海邮局联系，发平津邮件改由塘沽转，秦皇岛只负责转运发东北邮件，转运压力才逐渐减小。

东北沦陷与关内外断邮

山海关古称渝关（榆关），是华北通往东北之咽喉要道。明洪武十四年（1381 年）在这里建关设卫，清乾隆二年（1737 年）改卫为县。直至民国，一直是临榆县治所。它在地理位置和战略地位上都非常重要。20 世纪 30 年代初，中华民国临榆（山海关）邮局面对日本帝国主义的节节进逼，演绎出一段扑朔迷离、众说纷纭的邮政史话。

1931 年 9 月 18 日，对中国领土垂涎已久的日本帝国主义在沈阳发动了九一八事变，随后，日本侵略军用武力侵占了东北三省。1932 年 1 月，由于东北沦陷，北宁路直达火车停运，关内外邮件一律经山海关邮局转递。1932 年 3 月，伪满洲国在长春成立，日本扶持清代逊帝溥仪为“执政”，改年号为大同。接着，伪交通部长声明从 4 月 1 日起，接收邮政。面对日本帝国主义扶植伪满政权侵我国家邮权的严酷现实，中华邮政不得不做应变准备。根据现已披露的邮政档案，可以看出随着当时的情势变化，邮政所采取的相关对策和措施大体分为以下几个步骤。

第一步，为防不测，规定启用“Yenom”电报密码。

1932 年 6 月 21 日，邮政总局局长黄乃枢和储汇总局局长杨建平致河北邮区邮务长科登联合密半公函，内称：

东三省现当局随时都可能强行接管邮局或查封邮局财产及现金等。我们已通知那里的邮务长，一旦发生这类情况，立即用电报通知你。电报中“Yenom”一词，含义如下：

立即停办同东三省往来的全部汇票业务。通知各局将见电后收到的汇票核对据，无论何时开发的，一律退回。汇款如数退给汇款人，并把相关情况通知收款人。停止受理寄往关东三省的包裹和各类邮件。

你收到上述电报后，除遵照执行外，还要用“Yenom”这一密码通知所有邮区管理局和一等局。我们正把此项安排通知各邮区管理局和一等局。

根据上述安排，各邮区只等河北邮区转达的密码“Yenom”电令一到，即与关外断邮。同日，储汇总局和邮政总局还为关内各邮局代拟了断邮通告。6 月 27 日，又将原拟通告的部分措辞进行修改之后，寄发各邮区，以备必要时张贴。这份修改后的通告（图 1）全文如下：

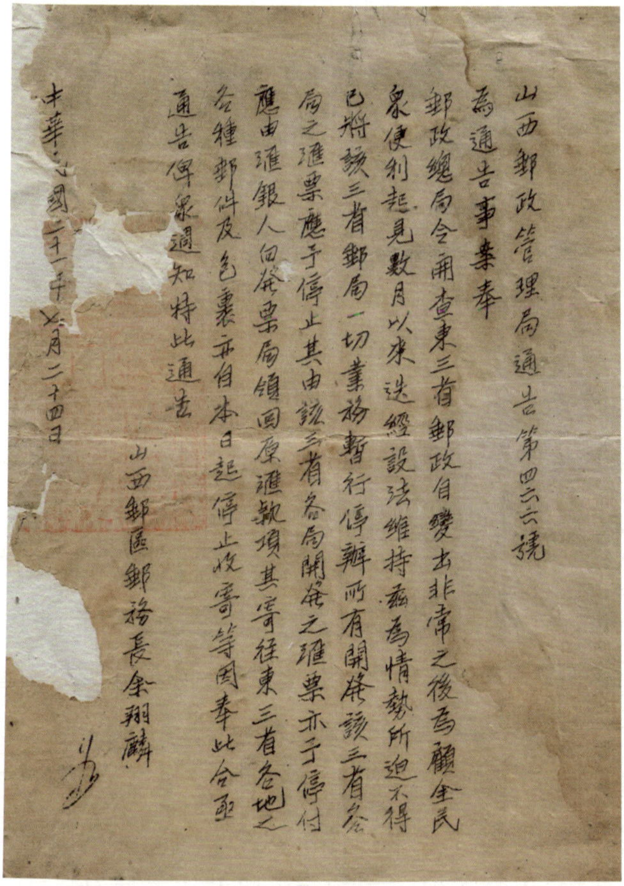

山西郵政管理局通告第四六六號

為通告事案奉

郵政總局令開查東三省郵政自變出非常之後為顧全民衆便利起見數月以來迭經設法維持茲為情勢所迫不得已將該三省郵局一切業務暫行停辦所有開發該三省各局之匯票應予停止其由該三省各局開發之匯票亦予停付應由匯銀人向發票局領回原匯款項其寄往東三省各地之各種郵件及包裹亦自本日起停止收寄等因奉此合亟通告俾衆週知特此通告

山西郵區郵務長余翔麟

中華民國二十一年七月二十四日

图 1 1932 年 7 月 24 日山西邮区邮务长余翔麟署名、加盖山西邮区关防的关内外断邮通告

为通告事。案奉邮政总局令开：查东三省邮政自变出非常之后，为顾全民众便利起见，数月以来迭经设法维持。兹为情势所迫，不得已将该三省邮局一切业务暂行停办。所有开发该三省各局之汇票应予停止。其由该三省各局开发之汇票亦予停付，应由汇银人向发票局领回原汇款项。其寄往东三省各地之各种邮件及包裹，亦自本日起停止收寄，等因。奉此，合亟通告，俾众周知。特此通告。

第二步，维护主权，撤退东北两邮区员工。

中华邮政在东三省分设辽宁、吉黑两邮区。东北三省全体邮务员工面对日伪侵我邮权的无耻行径，曾于1932年4月5日罢工，并通电全国，表明“同仁等念切国民矢忠之天职，羞为傀儡政府之官”的民族大义，呼吁“万一伪国强行接收，总局尽可命全体员工退出，引用《国际邮政公约》第二十七条，向国际联邮各国通告，停止东三省一切邮务，以为封锁之计”，并警告日伪“一经引用此条，则伪国之邮件，虽欲利用日邮，亦不可能。盖中国以联邮会员资格，宣告停止东三省邮务，则凡发自或寄往东三省之邮件，各会员国均不能代运矣”。通电的这些内容，可能是邮政当局借员工之口说出自己想说又不便于说的话，也是行将作出断邮决定的舆论准备。由于国民党的不抵抗政策，中国政府撤退东北境内全部驻军，国土陷落。在这种形势之下，中华邮政继续维持东北两邮区之邮务确实已不现实。1932年7月23日，总局密令东北两邮区停办邮政，员工一律撤回关内。同时，南京政府交通部发表宣言，宣布对伪满洲国实行邮政封锁。辽宁邮区于7月23日晚接到电令，24日下午发布通告停办邮务。吉黑邮区晚收电令一天，也于25日停办邮务。河北邮区邮务长科登在7月23日接到封锁东北邮政的电令后，于7月24日派遣暂留河北管局服务的辽宁邮区三等五级邮务员王维四，前往临榆（山海关）负责照料入关员工。同时备妥空白半价火车票，发交临榆局长，遇有入关员工即令填发。7月27日起，两邮区员工1000余人经山海关陆续撤回，分赴北京、天津、青岛、上海等邮局安置（图2）。

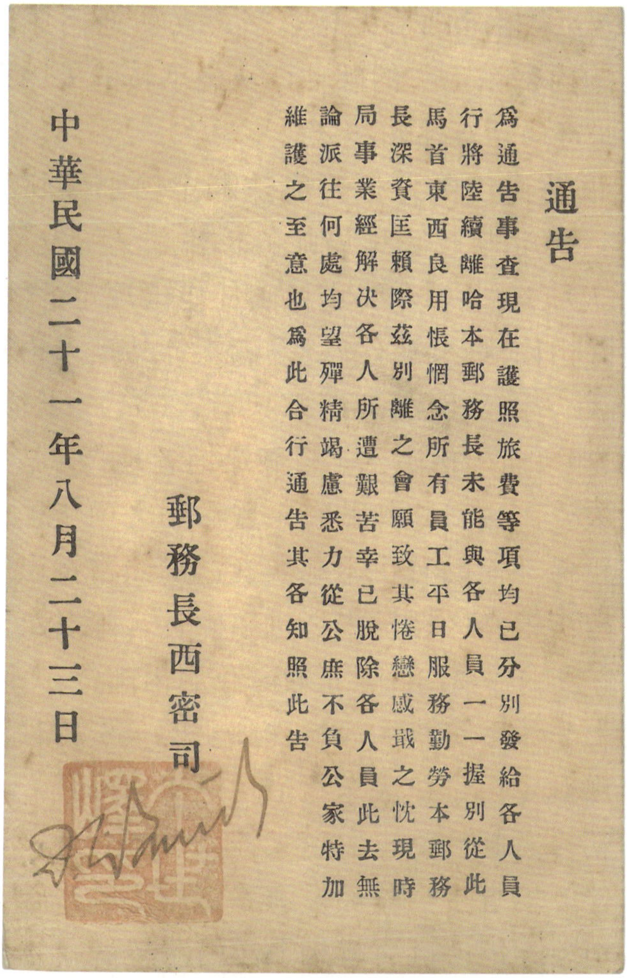

通告

爲通告事查現在護照旅費等項均已分別發給各人員行將陸續離哈本郵務長未能與各人員一一握別從此馬首東西良用悵惘念所有員工平日服務勤勞本郵務長深資匡賴際茲別離之會願致其惓戀感戢之忱現時局事業經解決各人所遭艱苦幸已脫除各人員此去無論派往何處均望殫精竭慮悉力從公庶不負公家特加維護之至意也爲此合行通告其各知照此告

郵務長西密司

中華民國二十一年八月二十三日

图 2 1932 年 8 月 23 日吉黑邮区邮务长西密司署名的撤离通告（江苏南通李汇祥藏品）

第三步，不收、不转寄至东三省的邮件。

首先是不收国内寄东三省的邮件。1932 年 7 月 24 日，河北邮政管理局邮务长科登签发第 401 号通令：“所有寄往东三省之封固及散封之邮件，现在均应退还原寄局。此后对于寄往东三省内各处之邮件，不问其为以前收寄者，抑系以后由信筒或信箱检出者，均应退还寄件人。”接着是不转国外寄东三省的邮件。7 月 29 日，邮政总局第 127 号半公函通令各局：“如各局收到由外洋发来转出去东三省各处之信件，尢论其为平常、挂号或系保险，均应于加盖‘Service

Suspended Return to Sender’戳记之后，立即退回原寄局。”这样，不论是自收的国内寄东三省的邮件，还是承转的外国寄东三省的邮件，全部退回原寄局和寄件人。

第四步，调整进口邮件处理办法和出口邮件邮路。

7月28日，河北邮政管理局邮务长科登又签发第405号通令，根据邮政总局7月25日电令对进口邮件作出规定：“由东三省发来之进口邮件，除由南满铁路区域寄发者不计外，无论其由大连或其它邮路转来贴有（一）伪满洲国邮票者；（二）日本普通邮票者；（三）中华民国邮票而用伪满元年日戳涂销者，一律按照未付邮资之邮件办理科罚欠资。进口邮件贴有未曾涂销之中华民国邮票者，或确系发自关东租借地而贴有日本邮票者，均照常按已经付足邮资之邮件办理。由南满铁路区域发来之进口邮件，除发自关东租借地者不计外，如贴有日本邮票均照常征收一倍国内邮资。”因为有了上述规定，集邮史上平添了记载这段特殊邮史的欠资邮件。这一通令对出口邮件也作出规定：寄往关东租借地之出口邮件，均照常取道大连转递。寄往朝鲜之邮件，也取道大连或日本转递。寄往苏联亚洲部分之出口邮件，均直接由轮船发海参崴转递。寄往苏联欧洲部分之出口邮件，均由苏伊士运河或太平洋两路转递。此前，7月27日科登签发的第403号通令已规定：“自即日起，对于西比利亚邮件以及经由中国转寄外洋各国之封固邮件，一律暂行停止由西比利亚转寄”，“改由苏伊士运河或太平洋两路转递”。因此，经由西伯利亚中国国际邮路也一度发生了改变。

第五步，停止接收东三省邮件。

8月9日，邮政总局局长黄乃枢致河北邮区邮务长科登第134号半公函称：“关于西比利亚进口邮件事。本月6日我已电告你，立即通知山海关局停止接收发自东三省的各种邮件，包括总包和散件。在未获交通部批准之前，山海关局只可接受确属是邮联成员国发往中国各地邮局的邮袋，但接受时不出具任何收据。”据此，临榆（山海关）邮局停止接收伪满洲国邮件，关内外邮政通信遂告断绝。

临榆（山海关）邮局奉省局所转总局之命令执行公务，拒收所有由奉山路运来之邮件，惹恼了驻扎在临榆（山海关）的日本侵略军。1932 年 8 月 10 日早上 6 点 15 分，日本宪兵队官大森同日兵一名，持械闯入临榆（山海关）邮局局长李鸿业私宅，将李局长拘往宪兵队，禁闭一室，拳脚相加，殴打之后，强迫李局长签订履行条件，始行释放，前后达三小时。为此，河北省邮政管理局向天津日本驻屯军司令官提出抗议，并将抗议书副本函送给日本驻天津领事馆。国弱无外交！这一抗议并未使日本侵略者有丝毫的收敛，反倒是中国邮政当局为避免冲突，不得不让李鸿业局长离职回避，忍辱接受伪满邮件。

第六步，不投不转被迫接收的伪满邮件。

临榆（山海关）邮局局长受辱被迫签字条件包括："一、凡联邮国发来邮件照常接收（掣给收据）。二、日本守备队、宪兵队及居留民之邮件照常接收（即满洲国之邮件）。三、山海关当地邮件照常接收（即邮袋注有山海关本口字样者内装寄往关内各处之邮袋及封套）。四、一时未收殊为抱歉。"为此，河北省邮政管理局邮务长科登于 8 月 19 日签发第 421 号通令："案奉邮政总局本年八月十五日电开：查东北邮政业经封锁，所有因人力难施，收由伪满洲国发来之邮件，均应存留该局不得投递及转运"，"嗣后如该局收到上述邮件，应即呈送本局核办，仰即一体遵照办理"。8 月 22 日又签发 422 号通令重申："兹查伪满洲国发来之进口邮件，凡由临榆（山海关）局因强迫接收而转来者，均应照前开邮字第 421 号通令所载各节办理。如该项邮件系经由大连或其他外国互换局转来者，应即遵照前开邮字第 405 号通令所载各节办理。"

此后，一直到《塘沽协定》的签订，关内外是否真正做到了"断邮"，集邮界颇有怀疑。其实，就是在断邮时期，也还有两个渠道在互换邮件。

其一是大连等关东租借地。从河北省局第 405 号通令内容来看，“确系发自关东租借地而贴有日本邮票者，均照常按已经付足邮资之邮件办理”，“寄往关东租借地之出口邮件，均照常取送大连转递”。由于中日两国尚未断交，按照国际邮政公约，中华邮政没有理由拒绝日本及其在华租界地邮局的邮件。当时，关内外同胞转道大连“曲线通邮”的情况不在少数，且有不少实寄封存世。

图 3 是 1933 年大连寄山西祁县封，贴日本邮票 1 钱 1 枚、3 钱 4 枚，销昭和八年（1933 年）11 月 17 日大连中央日式日戳，加盖北平民国二十二年（1933 年）11 月 21 日中转戳，山西祁县 11 月 23 日落地戳。此封戳记清晰，邮路完整，未被认作欠资，顺利寄到收信人处，是利用日本在大连的租借地邮局与关内通信的实证。

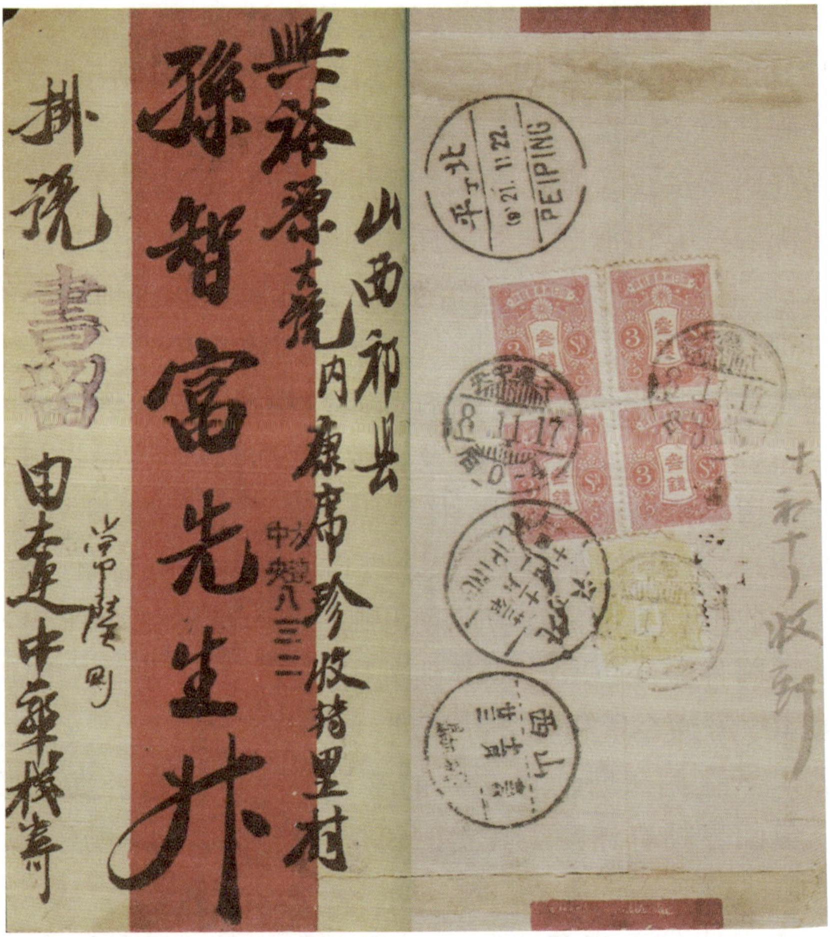

图 3 1933 年 11 月 17 日大连中央日本邮便局寄山西祁县挂号信函

其二，是南满铁道区域。1932年8月27日，河北邮政管理局邮务长科登签发的第426号通令，规定“为往来南满铁道区域之邮件办法”：“故凡发自南满铁道区域之邮件，必须纳足中华邮政国内资费（未盖销之邮票）。倘不照纳或仅纳半部资费者，即以欠资论，按照未付或缺少之邮资加倍科罚。又该项邮件如仅贴日本邮票，不论其所纳数目若干，概须补纳中华邮政邮件寄费第71号所订国内邮资之一个单纯费。凡各区寄往南满铁道区域之邮件，亦如前例，应照现行第71号邮件寄费清单将国内资例纳足。”由此看来，中华邮政处理南满铁道区域邮件交费问题有两种办法，一是加倍，二是补纳。为便于各局执行，“兹附发南满铁道区域地名表及沈阳城市略图各一张。务仰注意，沈阳城市确在南满铁道区域以内者，仅一部分。其在该区域之城市部分，所有街道名称，概有日本名，如‘町’‘通’等字以为区别。凡邮件上书有此项名称者，仍应照常收寄。惟于去沈阳城市及其它地方者，概行退还寄件人，但不得退还邮资”。

图4是1933年3月30日奉天驿前寄天津挂号信函。背贴日本邮票富士山图2钱1枚、4钱3枚，销日本昭和八年3月30日奉天驿前日戳；到达天津后加贴中华民国邮票北京二版帆船图3分1枚、烈士像1角1枚，销天津（乙十八）民国廿二年4月2日戳，另有同日天津中转日戳；因1932年5月20日起国内邮资平信5分、挂号8分，故补贴中华民国邮票13分，但并不属于加倍科罚，而只是补足中华邮政邮件寄费清单第71号所订国内邮资之一个单纯费。

南满铁道区域地名表如下：范家屯、陶家屯、刘房子、公主岭、大榆树、蔡家、郭家店、十家堡、杨木林、四平街、牤牛哨、桓沟子、双庙子、泉头、满井、昌图、马仲河、金沟子、孙家台、开原、中固、平顶堡、铁岭、得胜台、乱石山、新台子、新城子、虎石台、文官屯、珲河、苏家屯、沙河、十里河、烟台（又名大路烟台）、炭坑、张台子、辽阳、首山、立山、鞍山、千山、汤岗子、南台、海城、他山、分水、大石桥、太平山、盖平、沙岗、芦家屯、熊岳、九寨、长春、许家屯、万家岭、松树、得利寺、王家、瓦房店、田

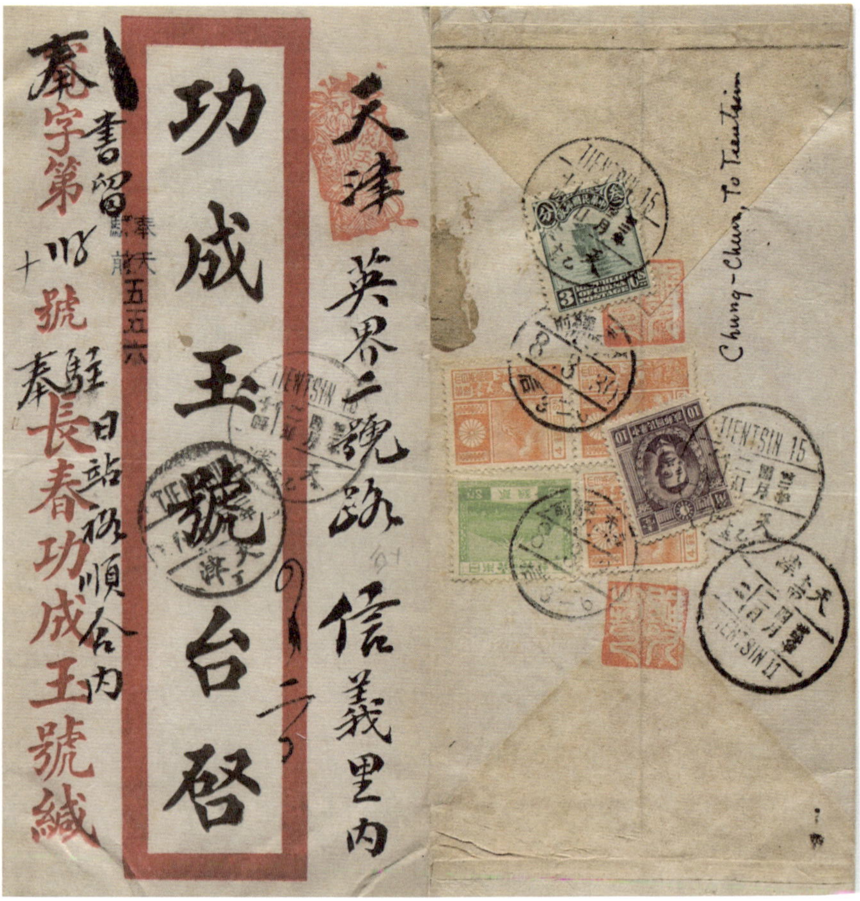

图 4 1932 年 9 月 24 日奉天驿前日本邮便所寄天津挂号信函

家、吴家屯、陈相屯、姚千户屯、石桥子、火连寨、本溪、宫原、桥头、南坟、下马塘、连山关、祁家堡、草河口、通远堡、林家台、刘家河、秋木庄、鸡冠山、四台子、凤凰城、高丽门、汤山城、五龙背、蛤蟆塘、沙河镇、安东、榆树台、孤家子、深井子、抚顺、李石寨、牛庄、歪头山、沈阳（浪速通日本邮便局）、沈阳日本邮便局铁道邮便课、沈阳十间房日本邮便局、沈阳驿前日本邮便所、沈阳青叶町邮便所。

集邮界有人将通过上述两种渠道交换的邮件，认作是秘密通邮的证据，实乃未察其详。

（原载 2004 年 9 月 28 日、10 月 19 日《中国集邮报》）

榆关事变与关内外非正式通邮
——兼议河北临榆（山海关）特别欠资日戳

1932年11月至12月间，日本关东军为侵占山海关，在皇姑屯至山海关铁路沿线调动重兵，驻旅顺的日本海军也派驱逐舰等战斗舰艇10余艘，停泊至秦皇岛、山海关海域，完成了陆、海、空军集结。1933年1月1日，日本侵略军经过充分准备和几番试探之后，发动了侵占山海关的战争，史称“榆关事变”（图1）。

图1 秦皇岛市山海关区榆关抗战纪念碑

这天晚上10时40分，日军用重炮向城内射击5发，10时50分向车站及南关一带鸣枪示威，伪满便衣队则在日军的指挥下，企图进占山海关城，当即被中国哨兵发现后击退。2日，时任东北军步兵第九旅旅长兼临（榆）永（平府）警备司令何柱国将军闻变后，由北平星夜驰返临榆前线。到达秦皇岛时，前方炮火已甚猛烈，随即下令坚决抵抗，并发布《告士兵书》：“愿与我忠勇将士共洒此最后一滴之血于渤海湾头、长城窟里。为人类张正义，为民族争生存，为国家雪奇耻，为军人树人格。上以慰我炎黄祖宗在天之灵，下以救我东北民众沦亡之惨。”慷慨激励守城将士抗敌之决心。山海关城内中国守军第626团以劣势兵力和装备与日军展开了殊死恶战。上午9时，日军守备队长儿玉率部下架木梯爬登南关城墙，被中国守军用手榴弹炸死。10时，日军3000多人在飞机大炮掩护下全面展开攻城战，中国守军猛烈还击，敌不得进。3日上午，日本海军陆战队登陆参加攻击。正午，南门及东南城角被敌攀登占领，被我反击夺回。下午，日军继续增兵，步兵在重炮掩护下再次攻破东南角城墙，坦克也由南门冲入城内（图2）。第一营营长安德馨率大刀队与日军

图2 明信片：1933年被日军炮火毁坏的山海关南门城楼和关城东南角魁星阁

展开白刃战。终因敌众我寡，伤亡殆尽，傍晚时分关城失守。第626团阵亡官兵400余人，负伤300余人，第一营营长安德馨及第二、三、四、五连连长等同殉此难，余部撤至石河西岸设防。

榆关事变对邮政造成了直接影响，改变了山海关的邮政机构格局。从日伪方面来说，榆关事变后恃强而入（图3），于1933年1月13日在山海关南关设立了伪满邮局（1935年1月10日关内外正式通邮后改称南绥中邮局），之后又在城内南关大街开设了城内支局。从中国邮政方面来说，自光绪二十五年七月初七日（1899年8月15日）在山海关设立邮政分局，民国二十年（1931年）更名为临榆（山海关）邮局，局址设在火车站附近，但因榆关事变，车站附近的邮局房屋被日本军队抢占，被迫数次迁移办公地址。原设在山海关东罗城内的一处临榆邮局邮票代售处，被告之处于伪满洲国境内，被强行关闭，临榆邮局邮差到东罗城投递信件，也遭禁止。

图3 明信片：1933年榆关事变后日本兵在第一关城楼上

日本侵略军在榆关得手后，气焰更加嚣张，国民党政府却放弃抵抗，长城沿线九门口、界岭口、义院口和昌黎、抚宁、卢龙等滦东各县城相继陷落敌手。日本侵略军乘机进犯滦西，占领了整个冀东地区。5月31日，国民政府派熊斌与日本关东军代表冈村宁次签订《塘沽协定》，该协定内容包括划冀东为“非武装区”，不准中国驻有军队，日军却可以自由出入耀武扬威。

山河破碎，主权被侵，邮政受辱。长城内外，地分两“国”，但同是中华民族子孙的血脉亲情难以分割，关内关外人民需要通信联系是客观现实。基于种种原因，从1933年5月份起，在不承认伪满洲国的前提下，临榆（山海关）邮局和伪满山海关邮局开始了平常邮件交换。具体办法是：从关内被占区（指“冀东非武装区”）邮局发出的寄往东北的平常信件发到山海关局，遵照管局指示，这些信件不盖销邮票，临榆（山海关）邮局将这些信件投入伪满山海关邮局的信箱内。不久，伪满山海关邮局也把他们寄往关内的信件投入到临榆（山海关）邮局的信箱内。开始时每天只有几十封或几百封，这样做尚没有困难。到6月份，邮件的范围扩大到被占领区外，去东北的信增加到每天7000封左右，关外寄关内的信增加到每天8000至1万封。7月份，来自伪满洲国投入临榆（山海关）邮局信箱的信件共119837件，从关内各地发来去伪满洲国的信件79969件。在不能投入信箱时，双方邮局即将这些信件送到对方的营业柜台上。但临榆（山海关）邮局不给予伪满邮局任何签字或有记录的承认。所以说，这一阶段的通邮是一种非正式的通邮。

从关外寄来的邮件由临榆（山海关）邮局将伪满邮票划销发往投递局。在占领区投递时，如收取欠资无困难时，则收取欠资费，在非被占领区投递时，一律按欠资处理。寄往东北的信件上不得盖销邮票或加盖日戳，否则不予发寄。面对大量的进关邮件，临榆（山海关）邮局任务繁重。为此，河北邮政管理局第578号通函各管局：“因查本区临榆（山海关）邮局接收欠资邮件为量甚巨，业经奉邮政总局二二七九/三七〇一号指令，发下特别欠资戳二枚，内镌有‘T’字标识及日期，当即转发临榆（山海关）邮局，于本年五月二十七日起启用，以资便捷。”这就是河北临榆（山海关）特别欠资日戳（图 4）的由来。

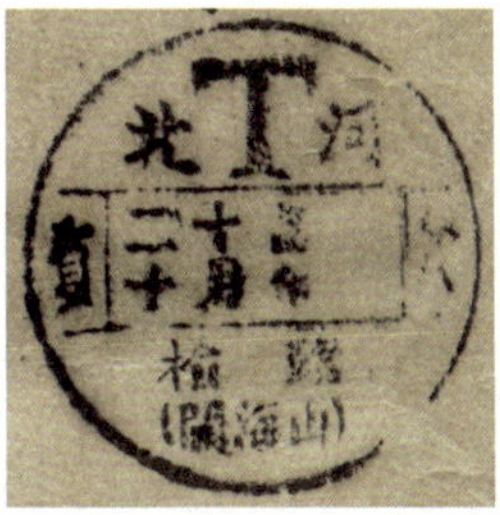

图 4 1934 年 10 月 20 日河北临榆（山海关）特别欠资日戳

从集邮意义上说，这种河北临榆（山海关）欠资戳记，在中国邮戳史和欠资邮史上，都是十分重要的一页。这枚欠资戳记有如下特点：

1. 这是一种特殊背景下不得不启用的欠资戳。中华邮政迫于国家外交内需的种种压力，在“剪不断，理还乱”的窘况下，从 5 月份开始的非正式通邮越做越大，为规范操作程序和减轻员工作业强度，客观上很需要这样一枚欠资戳。

2. 这是一枚特殊样式的欠资戳。从清代邮政开始，欠资戳通常取法文“TAXE”字头“T”，变化后的形式有加倒三角形的，有 T 字加中文的，有 T 字加中文再加倒三角形或圆形的，有两格式上格为欠资标志、下格为中英文地名的，等等（图 5）。把 T 字嵌入日戳这种样式，即欠资戳与日戳合二为一，所见只有河北临榆（山海关）这一种。

3. 这是一种专用的欠资戳。它只供临榆（山海关）邮局在关内外非正式通邮时期使用，即 1934 年 5 月 27 日启用。1935 年 1 月 10 日汇通转递局成立后，未发现盖销者。

图 5 各式欠资戳记图样

4. 这是一种最高邮政当局指令下发的欠资戳。一般的欠资戳记，都是依总局和管理局的规定刻制，由最高邮政当局“指令下发”、管理局“转发”的欠资戳记，不知在中国邮政史上是否还有他例。仅从这里也可以看出最高邮政当局对临榆（山海关）邮局办理非正式通邮的殊为关切与格外细致。

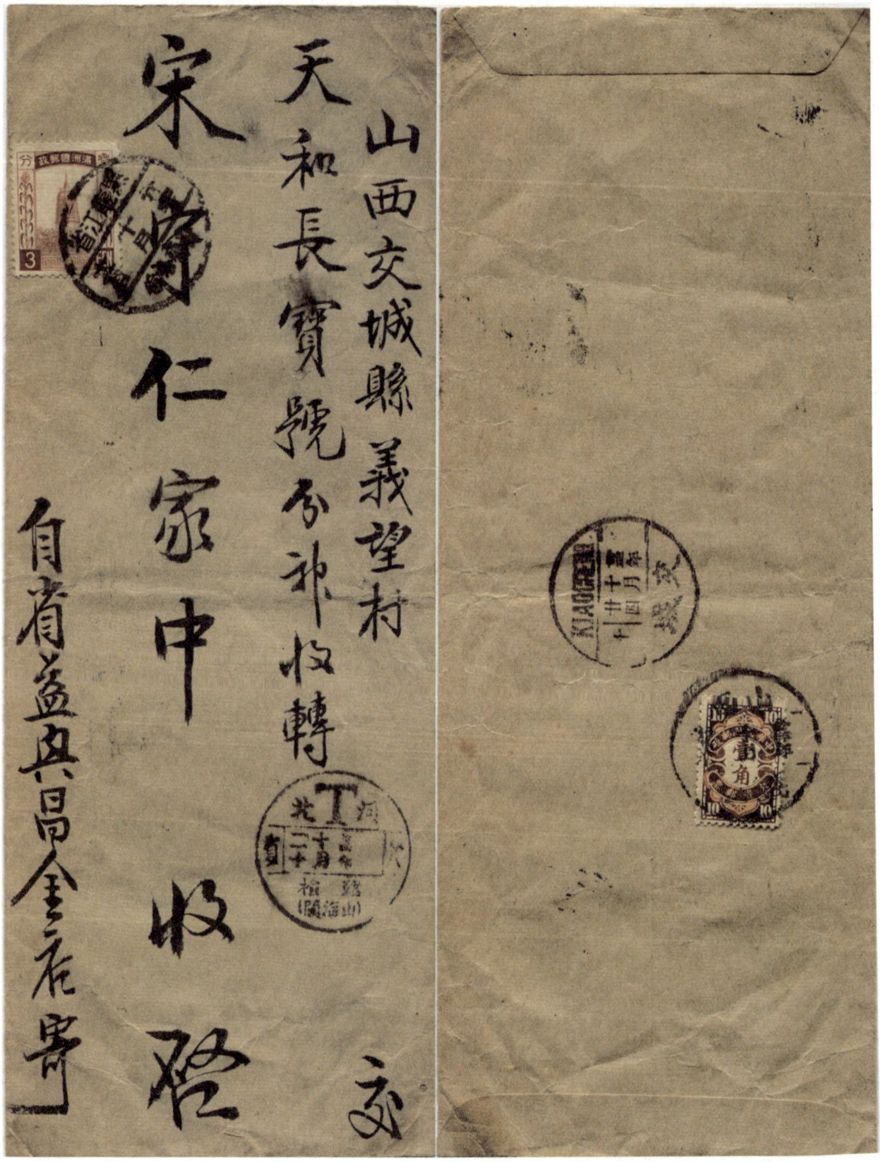

图 6 1934 年 10 月 11 日伪满黑龙江省齐齐哈尔寄山西交城平信

由这枚特别欠资戳衍生的复合邮品，为众多的国内外集邮家竞相搜集。本人也收集到一枚实寄封（图6）。封正面贴伪满第二版普通邮票3分1枚，销伪满“黑龙江省/齐齐哈尔/元年十月十一日”戳，这里的“元年”是伪满“康德元年”，即1934年。这一年，伪满改称“帝国”，溥仪做了傀儡“皇帝”，年号改为“康德”。此信到山海关后，所贴伪满洲国邮票被认作无效，加盖了“河北/临榆（山海关）/廿三年十月二十”（1934年10月20日）特别欠资戳记，1934年10月24日到达山西交城，加罚当时平信邮资5分的两倍，补贴中华民国欠资邮票1角1枚。

（原载2004年9月14日《中国集邮报》）

关内外正式通邮与汇通转递局

中华医学认为“不通则痛”，这句话里很有辩证法，反映了事物的普遍性。20 世纪 30 年代关内外的断邮、通邮，也是一个痛苦的过程。断邮，在政治上，政府体现了国家尊严；但在经济生活上，商家和老百姓是直接的受害者。为民众计而通邮，在外交上有显而易见的难题，在不承认伪满洲国的前提下，关内外通邮又是如何操作的呢？

一、国联满洲问题顾问委员会决议，破除了正式通邮的国际法障碍

关内外断邮后，最积极要求通邮的，还有日本侵略军，他们看中的，无疑是通邮的政治效应。1933 年 11 月，日本关东军代表冈村宁次到北平谈判《塘沽协定》的善后问题，就要求中国派代表谈判关内外通邮，企图以通邮打开缺口，迫使中国政府公开承认伪满洲国，解除对伪满洲国的邮政封锁。而中国政府则极力回避，以免因通邮给日伪以口实，造成在事实上承认伪满洲国的被动局面。日本不仅直接给中国政府施加压力，在国际社会上也频频施展外交攻势。1934 年 5 月 16 日，国际联盟满洲问题顾问委员会在日本的压力下作出决议：“邮务问题非各政府所当考虑之事，而可由有关邮务部门相商解决，惟需表明邮务关系之谈判，不得视为承认新国之任何计划。”并决定下列三项：1. 伪满洲国交通部不能提出申请，反对万国邮务公约之规定。2. 国联会员国邮务部门对运输邮件经过满洲之临时计划均需一律施行。3. 此项计划应纯为行政与技术的，而非各国或各政府间所订定的。委员会并主张凡施行经过满洲运输邮件计划之各邮务部门应做明白声

明，确认第三点。由于国联满洲问题顾问委员会议定的通邮三原则，西伯利亚国际邮件于1934年7月恢复经山海关转寄。国联顾问委员会的决议虽然有偏袒日本之嫌，但终归明确了通邮“不得视为承认新国之任何计划”，“纯为行政的与技术的，而非各国或各政府间所订定的”，这无疑破除了关内外通邮是否能在事实上承认伪满洲国的国际法障碍，从而大大促进了关内外通邮谈判。

二、以不承认伪满洲国为基础的通邮谈判，为正式通邮履行了最后的外交程序

1934年9月，南京政府谈判代表高宗武、余翔麟与日本关东军谈判代表藤原保明、仪我诚也和柴山兼四郎在北平举行关内外通邮谈判。日方首先提出《关于满华间通信办法之暂行协定》，意欲把伪满洲国作为与中华民国对等的独立国家与中方通邮，中方则坚持以不承认伪满洲国为前提，双方争论激烈，谈判几经周折，在双方均有让步的情况下，于1934年12月14日达成关内外《通邮大纲》《通邮大纲谅解事项》及《处埋出进山海关、古北口邮件暂行办法》。这几个文件，当时未见公布原文，现在可能存于南京的中国第二历史档案馆。这些协议的要点是：1. 设立转递机关。在山海关、古北口二处各设立汇通转递局一处，所有出入邮件，均限在该两处转递。2. 邮务技术之规定。出关邮件，仍贴用现行邮票；进关邮件，另印特种邮票，同时不得盖用伪满字样戳记，包裹、汇票同此。3. 运输工具之限制。山海关邮路用火车，古北口用汽车。不得用其他工具。

1934年12月29日，中华邮政总局发出了通邮公告：“为通告事。在东三省境内邮务，前为情势所迫，暂行停办，业于二十一年七月廿三日通告在案。兹为便利民众起见，将邮件、包裹及汇兑三项业务，由山海关、古北口两转递机关负责承转，所有寄往辽宁、吉林、黑龙江、热河之邮件，如封面书明省名及地名而无伪组织字样者，自二十四年一月十日起，均予收寄封发，其包裹及汇兑则自二月一日起，照章办理。特此通告。”

三、黄子固呈请开设汇通转递局，解决了正式通邮的民间方式

关内外通邮谈判协定签字不到一周，南京邮政总局收到了一纸呈文：

为呈请事。窃查东北四省，土地富庶。关内同胞出关垦辟及经商者，年数十万。其汇回关内之款，每年达千余万之巨，向均由邮局汇寄。寄出关外之货物，经由邮局包裹寄递者，亦复数量甚多。自九一八事变之后，我政府以国家大计所系，毅然封锁东北邮政，三年于兹，国际视听为之转移。惟念关外同胞委身绝域，邮递阻隔，包裹断塞，汇兑停顿，其于国家经济之平衡，货物、金融消息之流通，影响非浅。而旅居关外人士及关内亲戚故旧之伤痛，尤可想像。子固服务邮政二十年，身虽退休，心存家国，常怀宏愿。欲与我政府大计及民众利益之间，勉为两全之策，在山海关及古北口两处，设置转递机关。对于进出信件、包裹及往来汇款代为承转，酌取佣金，以资开支。一切事务应由子固办理者，子固当负责照办。并愿备保证书、订立合同，以昭信守。子固前见报载，国联决议，对于技术上经过伪满寄递邮件，不以为承认伪国之表示。若将来关内外之邮件、包裹及汇兑准由子固居间承转，则我国与伪满既无直接关系，自与政府大计亦无抵触，而关内外同胞则借此而可以时通消息。如蒙恩准，拟请指定日期及地点，面赐传见，以便详陈一切。是否可行，理合呈请鉴核示遵。谨呈邮政总局局长。

前一等五级邮务员黄子固谨呈

中华民国二十三年十二月二十日

又是在不到一周的时间内，交通部邮政储金汇业总局局长唐宝书于 1934 年 12 月 26 日签发邮政储金汇业总局、邮政总局会训令，批准黄子固呈请。5 天之后，邮政总局局长郭心崧向各邮政管理局和一等局发出（密）第 11 号通饬，这一通饬长达 8 页，对通邮涉及的方方面面细节包括使用的戳记都做了极为细致的安排。《天津邮政史

料》第四辑载有通饬全文，这里因篇幅所限，不再赘引。

1935年1月1日，黄子固以山海关汇通转递局经理名义与河北邮政管理局签订承转合同，并呈缴担保一万元的保证书。河北管局函请湖北管局查验。

黄子固乃湖北邮区一退休赋闲之职员，何以消息灵通，做到闻讯后即毛遂自荐，甚至不顾形势险恶，千里迢迢赴山海关主持转递机关？其又何以能在短期内筹措一万元保证金呈交湖北邮政管理局代收？答案只能是，在通邮谈判进行期间，邮政当局就已根据谈判的内容和进展情况，着手物色人选，进行前期准备了。汇通转递局的民间面目乃形式耳，实质上，汇通转递局的酝酿、筹备、组建和运作，都是邮政当局的直接操作。

四、伪满发行通用邮票，解决了通邮的技术屏障

早在通邮谈判进入实质性会谈阶段，进关邮件贴用什么邮票问题就是一个争议焦点。中方认为伪满发行的邮票无效，只能使用中华邮政邮票，而日方则要求使用伪满发行的邮票。中方坚持以不承认伪满为谈判的前提，反复强调进关使用的邮票不能有任何形式的伪满字样和不适当的花纹，可以重新印制只表示“资费已纳”的邮票。在双方均有所让步的情况下，日方同意重新印制不用伪满洲国名的邮票。于是，伪满洲国在1935—1937年发行了专用于寄往中华邮政管辖区信件的邮票，称“通用邮票”，共5组23种。邮票分两种图案，虽无“满洲国”名称，但一图为伪满洲国国徽，另一图为长白山和黑龙江（图1）。

图1 1935年1月1日伪满洲国邮政发行的第1版通邮邮票

中华邮政处理由东三省及热河寄来之邮件时，凡贴足适用的通用

邮票者，均予投递，免征欠资。如1935年1月10日山海关古泉邮票社寄浙江杭州首日挂号信函（图2），贴通邮邮票2分、4分、8分各1枚，河北临榆（山海关）邮局当日加盖“山海关汇通转递局代转”戳记。如有误贴无效邮票者，除仍予照常投递外，所有未纳邮资及不足邮资，一律按照通常欠资办法处理。笔者收藏的一枚1937年4月28日林西寄山西定襄平信实寄封（图3），背贴伪满第3版普通邮票1分1枚，通用邮票4分1枚，销伪满洲国兴安省林西（康德）四年（1937年）4月28日戳。1937年4月1日起，伪满平信邮资调整为5分。此封共贴5分邮票，符合伪满邮资规定，但1分普通邮票上印有“满洲帝国邮政”字样，应作无效，在河北临榆（山海关）邮局加盖汇通转递局赔缴戳记。另外一枚1937年4月4日伪满洲国热河凌源寄北平双挂号信函实寄封（图4），贴伪满溥仪像邮票18分1枚，符合伪满双挂号信函邮资规定，但邮票上印有“满洲帝国邮政”铭记和溥仪像，被认作无效，在到达地北平邮局加盖汇通转递局赔缴戳记。

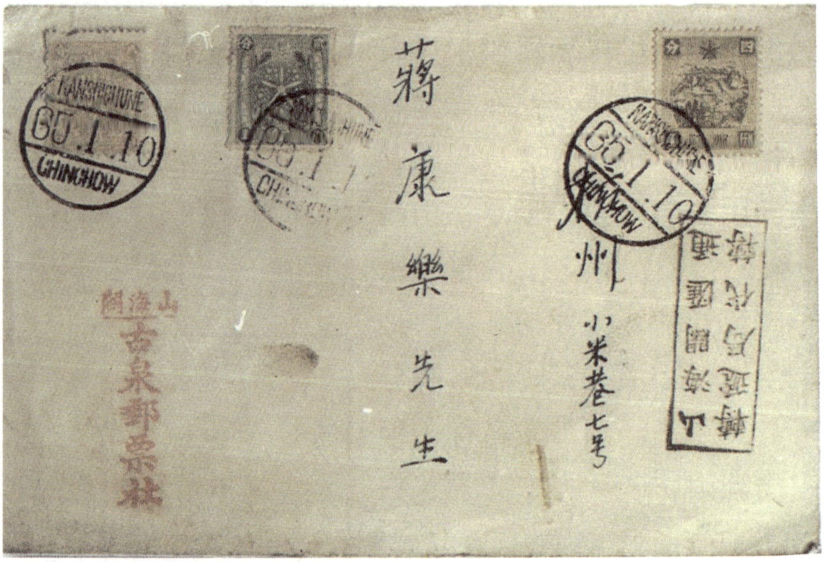

图2 1935年1月10日伪满洲国南绥中邮局寄浙江杭州挂号信函

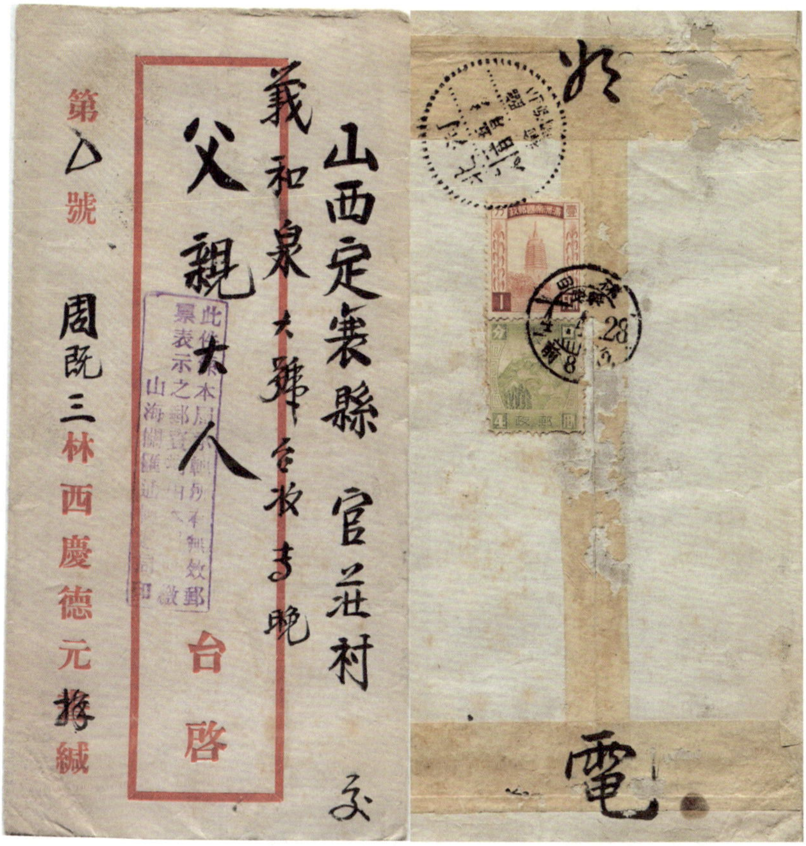

图 3 1937 年 4 月 28 日伪满洲国兴安林西寄山西定襄平信

五、山海关汇通转递局戳记，为通邮留下了可贵的历史见证

1935 年 1 月 9 日，山海关汇通转递局正式成立，1 月 10 日开始办理关内外普通及挂号、快信等邮件交换业务。前三天出关的邮件数量分别为 15000 件、37500 件和 37400 件，入关邮件则为 2600 件、2300 件和 2100 件。根据山海关汇通转递局经理黄子固与河北邮政管理局所订合同约定，由关外寄来之邮件，“如有误贴无效之邮票，其所差短之邮资，应由甲方赔缴。为表示上述责任起见，凡入关邮件或包裹，均由邮局代盖左式戳记”。收集这一时期实寄封片的集邮者发现，山海关汇通转递局的赔缴戳记内容相同，均为：“此件系本局承转，所有无效邮票表示之邮资，均由本局赔缴。山海关汇通转递局印。”（图 3）但戳记规格样式的长短宽窄有所不同，文字虽是竖

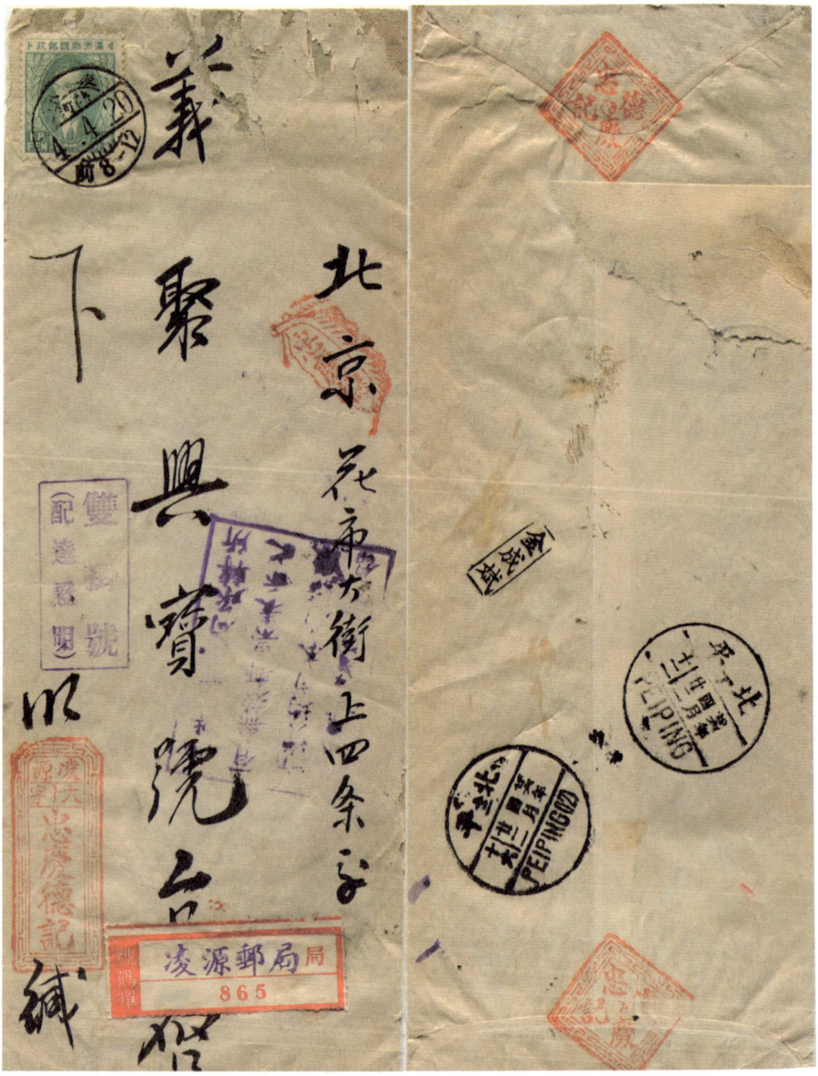

图 4 1937 年 4 月 4 日伪满洲国热河凌源寄北平双挂号信函

排，也有三行和四行之分，字体则有楷体、宋体的区别（图 5）。

原来，这两种戳记并非只在山海关或者古北口两处加盖。经邮政当局安排，为转运迅速起见，以与汇通转递局商定为名，“分别由临榆等八处交换局于最初开拆邮袋之后，逐件代该局加盖戳记。该项戳记，应即就地镌用”。这八处交换局，在《处理出进山海关、古北口邮件暂行办法》中规定为临榆（山海关）、古北口、天津、北平、济南、上海、青岛及天津至山海关间行动邮局。这样一来，有不同样式的用胶皮镌制的汇通转递局赔缴戳记出现，是一件很自然的事情，但给集邮者却带来了意想不到的兴趣。认为凡此种种戳记都是在山海关加盖，实为误解。图 3 所示实寄封封背加盖了河北临榆（山海关）1937 年 5 月 2 日中转日戳，因此推断其封正面山海关汇通转递局赔缴责任戳记是在河北临榆（山海关）邮局加盖的。图 4 所示实寄封加盖了北平落地戳，推断是在北平加盖。图 5 所示的各地加盖图样，系笔者根据所见伪满寄达不同地址的实寄封片归纳而

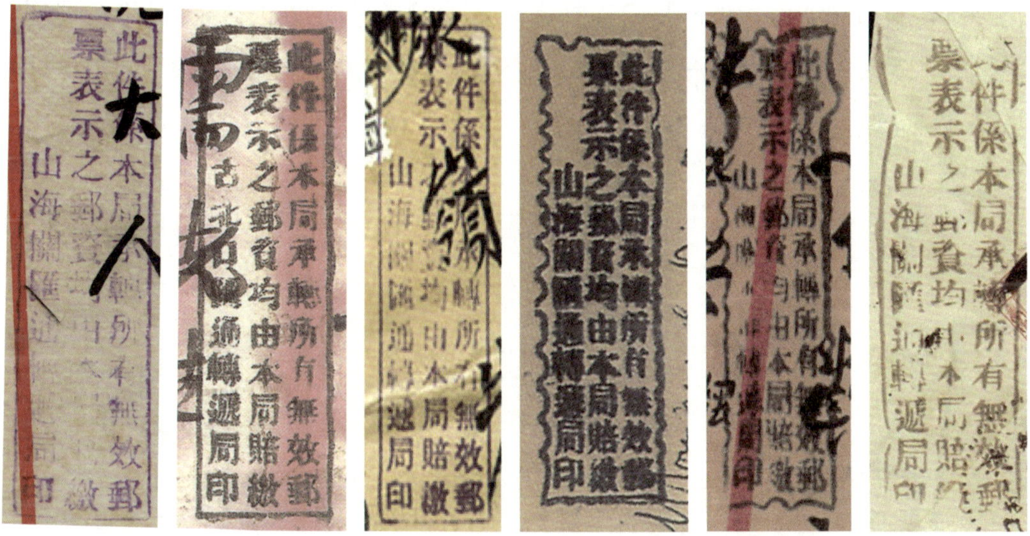

（1）山海关　（2）古北口　（3）天津　（4）行动邮局 a　b　c

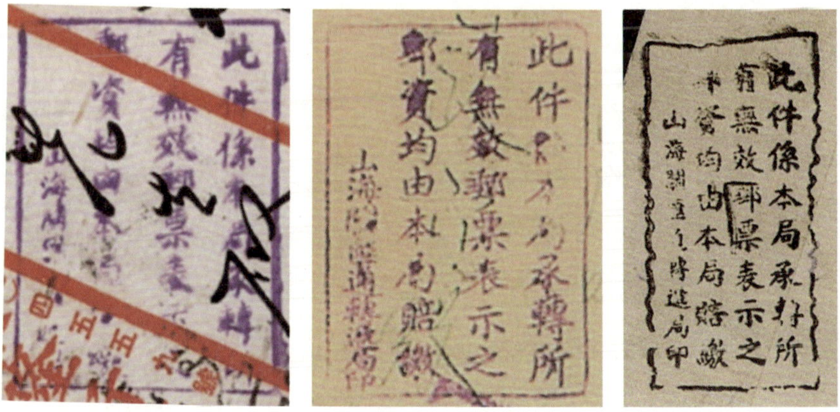

（5）北平　（6）上海　（7）济南

图 5　山海关汇通转递局赔缴戳记图样（1）—（7）

来，可能不尽准确。

山海关汇通转递局赔缴戳自1935年1月10日开始启用，何时停用，未见文件记载，目前所见加盖此戳的实寄封，最晚者在1937年6月。1937年七七事变后，华北大片国土沦陷，日本侵略军没有像在东北那样公开“接收”邮政，中华邮政与汇通转递局继续维持。1940年以后，日军已掌握邮政实权，关内外邮件和汇兑可直接办理，设转递机构已无必要。1941年8月15日，河北邮政管理局致山海关汇通转递局公函，自8月21日起，汇通转递局撤销，关内外通邮通汇业务移交临榆（山海关）邮局办理。至此，由汇通转递局居间的关内外通邮宣告结束。

（原载2004年11月2日、16日《中国集邮报》）

山海关汇通转递局旧址调查记

拙文《关内外正式通邮与汇通转递局》在《河北集邮》2004 年 1 月号刊出后，天津集邮家张家禄先生来信说，题图照片（图 1）应是伪满南绥中邮局旧址，而非汇通转递局旧址，有伪满南绥中邮局厅舍落成纪念戳（图 2）为证。为了澄清拙文题图照片旧址的疑问，我陆续进行了一番调查寻访，60 多年前的汇通转递局的地址逐渐清晰起来。

图 1 伪满南绥中邮局旧址

图 2 1935 年伪满南绥中邮局厅舍落成纪念戳

图 1 照片上的楼房为原伪满洲国山海关海（税）关和南绥中邮局大楼。收录在天津人民出版社 1997 年出版的《秦皇岛邮电志》上，原说明文字为："原伪满南绥中邮局、汇通转递局旧址"。我在写文章时，未经深入考证核实，直接采用了这本志书的说明。张家禄先生提出疑问

后，我首先访问了该书编辑、邮政史部分的执笔人，原秦皇岛市邮电局史志办副主任范玉良先生。范先生仔细看过该书照片后，认为史志上的说明文字不对。大楼是伪满洲国山海关海（税）关大楼，南绥中邮局也在此营业，说它是伪满南绥中邮局旧址也不错，但它不是汇通转递局旧址，汇通转递局肯定不会在大楼内办公，这两家不是一个系统，南绥中邮局是伪满邮局，而汇通转递局虽然名义上是民间机构，实际背后是中华邮政在操作，主权属于中国，怎么会在伪满海（税）关大楼内办公？据范先生回忆，该局史志付印时，他已经离开了史志办，把伪满海（税）关大楼旧址注称南绥中邮局和汇通转递局旧址，有何依据，他不得而知。查该书第36页记载："民国24年（1935）1月10日在山海关设立汇通转递局，地址在伪满南绥中邮局旁。"范先生说，这一说法才是正确的。他还建议我访问一下当年在伪满南绥中邮局工作过的霍世泽老先生。

霍世泽先生如今年事已高，我不便贸然拜访，便转而通过其子——时任秦皇岛市政协副主席霍兴文先生探问近况。霍兴文称父亲身体尚好，思维也还好，需要了解哪些问题，可以拟成提纲交给老人家。于是，我拟出一份调查提纲，由霍兴文转给是翁。3月27日，霍老先生回函，逐一回答了我的问题："1.我是1938年进入伪满南绥中邮局，1945年8月15日日本投降后，该局撤销，合并到锦州邮政管理局，我被迫回家待命。2.伪满南绥中邮局在山海关兴隆街税关大楼对面，并有山海关城内支局和罗城支局。3.…… 4.汇通转递局在伪满南绥中邮局西南，隔一道围栏杆，并不和邮局在一起办公。"霍老先生的回函，让我一喜一惊：喜的是老先生肯定了汇通转递局确实不在伪满海（税）关大楼办公，惊的是老先生说"伪满南绥中邮局在山海关兴隆街税关大楼对面"，难道伪满南绥中邮局也不在这座大楼里？

范玉良先生还向我推荐了一位山海关邮局老职工丁宝良。2004年6月20日，我和秦皇岛市集邮协会副秘书长马军一起冒雨到山海关访问了丁师傅。丁师傅1950年在山海关中学高中毕业后在当地参加邮局工作。老人精神矍铄，记忆力、语言表达力都好。他参加工作时，山海关邮局尚在原伪海（税）关大楼内办公。他对伪满南绥中邮局和汇通转递局都有所了解。他说：照片上的伪满海（税）关大楼在关城南门外，兴隆街与赵家胡同交叉处，是一座“人”字形楼房，中间有门，朝向西北。伪满时期，北临兴隆街一面为伪满南绥中邮局用房，西临赵家胡同一面为伪海（税）关用房，汇通转递局租用赵家胡同一家客栈办公，从伪海（税）关这一面可以看到客栈的平房。我听了丁师傅所说，禁不住提出，霍世泽老先生说“伪满南绥中邮局在山海关兴隆街税关大楼对面”，与您的说法好像不一致。丁师傅想了想回答说，老先生的说法也不错，伪满海（税）关

图3 2004年6月20日笔者考察汇通转递局旧址与丁宝良（右）合影

和南绥中邮局各占“人”字形大楼的一面，南绥中邮局在税关大楼对面，意思是在这座“人”字形大楼的另一面。丁师傅这番话，终于解开了我心中的疑团。丁师傅所指明的伪满南绥中邮局、汇通转递局的位置，比霍世泽先生的复函所述更为详细、具体。由此，我们可以得出结论：汇通转递局旧址不在伪满海（税）关大楼内，而是在大楼对面赵家胡同的一所平房内。

在丁师傅的指引下，我们来到兴隆街做现场考察：如今，兴隆街以南、赵家胡同东西两侧，包括原伪满海（税）关大楼在内的老房子都拆掉了，成了新兴的商住区，我和丁宝良师傅在汇通转递局旧址上新建的住宅楼前照相留念（图 3）。

为了帮助读者辨认汇通转递局的具体位置，我找到一张 1988 年绘制的山海关街道图（图 4 为局部），好在直到 20 世纪 80 年代兴隆街附近的街道与新中国成立前那一时段相比并无大的变化。经丁宝良师傅认可，图上兴隆街与赵家胡同交叉形成的锐角处为伪满海（税）关大楼暨南绥中邮局旧址，箭头所指处为汇通转递局旧址。

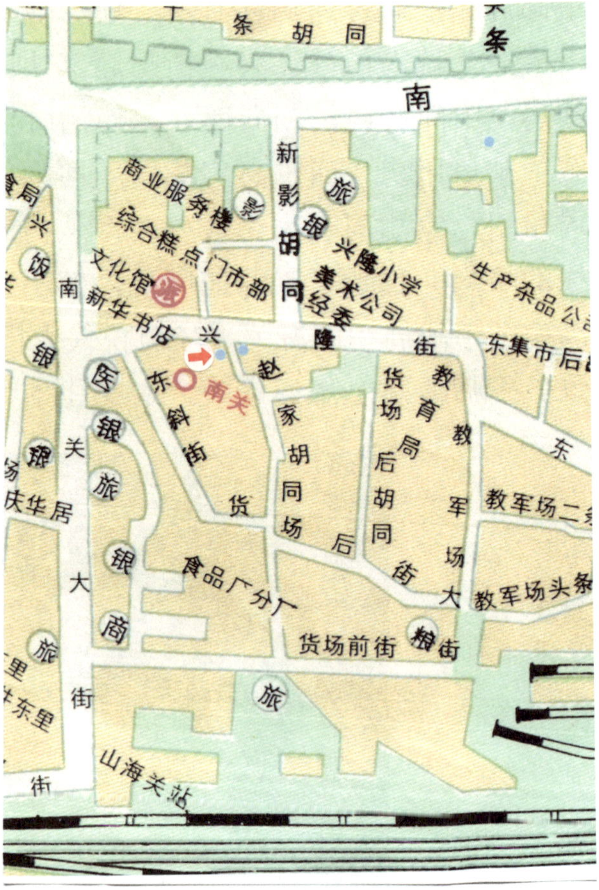

图 4 山海关街区图（局部）

（原载 2005 年台湾《中国邮刊》总第 79 期）

何来“南绥中”邮局?

查考20世纪30年代关内外通邮这段邮史时，伪满洲国开设在山海关的“南绥中”邮局的称谓使人颇为费解，即使查遍中国全图，也找不到“南绥中”这个地名。从字义上说，“南绥中”应该是绥中之南。绥中号称“关外第一县”，从地图上看，山海关东北方向约60公里处是绥中县城，可是绥中西南方向到山海关一线，并无“南绥中”之地名。实际上，“南绥中”并不是一个在地理上真实存在的地名，“南绥中”的称谓是日本侵略者强加给山海关的虚拟地名。

早在1899年，大清邮政就在山海关设立邮政分局。1931年，中华邮政改称山海关邮局为临榆（山海关）邮局，当时还分设鼓楼南大街支局和东罗城邮票代售处。1933年1月1日，日军发动了侵占山海关的榆关事变。国难当头，临榆邮局可谓流离失所，先是为避战火撤至邮政总巡员德顿在南海原法国兵营旁的寓所内临时办公，5月迁回火车站附近的原址。6月5日以后，火车站附近的房屋被日本军队侵占，又被迫迁至南关员工宿舍，7月再迁到东热闹街。与此相反，伪满洲国邮政在日军占领山海关期间有恃无恐，公然于1933年1月13日在山海关另设邮局，称为山海关邮局（图1），同年2月又在城内南大街开设支局。

从此，在山海关竟然形成了不同隶属的邮局并立的奇怪格局（图2）。

1933年5月31日，南京国民政府与日本关东军签订了《塘沽协定》，包括山海关在内的冀东地区被划为非军事区，不准中国驻军，社会治安由警察维持。1934年2月10日，日本关东军虽然在名义上

图1 1934年4月11日伪满奉天省山海关邮局寄法国挂号信函

将山海关交还民国政府，但这时的山海关并未改变被日军侵占的尴尬境况，隶属于伪满洲国邮政的山海关邮局照常营业。对于中华民国政府来说，让一个由日本关东军操纵的伪满邮局，大模大样地开设在山海关内，岂不是有失国家体面？直到1935年1月10日实现关内外通邮时，根据双方默契，采取便宜行事的做法，伪满山海关邮局更名为“南绥中邮局”。

1935年10月6日，伪满南绥中邮局从山海关城内迁入新落成的位于南门外兴隆街的伪满海关大楼内（见本书《山海关汇通转递局旧址调查记》一文图1），表现了“强宾夺主”之势。为此，伪满南绥中邮局还特别刻制纪念戳一枚（图3）。

根据老职工回忆，伪满南绥中局内为三级管理，局长以下设系，系以下设班组。1943年，局长以下设庶务系、邮便系和储金保险系。邮便系管理封发、投递、接车、开筒、窗口售票、挂号、包裹等具体业务。伪满南绥中邮局员工在1935年关内外正式通邮时有49人，1945年人员最多时达57人，其中三分之二是日本人。

当时，中华邮政高层对于“南绥中”邮局的称谓格外关注。

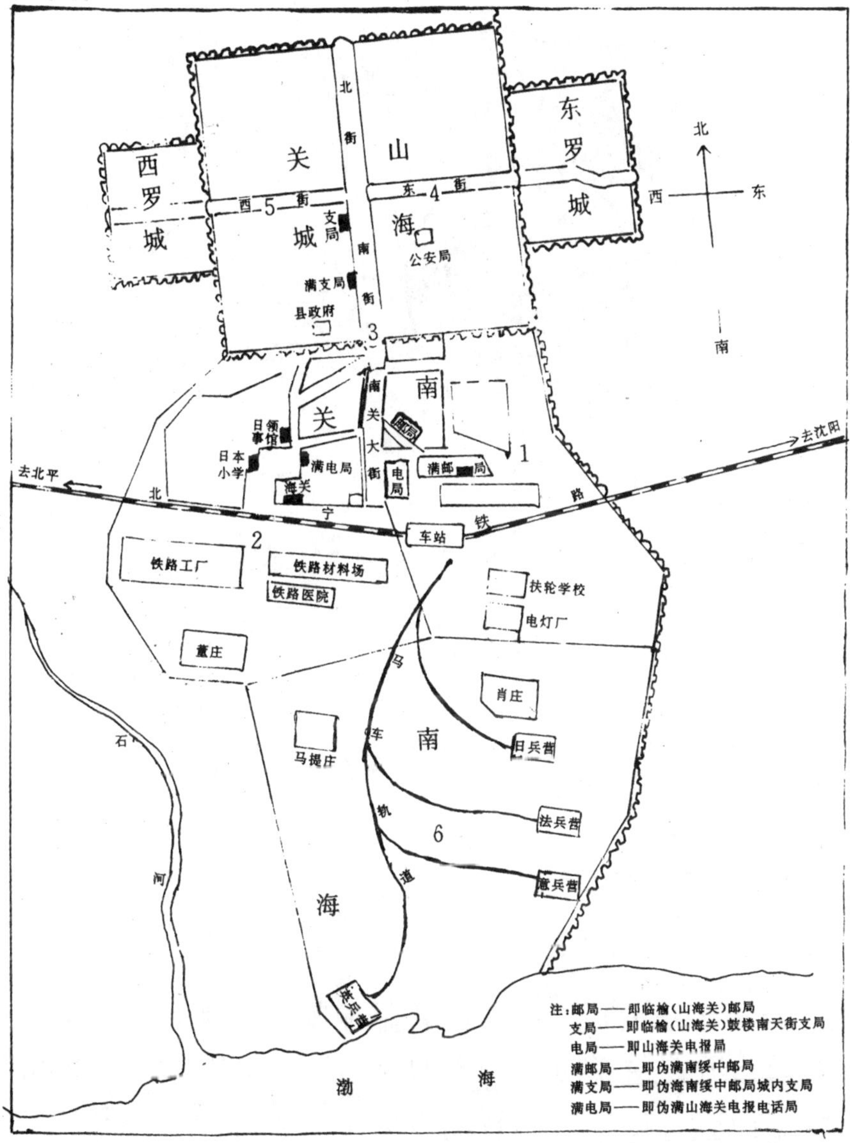

图 2 1935 年山海关中华邮政和伪满洲国邮政机构
及投递区域分布图（《秦皇岛邮电志》插图）

1935 年 1 月 9 日，河北省邮政管理局第 1180 号密令给临榆邮局，计开五点注意事项，第一项即为“该局须特别注意，山海关对方邮局之局名系称‘南绥中’。我方绝对不能称其为‘山海关局’，致贻口实。如南绥中局致我方函件中有‘山海关邮局’情事，我方须以‘南绥中’还称之，并呈报本局。”此种小心周密，可见用心之良苦。

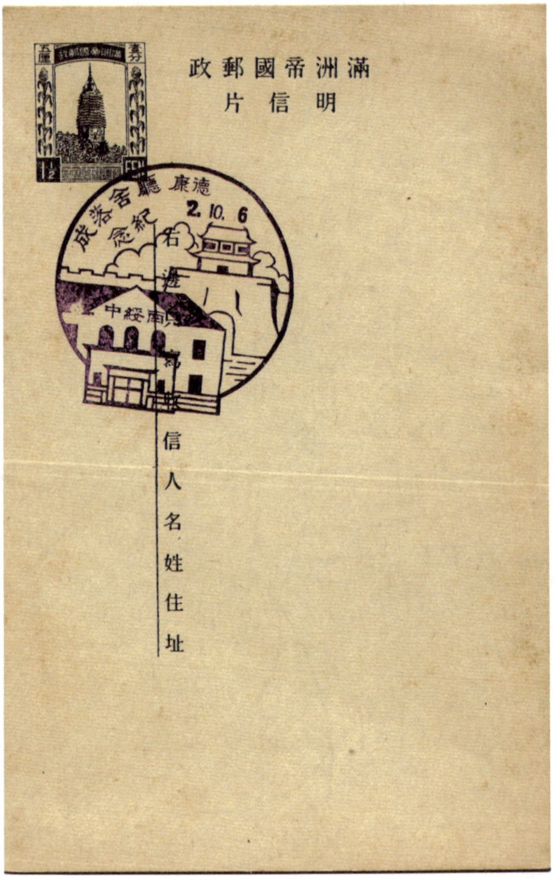

图 3 1935 年 10 月 6 日加盖南绥中邮局
“厅舍落成纪念”戳的伪满洲国邮资明信片

1937 年七七事变后，中华邮政临榆邮局奉邮政总局通谕留守原地，维系前后方通信。1938 年 8 月 15 日伪邮政总局在华北成立后，未对中华邮政强行接管，只是逐步加深对各局的监控和指挥。临榆邮局与伪满南绥中邮局仍然并存。1942 年 5 月 26 日临榆邮局改称为山海关邮局。1945 年 8 月，在中国人民庆祝抗日战争胜利的欢呼声中，伪满南绥中邮局黯然关闭，长达 12 年半之久的临榆（山海关）邮局与伪满南绥中邮局并存的局面终于结束。

“南绥中”这个怪模怪样的地名，是谁人之发明，今已不易考证。但是，“南绥中”这个根据当时内政外交的需要，由当事者杜撰出来的虚拟地名，在日军的淫威之下，被安在山海关内，确是一段教育后人“勿忘国耻”的真实的历史。原伪满南绥中邮局旧址1995年被拆除，不然可以改建为一处爱国主义教育基地，警醒后人不忘日本帝国主义侵略中国的种种劣迹。

（原载2008年2月22日《中国集邮报》）

国统区货币贬值的历史记录
——抗战胜利后秦皇岛地区中华邮政实寄封

1945年8月15日，日本宣布无条件投降，中国人民抗日战争和世界人民反法西斯战争胜利结束。中华邮政随国民党军政人员从1945年9月开始先后接收了沦陷区各省邮政管理局，在今秦皇岛市所辖区域的京山铁路沿线主要城镇恢复了邮政业务。1948年11月27日，秦皇岛、山海关、北戴河解放，冀东解放区邮政接管了中华邮政各局，中华邮政在本地区邮务活动终止。

1946年6月，国共两党内战爆发，国民党政府由于军政费用不断增加，滥发纸币（法币，又称国币），国民党统治区物价不断上涨，通货急剧膨胀。从1945年10月1日战后统一邮资起到1948年7月21日，法币邮资先后6次调整，国内平常信函资费从法币20元涨到15000元，增加750倍。秦皇岛地区寄出的各类信函，真实记录了这段国统区货币贬值、民不聊生的历史。

第一次调整邮资期1945年10月1日至1946年10月31日，国内平信20元，挂号30元，回执30元。但在秦皇岛所处华北光复区，中华邮政从10月12日接收河北邮区至12月10日，暂维持胜利前夕的华北邮资折合法币收取，到1946年2月16日，才同全国邮资一致。图1是1946年5月15日秦皇岛寄唐山双挂号信函，贴民普35重庆中华版孙中山像邮票10元、民普36邮政储金图邮票50元、民普40重庆中央版孙中山像邮票20元各1枚，合计邮资80元，符合双挂号信函资费标准。

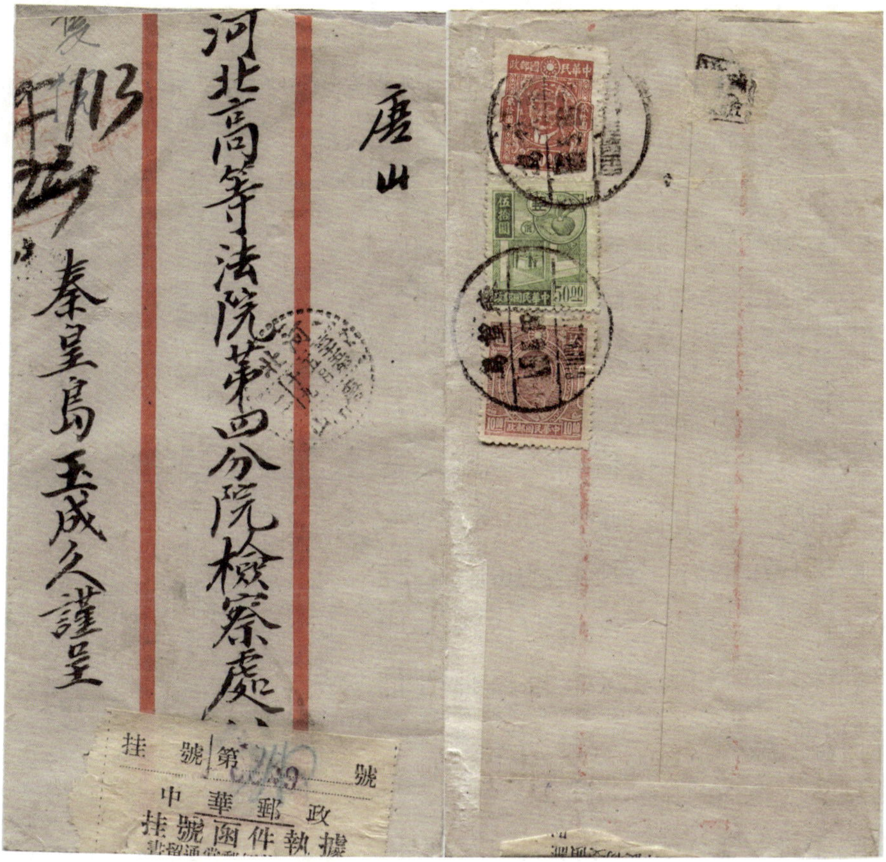

图 1 1946 年 5 月 15 日秦皇岛寄唐山双挂号信函

第二次邮资调整期 1946 年 11 月 1 日至 1947 年 6 月 30 日，国内平信 100 元，快递 100 元，挂号 150 元，回执 150 元。图 2 是 1947 年 5 月 15 日河北临榆（山海关）寄北平平信，贴民普 42 孙中山像邮票加盖“国币”改值邮票（永宁二次加盖）100 元 /8 分 1 枚，符合平信资费标准。图 3 是 1947 年 6 月 29 日河北临榆（山海关）寄天津挂快信函，贴民普 43 上海大东一版孙中山像邮票 100 元、民纪 22 国民政府还都纪念邮票 250 元各 1 枚，合计邮资 350 元，符合挂快信函资费标准。

第三次邮资调整期 1947 年 7 月 1 日至 1947 年 12 月 10 日，国内平信 500 元，挂号 750 元，回执 750 元。图 4 是 1947 年 10 月 5 日河北昌黎寄北平平信，贴民普 42 孙中山像邮票加盖“国币”改值

（上海大业加盖）500 元 /20 元 1 枚，符合平信资费标准。图 5 是 1947 年 9 月 6 日秦皇岛寄北平单挂号信函，贴民普 42 孙中山像邮票加盖“国币”改值（永宁二次加盖）250 元 /5 元（红）1 枚、民普 44 伦敦四版孙中山像邮票 1000 元 1 枚，合计邮资 1250 元，符合单挂号信函资费。图 6 是 1947 年 8 月 25 日秦皇岛寄天津报值信函，贴民普 44 伦敦四版孙中山像邮票 500 元 3 枚，合计邮资 1500 元，含平信 500 元，挂号 750 元外，另外 250 元为按 5 % 比例收取的保险费用，符合报值挂号信函资费标准。

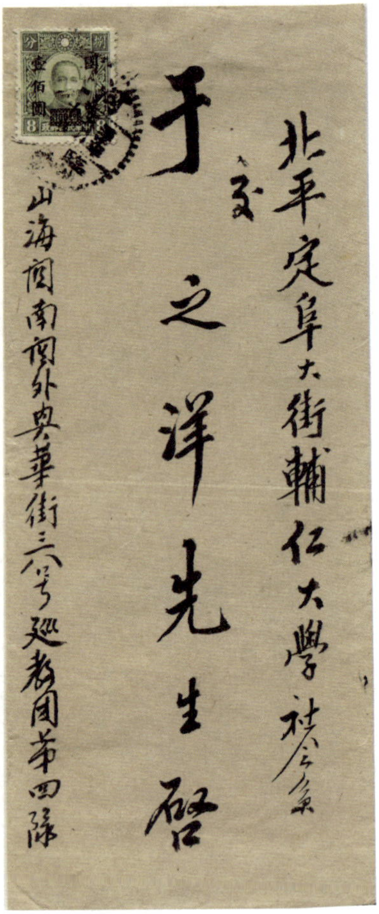

图 2 1947 年 5 月 15 日河北临榆（山海关）寄北平平信

第四次邮资调整期 1947 年 12 月 11 日至 1948 年 4 月 4 日，国内平信 2000 元，挂号 3000 元，回执 3000 元。图 7 是 1948 年 3 月 18 日河北秦皇岛寄北平平信，贴民普 42 孙中山像邮票加盖“国币”改值邮票（永宁二次加盖）500 元 /20 元 4 枚，合计邮资 2000 元，符合平信资费标准。

第五次邮资调整期 1948 年 4 月 5 日至 1948 年 7 月 20 日，国内平信 5000 元，挂号 10000 元，回执 10000 元。图 8 是 1948 年 5 月 28 日河北秦皇岛寄北平平信，贴民普 45 上海大东二版孙中山像邮票 5000 元 1 枚，符合平信资费标准。

第六次邮资调整期 1948 年 7 月 21 日至 1948 年 11 月 18 日，平信 15000 元，挂号 30000 元，回执 35000 元。图 9 是 1948 年 8 月 15 日秦皇岛寄北平平信，贴普 46 孙中山像改值邮票 5000 元 /2 元、10000 元 /20 元各 1 枚，合计邮资 15000 元，符合平信资费标准。到

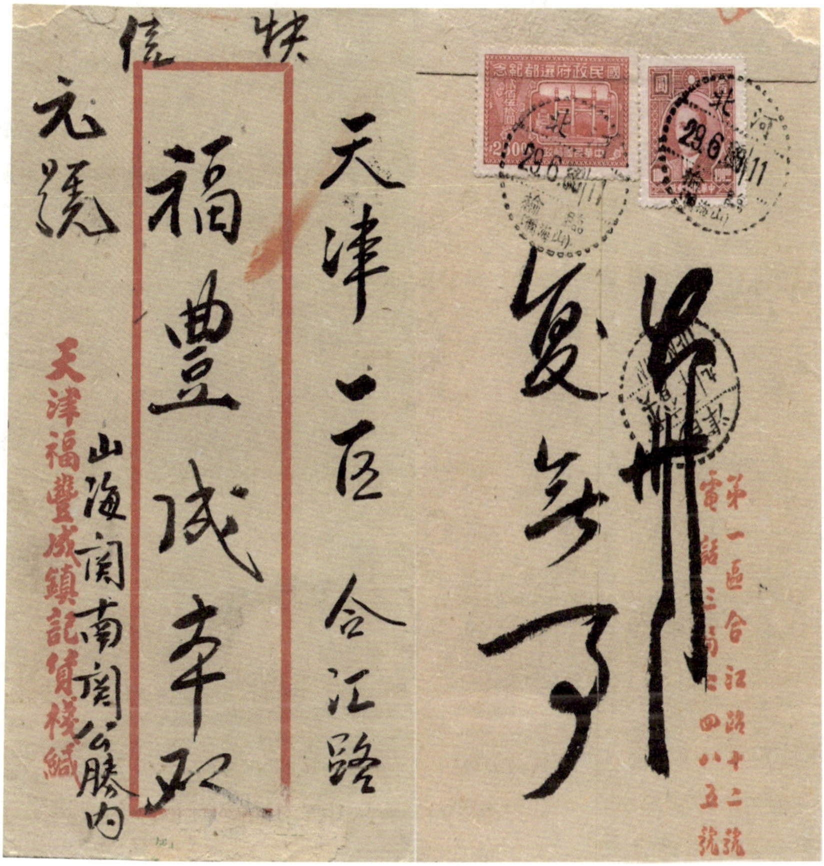

图 3 1947 年 6 月 29 日河北临榆（山海关）寄天津挂快信函

这时，寄一封平信的费用，在三年前可寄 750 封。

1948 年 8 月，人民解放战争即将进入战略决战阶段，国民党在军事上的失败导致政治经济的总崩溃。国统区通货膨胀达到不可想象的程度，1948 年 7 月上海的物价指数达到 1937 年 7 月的 260 万倍，法币币制彻底崩溃。国民党政府为挽救经济危机，进行了所谓的“币制改革”，1948 年 8 月 19 日公布《金圆券发行办法》，23 日正式发行，规定金圆券 1 元兑换法币 300 万元，并通告旧法币自 11 月底作废。实行金圆券后，邮资亦应随之调整，但遭到社会各界人士的反对，不得不推至 11 月 19 日起实行金圆邮资。金圆券发行后，仍然无法挽救经济危机，物价仍旧继续飞涨，老百姓经历了一场新的金融劫难，仅有的一点积蓄，在疯狂的货币贬值面前，几乎归零。

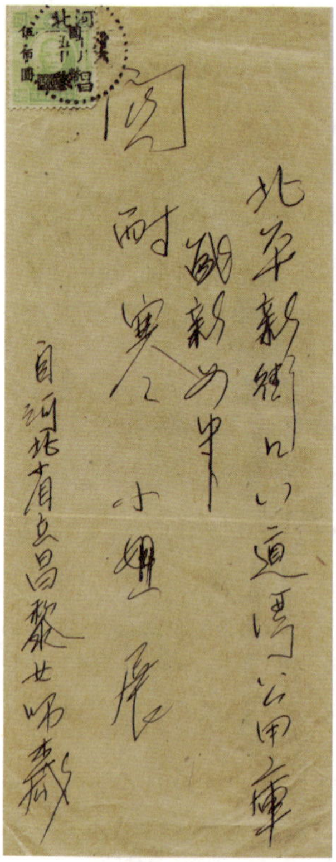

图 4 1947 年 10 月 5 日
河北昌黎寄北平平信

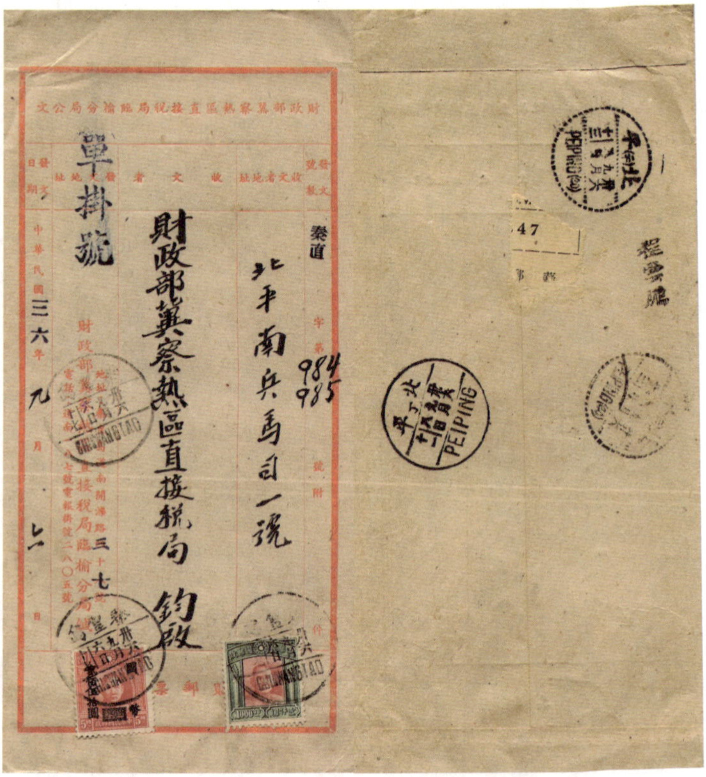

图 5 1947 年 9 月 6 日秦皇岛寄北平单挂号信函

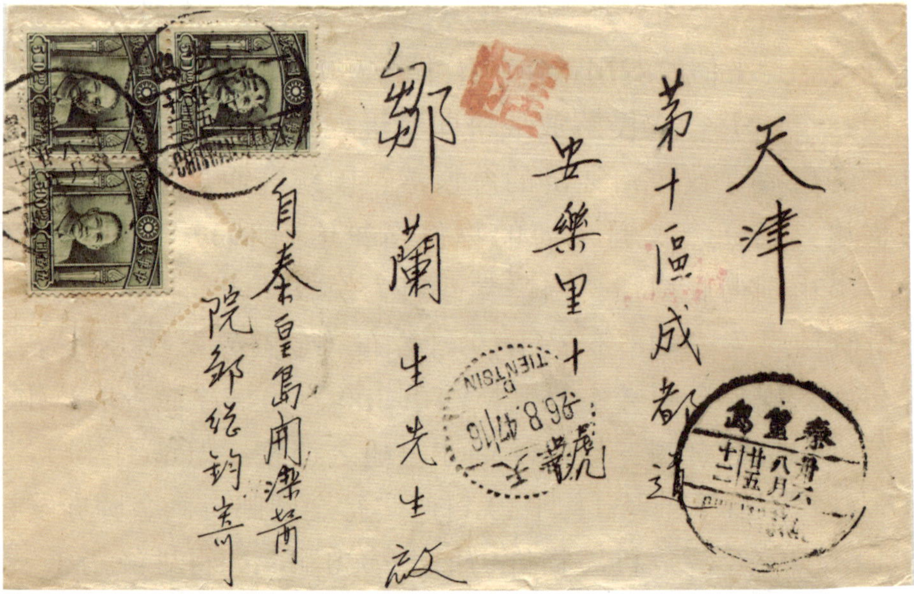

图 6 1947 年 8 月 25 日秦皇岛寄天津报值信函

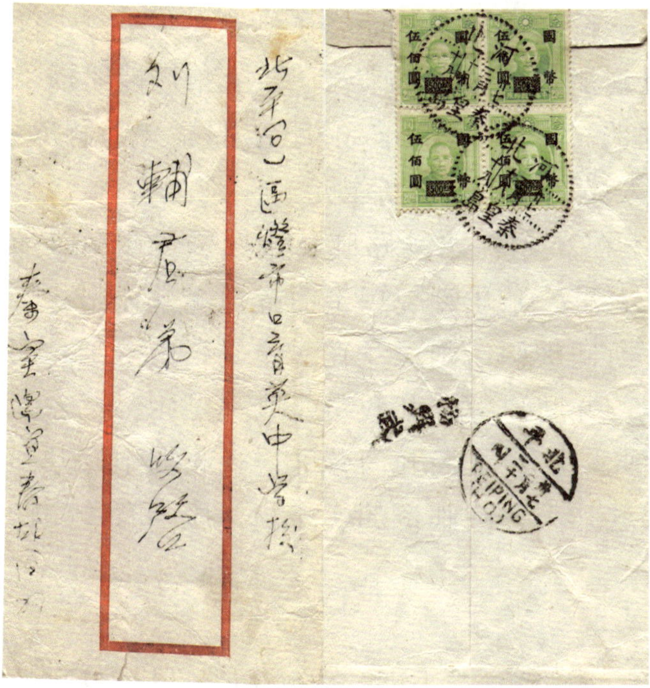

图 7 1948 年 3 月 18 日河北秦皇岛寄北平平信

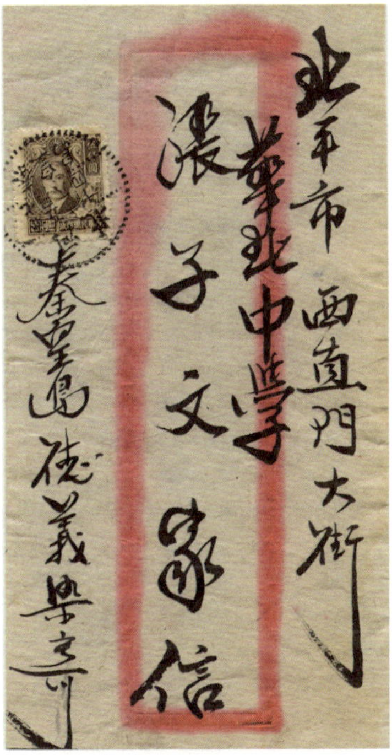

图 8 1948 年 5 月 28 日河北秦皇岛寄北平平信

图 9 1948 年 8 月 15 日河北秦皇岛寄北平平信

我曾经听老辈人讲，邻居一位老伯背着一面袋子钞票去买早点，仅仅换回来几个烧饼，一想到那是他多少年来在码头上抬煤装船攒下的辛苦钱，不由得失声痛哭。好在 1948 年 11 月 27 日秦皇岛解放，城市获得了新生，开启了人民当家作主的新纪元。

从 1948 年 11 月 19 日至 26 日，水陆路邮件金圆资费在秦皇岛实行不足 8 天。就在这几天里，东北野战军奉命提前结束休整，挟辽沈战役胜利之威入关，所向披靡；国民党在秦皇岛、山海关、北戴河的军政人员闻风丧胆，并胁迫部分邮政员工仓皇逃跑；社会上暗流涌动，人心思变。因此，即使邮局开门营业，也收揽不到几封信件，集邮者收集本地区这几天金圆邮资的实寄封，应当有一定的难度。

（原载《延陵邮刊》2019 年第 1 期）

落日余晖

——1948年11月16日北戴河寄南京航空挂号封解析

在天津昊德2018年秋季邮品专场拍卖会上，第3217号邮品流拍了。我因为拍前功课做得不足，没有发现这是一件北戴河海滨寄出的实寄封。再看拍卖图录上的描述："1949年国际航平封，背贴孙像上海大东二版30万元四方联、三版5万元一枚，合计国币邮资125万元，销河北北戴河海滨卅七年十一月十六日发戳，有天津十一月廿三中转出口戳。封品较好。"这不正是我编组《秦皇岛地区邮政史》的适用素材吗？我立即到场外检视此封，封品完整，封面贴有航空签条，封背邮票原贴未动，河北北戴河海滨和天津两种邮戳均清晰，标价不高。在来不及仔细研究邮资是否符合的情况下，决定先拿下来再说。遂在拍卖结束前请拍卖师重拍一次，不出意料，仅我一人举牌，以底价500元加佣金拍得。

仔细观察此封，发现并不是图录上所介绍的国际航平封，而是一件国内航空挂号封，寄达地址应当是南京（Naking），封背有一处粘贴痕迹，可能原来贴有挂号签条。

此封寄于1948年11月16日。查中华邮政邮资表可知，1948年7月31日至11月18日期间，国内平信1.5万元，挂号3万元；1948年11月11日，国内航空邮资调整为金圆券0.40元，按照当时比价，金圆券1元等于国币（法币）300万元，金圆券0.40元折合国币120万元。此封属于法币邮资和金圆券邮资混用时期，其标准邮资应当是平信1.5万元＋挂号3万元＋航空金圆券0.4元（折合国币120万

1948 年 11 月 16 日河北北戴河海滨寄南京航空挂号信函

元）=124.5 万元。再看此封贴邮票 125 万元，过贴 5000 元。那时的国统区货币飞涨，用 5000 元国币大概买不到一个充饥的烧饼，寄信人已经不在意过贴的这 5000 元了。

此信 11 月 16 日交寄，23 日到达中转地天津。而自清代以来，北戴河寄天津的邮件，依托北京到山海关的铁路邮运干线，都是当日到达，集邮收集的实寄封片不胜枚举。此信竟然走了 7 天，原因为何？

原来，抗日战争胜利以后中华邮政在冀东地区只接收了北宁铁路关内段沿线和主要城镇邮局，铁路两厢则属于中共领导下的解放区。解放战争进行到1948年，国民党反动派的统治摇摇欲坠，北宁铁路时通时断。5月上旬，晋察冀野战军第2兵团分兵东西两个集团。由第3、第4纵队和第2纵队第4旅组成的东集团，由杨得志、罗瑞卿、耿飚率领，于15日前后出动，向冀东挺进，经过一系列战斗，逼近北宁铁路沿线。6月23日夜，第4纵队和第2纵队第4旅，在东北野战军第11纵队配合下，对北宁铁路滦县至昌黎段出击，至25日，连克昌黎县城及石门街、安山镇、后封台等据点，控制滦东至留守营（位于北戴河站以西）段铁路百余里。我军主动撤出后，该沿线铁路被国民党军重占。

1948年9月12日辽沈战役开始，东北野战军按预定计划，首先在北宁线锦州至昌黎段发起攻势。北宁线是连接关内外的重要陆路通道，东北国民党军部署新5军3个师位于绥中、山海关、秦皇岛、北戴河一线；华北“剿总”以所属第62军等部4个师据守唐山至昌黎一线，以确保对北宁线的控制。14日，东北野战军第11纵队出击山海关至滦河以东各点，克石门街、安山、后封台等车站。14日，攻占昌黎县城，继续东进，分别攻取留守营、北戴河车站，并击退了第62军对昌黎的反扑。国民党军由关内向锦州增援的陆上通道即被切断。

由以上战争情况可知，此信发出时的11月16日，北戴河至天津的陆路邮路已经不通。1921年至1924年开通的北京至北戴河暑期航空航线早已废弃，信件只能经秦皇岛港水路等待船期运至天津，邮程长达7天也就不足为奇了。

最后，此信在天津中转后寄到南京没有？我看未必。一是封上没有南京邮局的落地戳，邮路不够完整。二是当时的战争环境是否允许。1948年11月上旬，华东、中原两野战军发起规模空前的淮海战役，津浦铁路沿线各段被人民解放军或占领、或破袭，陆上邮路肯定不通，这也应当是此信选择航空邮路的原因之一，航空邮路能否勉强维持，因手头没有相关资料，不能臆断。

中华邮政从大清邮政承袭而来，客观地说，也一度创造了中国邮政历史上的辉煌。随着人民解放战争的胜利进程，走向了最后时光。1948 年 11 月 16 日北戴河海滨寄南京航空挂号封，是我目前收集到的中华邮政在北戴河最晚的实寄封。两天后的 18 日，中共中央军委命令东北野战军立即结束休整，迅速入关，包围天津、唐山、塘沽三地之国民党军。21 日，林彪、罗荣桓、刘亚楼发布入关命令。23 日，东北野战军主力向关内开进。国民党在秦皇岛、山海关、北戴河的军政人员闻风丧胆，于 26 日从海上逃往天津。27 日，秦皇岛、山海关、北戴河解放，邮政由冀察热辽军邮总局冀东军邮分局接管。不知 11 月 16 日以后的那几天，在日渐寒冷的冬日里，在兵荒马乱之中，北戴河海滨邮局是否还会有人寄出信件。

1948 年 11 月 29 日，河北邮政管理局局长黎阶平签发第 651 号密通令称：“一、本月 27 日临榆及秦皇岛二地军政机关撤守。二、据塘沽局报称，秦皇岛局全体员工及临榆局大部员工随大同轮撤抵塘沽。前发秦皇岛邮件已退回塘沽。三、所有寄临榆、秦皇岛二地及其经转邮件，均应停收。四、昌黎以东留守营、北戴河车站及北戴河海滨三处轻件暂发滦县局，由滦县旱班转递。”

1948 年 12 月 1 日，河北邮政管理局局长黎阶平签发第 652 号密通令称：“一、本年 11 月 29 日滦县邮局局长率一部分员工随军政机关撤退至古冶。二、本年 12 月 1 日津榆第 22 次火车开至古冶为止。三、寄滦县及以东安山、昌黎、留守营、北戴河车站、北戴河海滨及其经转各地邮件，应即暂停收寄。”

（原载《首都邮学》2009 年创刊号）

【人民邮政篇】

“秦皇岛加盖票”上的“冀东秦皇岛”日戳

数年以前，集邮界曾有一场关于“秦皇岛加盖票”的争论，一方以研究解放区邮票功底深厚的邮坛耆宿杨耀增为代表，经旁征博引论证称有；一方由当年任冀东军邮分局业务科长、最后成为全国集邮联副会长的宋兴民出头，以亲身经历说无。如今，两位老前辈都已作古，争论似乎仍然没有结果，相信集邮者都有自己的判断，因此，本文不想就“秦皇岛加盖票”有无的争论再炒一次冷饭。本文所探寻的是在争论中披露和涉及的几枚旧票及剪片上的“冀东/秦皇岛”日戳的来龙去脉，可以说，无论这几种邮票是否在秦皇岛加盖，都不影响“冀东/秦皇岛”日戳背后的历史信息。

这几枚旧票及剪片所销邮戳情况如下：

图1，“大抗战”4元（红）木戳手盖“冀察热辽暂作250.00”元（黑字左读）旧票，销三格式日戳，可辨“×东/37.12.2×/秦皇岛”；

图2，“小抗战”20元（绿）木戳手盖“冀察热辽暂作500.00”元（黑字左读）旧票，销三格式日戳，可辨“冀×/××. 12.25/秦皇×”；

图3，“小抗战”1元（红棕）木戳手盖“冀察热辽暂作500.00”元（黑字左读）剪片，销三格式日戳，可辨“冀东/秦皇×/×7.12.22”；

图4，“小抗战”20元（黄绿）木戳手盖“冀察热辽暂作100.00”元（黑字左读）旧票，销三格式日戳，地名可辨“冀东/山海关”，中格年月日空缺。

图 1

图 2

图 3

图 4

以上图 1 至图 3 旧票及剪片所销邮戳，可以合成完整的民国 37 年（1948 年）12 月使用的“冀东 / 秦皇岛”日戳，并且由此可以推断：图 2 旧票销戳日期为“37.12.25”，图 3 剪片销戳日期为“37.12.22”，而图 4 旧票销同式“冀东 / 山海关”日戳，可作为“冀东 / 秦皇岛”日戳的确使用的佐证。

这种“冀东 / 秦皇岛”日戳忠实记录了，秦皇岛解放之初，与解放战争中被我接管的大多数城市邮局不同，没有沿用原中华邮政“河北 / 秦皇岛”日戳，而是启用了冀东解放区邮政日戳。这背后的原因是什么？这里，有必要回顾一下这一段的历史。

1948 年 11 月 2 日，解放战争中三大战役之一的辽沈战役结束，东北全境解放。11 月下旬，东北人民解放军挥师入关。驻守秦皇岛的国民党军队闻风丧胆。11 月 26 日，国民党军政人员从秦皇岛港乘船逃往天津。27 日，根据中共冀东区党委、冀东行署的决定，由王植范（后任秦榆市市长）率领接管人员入城，秦皇岛、山海关宣告解放，成立秦榆市政府。秦榆市第一任邮电局局长赵醒民（卫华）在回忆录《秦皇岛市邮电通信的接管和恢复工作》中写道：“邮电接管组由冀东军邮分局副局长毛旭东指挥，到达设置在铁道南开滦路的邮局、电报局（笔者注：实为秦皇岛贸易电台）和铁道北正街的电话局。邮电两局（笔者注：指原国民党统治下的邮政、电报两局）大部员工都撤到天津去了。”“这天，来邮局报到的只有两个人，一个是力夫鲁紫辰，一个是乡邮稽查李秋魁。”另据《秦皇岛邮电志》记载，“1948 年秦皇岛解放前夕，国民党军队溃逃时胁迫秦皇岛邮局 22 人、临榆（山海关）邮局 36 人、北戴河车站邮局 1 人到天津，各邮局关闭”。这时，原中华邮政使用的邮票和邮戳很可能也被带走。赵醒民回忆：“面对如此局面，要完成军管会下达的立即开门营业和迅速恢复通信的任务，真是困难重重。邮政方面还比较容易解决，因为我们去接管的同志都是搞交通邮政工作的，对业务比较熟悉，何况又有业务员张德斋和交通员常福林等人，并备有邮票、单册及工具。所以开门营业的任务稍加筹备和安排，很快就实现了。”这里所说的“工具”，应该也包括邮戳在内。由此看来，为了顺利接管秦皇岛邮政，冀东军邮分局已有预案，不仅准备了邮票，还刻制了秦皇岛、山海关、北戴河等地日戳，由接管人员带到秦皇岛。这就是“冀东秦皇岛”邮政日戳的由来。

“冀东秦皇岛”日戳是哪一天启用的呢？换句话说，解放后的秦皇岛邮局是哪一天恢复营业的？根据《秦皇岛邮电志》载：“12 月 1 日，秦榆市成立，设秦榆市电话局和秦榆市邮政局（管辖山海关邮局）。秦榆市的取名，系来自秦皇岛的‘秦’字和榆关（山海关）的‘榆’字。12 月 8 日，秦榆市邮局恢复营业，开始出售邮票，收寄平信，代订《冀东日报》。”又据秦皇岛邮局保存原始邮票账记载，第一笔卖票收入是 1948 年 12 月 8 日 129000 元（长城币）。值得注意的是，这笔收入是积攒了几天才下的账，是 12 月 8 日一天的收入，还是几天的总收入，已无从查考，但由此还是可以推定邮局最迟于 12 月 8 日恢复营业，开始出售邮票。因此，1948 年 12 月 8 日极有可能是“冀东秦皇岛”日戳的首日使用。

那么，“冀东秦皇岛”日戳又是在哪一天停用的呢？1949 年 1 月 15 日，天津解放。军管会接管河北邮政管理局后，会不会将原中华邮政“河北秦皇岛”日戳发回秦皇岛邮局使用呢？为此我访问了《秦皇岛邮电志》副主编范玉良，范先生早年在秦皇岛贸易电台参加工作，解放前夕奉命撤到停泊在秦皇岛港的轮船上，上船后才得知是撤往天津。范先生认为，城市接管初期，都是由军管会实行“块块”领导。天津邮局主动及时地将“河北秦皇岛”日戳发还原局的可能性不大，何况秦皇岛邮局已有“冀东秦皇岛”日戳使用。1949 年 2 月，秦皇岛、唐山等地解放前夕撤退到天津的邮局员工被派回冀东军邮分局，经冀东军邮分局在唐山郊区耿家营村培训，进行为人民服务教育，然后回到各局工作。极有可能是这部分人员返回时，将原中华邮政日戳也带回秦皇岛，“冀东秦皇岛”日戳遂不再使用。图 5 中国嘉德 2004 年秋季邮品拍卖会第 6117 号拍品之一，是一枚 1949 年 2 月 25 日秦皇岛寄天津平信，贴加盖“冀东”改值邮票 3000 元（冀东币）1 枚，从封上销票日戳看，已经恢复使用“河北 / 秦皇岛”日戳。

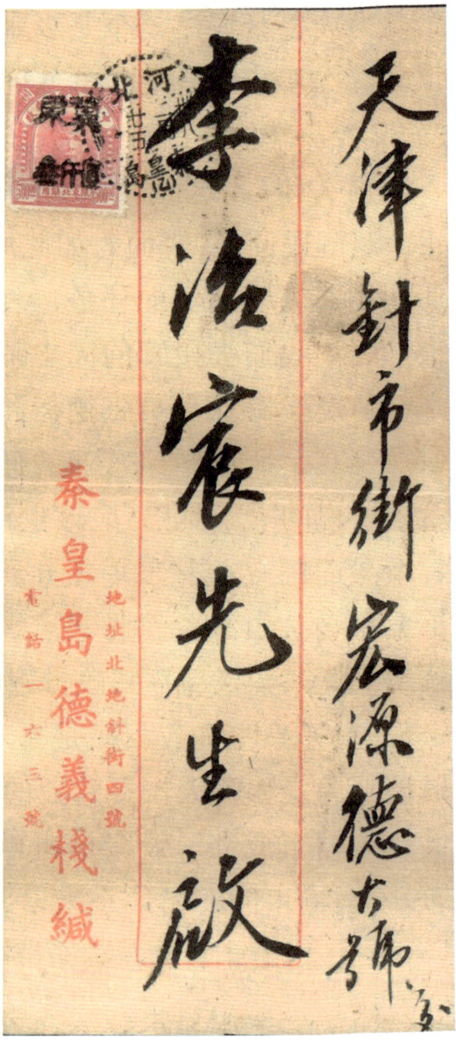

图 5 1949 年 2 月 25 日河北秦皇岛寄天津平信（原为天津林崧藏品）

从现在所能见到的信销邮票和实寄封来看，“冀东 / 秦皇岛”日戳的使用，不足三个月时间，但在秦皇岛邮政史上却是极具历史意义的一页，也是因为使用时间短，以致今天的集邮者见之较少。

（原载 2006 年 8 月 4 日《中国集邮报》）

国共通邮时期的秦皇岛港邮件转运

［**时间**］ 1949年3－4月

［**航线**］ 秦皇岛－上海

［**缘由**］ 1949年初，经过辽沈、平津、淮海三大战役，国共双方军队形成了沿长江对峙的局面，国民党军队封锁了南北水陆交通，南北音讯隔绝，国统区民众强烈呼吁南北通邮。在此压力下，南京政府交通部于2月3日命令邮总所属各局，设法与解放区通邮。2月15日，中共中央发出《关于南北通船、通航、通邮等政策的指示》，明确提出："我们对于不论何种轮船业，民航公司（中航央航），都应当允许其先在平、津、秦皇岛恢复通航"，并且要求各地"对于南北通船、通航、通邮、通电、通汇诸事应当看作一件大事去做，而不应采取消极态度"。3月9日，华北人民政府邮电总局公布《关于与蒋管区通邮暂行办法》称，华北人民政府已经决定与蒋管区通邮，蒋管区寄来之邮件可以照发，指定北平、天津、秦皇岛为华北进出口邮件交换局，一切出入口邮件分别由上列三处签收签发。即日起，开始接收寄往蒋管区各地之邮件，但在通邮办法未公布前，暂不办理包裹、汇兑，只收寄普通及挂号信函，资费与华北本区同。4月1日，华北邮电总局为加强国共南北通邮的统一管理工作，将秦皇岛邮局划归总局直属局，并选派天津邮局业务科长张首先任秦皇岛邮局局长，并代表邮电总局监理与国民党统治区通邮工作。

［**运作方法**］ 国共通邮时期的秦皇岛港邮件转运，是通过借"鸡"下蛋来实现的。所指之"鸡"，是秦沪之间的"以煤换面"合同。1949年2月18日"大上海号"轮抵达秦皇岛港，并未载来邮件。

3 月 4 日，“大上海轮”第二次到达秦皇岛港，除卸下面粉外，带来邮件 4067 袋重 78730 公斤。“大上海轮”装煤后 5 日返航，带去邮袋 160 个。据原秦榆市邮政局局长赵醒民回忆，那时秦皇岛邮局的运输工具仅有一辆旧地排车，要完成 4000 袋邮件的接运，从轮船上卸货，再从码头运到几里地之外的火车站，真是一件困难不小的工作，但是，经过全体员工的辛苦努力终于完成转运任务。至 4 月 13 日，秦皇岛邮局接收上海 8 条船、13 个航次运来的邮件 4996 袋，发往上海 3557 袋。至此，南北“以煤换面”第一期合同期满，北上船只暂时中断。但东北、平津等地去南方邮件仍源源不断发往秦皇岛，造成秦皇岛局邮件大量积压。4 月 27 日，华北邮政总局与中华邮政总局代表在北平拟签订通邮协定的当天，广州国民党政府行政院作出了“对中共通邮、电、汇兑一律停止”的决定，国共通邮被迫终止。在秦皇岛积压的邮件发运到天津，在上海解放后转发江南各地。

此次国共通邮期间的秦皇岛邮件转运，开滦矿务局秦皇岛经理处（即秦皇岛港）和铁路部门都给了许多方便。秦皇岛经理处码头五项费用（即码头费、拉运费、出入栈装卸火车费、理货员费、装卸船费）中四项由按旧例八折改为五折并免收码头费。铁路部门及时提供棚车 10 辆（只用 7 辆）。通邮期间未发生邮件丢失、毁损等问题。

［**相关链接**］“以煤换面”，试办南北通航。1948 年 11 月至 12 月间，人民解放军先后解放了秦皇岛、唐山地区。开滦煤矿和秦皇岛港的生产逐步得到恢复。1949 年初，因国民党进行海上封锁，秦皇岛港无法装运煤炭出口，开滦煤炭积压高达 120 余万吨，同时，开滦资方拖欠职工口粮面粉 50 万袋之多，使数万职工及家属严重缺粮。而上海一向仰于北煤南运，由于南北海运中断，煤炭奇缺，本来就弱不禁风的民族工商业难以为继。在这种形势下，上海轮船商业同业公会全国联合会（以下简称“全国船联”）率先提出了南北通航的想法。1949 年 1 月，以全国船联为代表和开滦矿务总局磋商，

准备采取民营形式实现南北通航“以煤换面”和交换其他应急物资的可能性和步骤，同时吁请国共两党恢复南北通航易货。国民党政府在全国船联的督促下，于2月1日“准予试办”，并准以“唐山号”“大上海号”两艘轮船试办秦申间南北通航易货。中共方面态度则十分积极，2月13日毛泽东、周恩来正式复电上海航商界：“二月五日来电敬悉，恢复华北上海间航运以利生产的发展，极为重要。‘大上海’、‘唐山’两轮北驶，并派员至华北接洽极表欢迎。”经过各方周密安排，“大上海号”和“唐山号”两艘货轮，满载面粉分别于2月12日和17日，由上海驶往秦皇岛，18日，“大上海号”轮抵秦皇岛装煤安然返沪。上海秦皇岛间通航易货时期，秦皇岛港成为当时上海与华北通邮的唯一途径，据1949年2月25日上海《商报》载：“华北及其他各地区邮件，均发往秦皇岛转运，同时兼收平津两地之商民挂快邮件及私人用之衣服小包裹邮件。”

1949年1月至4月，秦皇岛与上海国统区和解放区通航易货兼带通邮，意义深远，足资借鉴。

附表：秦皇岛邮局接发上海轮船通邮邮件统计表

船名	到港日期	邮件（袋）	重量(kg)	离港日期	邮件(袋)	重量（kg）
大上海	1949.3.4	4067	78730	1949.3.5	160	360
南强	1949.3.9	25	300	1949.3.10	282	10250
唐山	1949.3.9	55	1100	1949.3.10	248	10570
华胜	1949.3.16	200	4700	1949.3.18	1057	26810
南强	1949.3.21	96	3850	1949.3.23	217	4900
唐山	1949.3.25	115	2150	1949.3.27	300	7480
永兴	1949.3.27	46	1130	1949.3.31	197	4000
华胜	1949.3.29	74	2230			
台安	1949.3.29	19	430	1949.4.1	69	1500
华利	1949.3.31	8	100			
南强	1949.4.7	91	3100	1949.4.8	54	7700
唐山	1949.4.10	200	6340	1949.4.12	432	21440
大生	1949.4.12			1949.4.13	241	14150
共计		4996	104160		3557	109160

（原载2005年3月18日《中国集邮报》）

新中国成立初期的山海关转汇办事处

1948年12月1日，中国人民银行在华北石家庄成立并开始发行人民币。到1949年10月1日中华人民共和国成立时，全国已经解放的广大地区（除东北外）流通使用人民币，在东北解放区流通使用东北流通券（也称东北币）。因为币制不同，东北解放区与关内各大解放区一直未能开通汇兑。新中国成立以后，经济开始恢复，关内外经济往来激增，经交通部转请中央财委批准，同意华北与东北两邮区首先通汇。地处华北解放区与东北解放区交界处的山海关，历来扼关内外交通运输和邮政通信之咽喉。华北与东北两邮政总局遂于1949年11月4日分别在山海关设立“华北山海关邮政转汇办事处”和“东北山海关邮政转汇办事处”。1950年3月，两处合并为“邮电部邮政总局山海关转汇办事处”。1949年11月15日，东北与华北两区正式互通汇兑业务，12月21日东北与华东通汇，1950年2月东北与中南、西北两区通汇，4月内蒙古与关内通汇，6月1日东北与西南各区通汇，10月东北与新疆通汇，以上统一经山海关转汇办事处办理。

山海关转汇办事处最初设有总务、业务、会计三个组，因业务发展，扩大为两股六组，即总务股内设总务、会计两组，业务股一组为综合业务、统计汇票、处理差错，二组办理关内汇出汇票，三、四组办理东北汇出汇票。转汇办事处人员最多时达30人。员工分别来自华北、东北两总局，合并以后，由华北派来的罗迅任主任，东北派来的蔡久旭任副主任。员工都是经验丰富的老邮政，有李作舟、刘天奎、王化南、荆广善、王耀庭、徐继儒等人。图1所示核对据背面退汇戳内经手人章即为徐继儒。据老职工回忆，徐继儒当时是个很能干的人，转汇办事处撤销后回北京，后来在东四邮局做报刊发行工作。

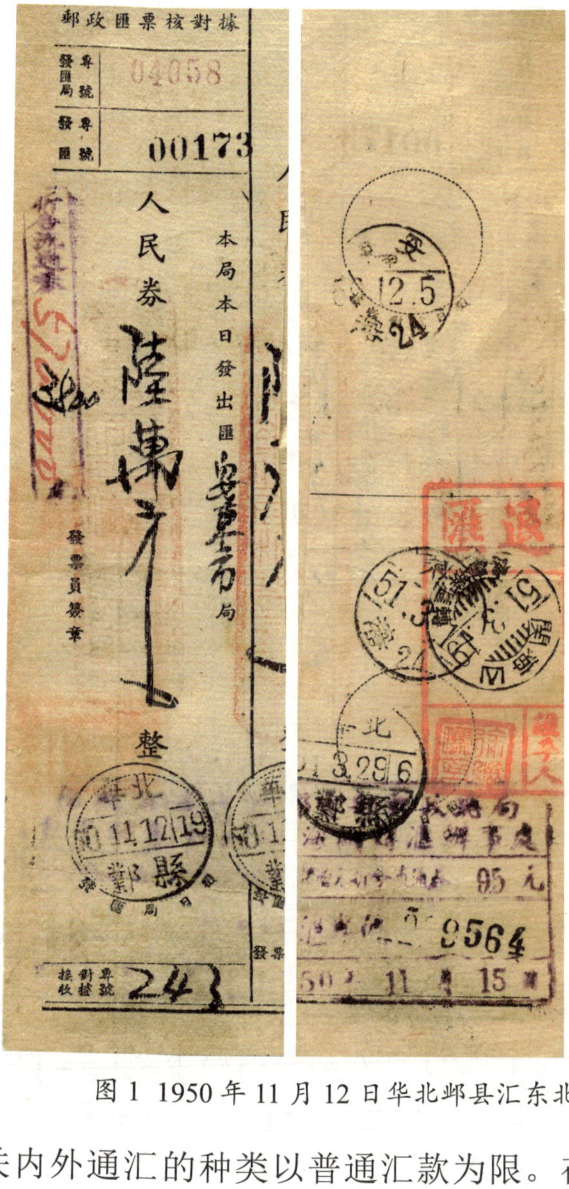

郵電部郵政總局
山海關轉匯辦事處
人民幣壹元折合流通券 9.5 元
轉匯専號 9564
1950 年 11月 15日

图 1 1950 年 11 月 12 日华北鄚县汇东北安东汇款核对据

关内外通汇的种类以普通汇款为限。在华北区以及后来的其他各区汇兑收付以人民币为本位，在东北区（包括内蒙古）以东北流通券为本位，双方清算汇款差额时以人民币为本位。华北区各局开发汇票时按照山海关转汇办事处通知的两种币券比值牌价，参照东北兑付局之限额，适当计算人民币汇款数额。东北汇款限额，根据汇往地点不同，分为人民币 1 万元、5 万元、10 万元、30 万元、50 万元、200 万元六种。华北收汇时汇费按第一类局与第二类局区别对待，第二类局汇率照区际百分之五，第一类局参照当地银行通东北各地之汇率收取。因与东北通汇业务手续繁多，故汇款时加收手续费 400 元（按开通汇兑之时四件平信邮资计算，以后邮资变更时即随之变更，不另通知）。东北各局开发汇票时，按当天兑换牌价折收流通券，汇款 50 万元以内（以流通券为本位，下同）只收基本汇费 3 万元，50 万元以上除收基本费 3 万元外另按款额百分之一加收汇费。但为优待职工及公教人员赡家汇款，每张汇票一律只收基本费 3 万元，不另收汇费。开发局将汇票与核对据填妥后，加盖骑缝章不用剪开，连同请购单一并送山海关转汇办事处，只将汇款收据交给汇款人，以备查询。山海关转汇办事处根据山海关银行联合办事处公布的两种币券之当天牌价，办理汇票折合，并对每月牌价以最快方法直接通知各管理局和储汇局。山海关转汇办事处将汇票及核对据折合后，汇票直接寄收款人，将核对据、请购单寄交兑付局。收款人收到汇票时，即可持票到指定兑付局领取汇款。

1951 年 9 月 1 日，东北与关内币制完成统一后，山海关转汇办事处即行撤销，但善后事宜持续到 11 月。山海关转汇办事处经办转汇业务仅一年有余，共办理关内汇东北汇票 353307 张，计人民币 1235 亿 4312 万 7691 元；东北汇关内汇票 11419334 张，计折合人民币 4597 亿 1328 万 7624 元。由此可见其在新中国邮政汇兑史的地位和作用。今天收集当年的转汇办事处邮品已属不易，笔者仅知数年前在河南发现的一批核对据，其中包括盖有转汇办事处日戳 3 件。且有幸收集到 2 件，包括时间最晚的 1 件。

图 1 所示华北郯县汇东北安东（今丹东）核对据，正面记载：华北郯县 1950 年 11 月 12 日发出汇东北安东局人民币陆万元，条形戳内文字“折合流通券 570000 元”。背面加盖一长 4cm 宽 5.5cm

矩形四格式戳记：“邮电部邮政总局山海关转汇办事处 / 人民币壹元折合流通券 9.5 元 / 转汇专号 9564 / 1950 年 11 月 15 日”。这笔汇款 1950 年 12 月 5 日到达安东局后因故于 1951 年 3 月 17 日被退回，1951 年 3 月 19 日经山海关转汇办事处转退，加盖了一枚长方形退汇戳和一枚十分少见的山海关转汇办事处梳齿式日戳。1951 年 3 月 24 日退至华北邺县。

图 2 所示华北邺县汇东北锦西（今葫芦岛）核对据，正面记载

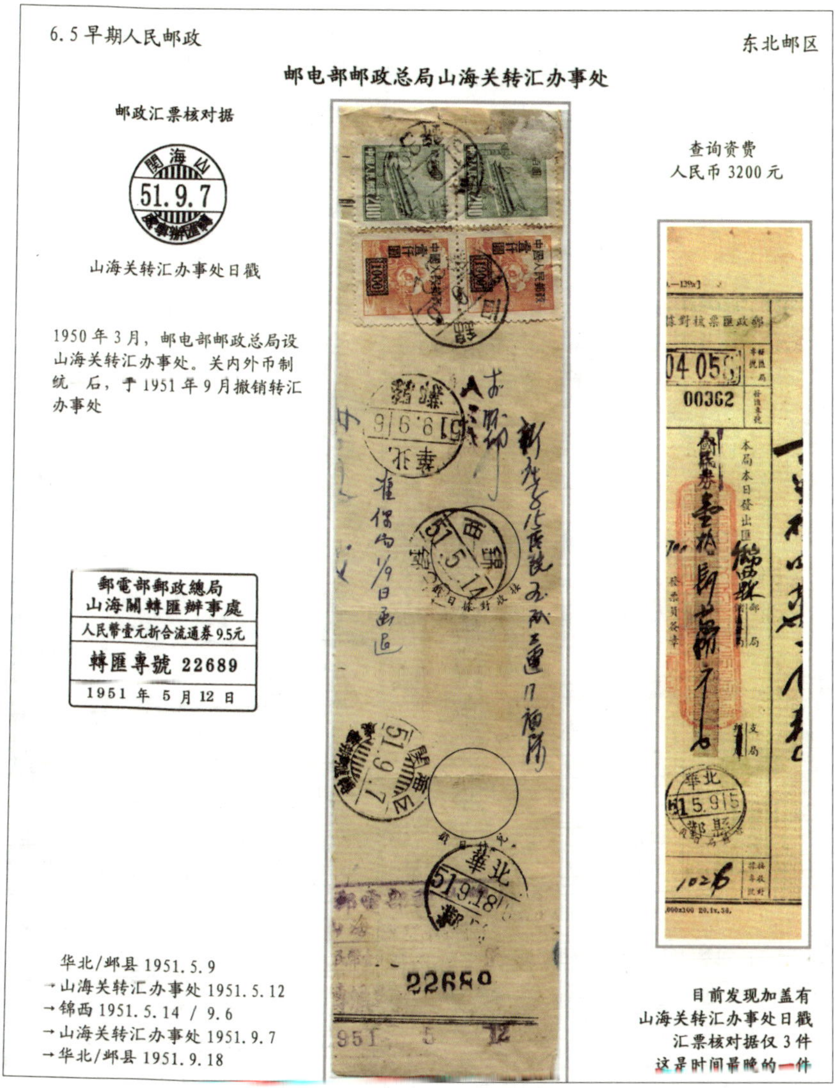

图 2 1951 年 5 月 9 日华北邺县汇锦西汇款核对据（邮集贴片）

1951 年 5 月 9 日华北郸县汇锦西人民币 14 万元，背面记载 5 月 12 日山海关转汇，加盖矩形转汇戳记：“邮电部邮政总局山海关转汇办事处 / 人民币壹元折合流通券 9.5 元 / 转汇专号 22689 / 1951 年 5 月 12 日”。5 月 14 日锦西收到。1951 年 9 月 6 日锦西局向山海关转汇办事处查询，此时山海关转汇办事处已无转汇任务，只办理善后查询等遗留事务。此核对据背面盖有山海关转汇办事处接受查询过程中加盖的 1951 年 9 月 7 日戳。

附录：东北邮电管理总局东北与华北开通邮政汇兑邮政宣传公告

《中国邮史》2003 年第 4 期披露了一件由东北邮电管理总局印制的“东北与华北开通邮政汇兑 / 自十一月十五日起”的邮政宣传公告（见下图）。

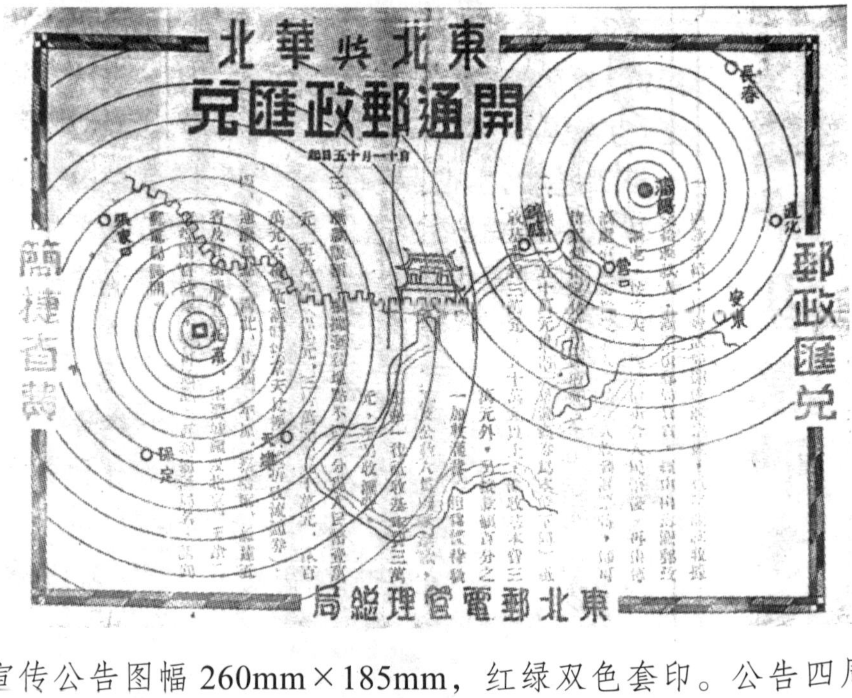

宣传公告图幅 260mm×185mm，红绿双色套印。公告四周印有边框，上边框破框印“东北与华北开通邮政汇兑，自十一月十五日起”字样，右侧和左侧边框破框印“邮政汇兑 / 简捷省费”字样，下边框破框印“东北邮电管理总局”字样。公告中间用红色绘制以山

海关为界的示意图：以沈阳为中心的无线电电波所辐射而连接东北邮电管理局所辖辽东半岛及东北地区的长春、通化、安东、营口、锦县等县市，以北京为中心的无线电电波辐射而连接的张家口、保定、天津等县市。另用绿色印刷通汇的四条规定，分别为：

一、汇款手续，由发汇局开成汇票后，只将汇款收据交给汇款人，汇票由邮局负责，经由山海关邮政转汇处，按当天兑换牌价折合人民币后，再由转汇处直接寄给受款人，受款人收到汇票时，即可持票到指定兑付局领取汇款。

二、汇费，五十万元以内（以流通券为本位，下同），只收取基本费三万元。五十万元以上，除收基本费三万元外另按款额百分之一加收汇费。但为优待职工及公教人员赡家汇款，每张一律只收基本费三万元，不另收汇费。

三、汇款限额：根据汇款地点不同，分为人民币一万元、五万元、十万元、三十万元、五十万元、二百万元六种（收汇时按当天兑换牌价折收流通券）。

四、通汇地点：河北、山西、平原、察哈尔、绥远五省及所属各县、市、主要村镇及北京、天津二市等四百余处，皆可通汇。详细通汇局名，请向当地邮局询问。

（原载2005年1月4日《中国集邮报》）

在秦皇岛地区使用的天津邮区日戳

1949年10月1日，华北人民邮政重新划分邮区时，将原属冀东区各县、市划归天津邮区领导。现今秦皇岛市海港区、北戴河区及卢龙、抚宁、昌黎三县境内各邮局全部隶属于天津邮区。

那时，天津邮区为加强管理，建立了“中心局”和“票款准备局”制度。1949年至1950年，秦皇岛、昌黎两局均为中心局，秦皇岛局同时为票款准备局。由秦皇岛局负责安山、姜各庄、抚宁、台头营、昌黎、留守营、北戴河、北戴河海滨、海阳各局的票款供应和调剂。1951年1月天津邮区重新划分中心局后，秦皇岛中心局负责辅导唐山专区东部滦县、乐亭、迁安、卢龙、抚宁、临榆（海阳）等20个局。1951年6月，因中共唐山地委和河北省唐山专员公署在昌黎办公，天津邮局又决定变更秦皇岛中心局为昌黎中心局，辅导包括秦皇岛局在内的20个局。

今天，让集邮者更感兴趣的可能不是这段邮政机构沿革史，而是这一时期使用的邮戳。除个别邮局仍使用原中华邮政日戳外，各局大多启用了天津邮区新刻日戳。这些天津邮区日戳，集邮者发现主要有第一代和第二代之分：

第一代日戳，如“天津区 / 卢龙（大横河）”代办所日戳，直接刻“天津区”字样。可见于中国人民志愿军战字信箱1680号寄河北卢龙县军邮平信（图1），封上军邮日戳同时也是免费标识，落地戳记为实线外框三格式日戳，上格“天津区”，中格年月日，下格“卢龙（大横河）”，这枚落地戳记上“53.6.1”时间字钉属误插，根据中国军邮日戳时间字钉为“53.6.4”，根据封背“河（津）北 / 卢龙”

图 1 1953 年 6 月 4 日中国人民志愿军战字信箱 1680 号寄河北卢龙军邮平信

中转日戳所示时间为 1951 年 6 月 30 日推算，大横河代办所日戳的时间应该是“53.7.1”。

第二代日戳，如“河（津）北 / 秦皇岛”日戳，“河北”两字中间嵌“津”字。可见于 1951 年 1 月 20 日秦皇岛经滦县寄热河青龙县（今秦皇岛市青龙满族自治县）双挂号信函（图 2），封背贴普 3 邮票 800 元 4 枚，合计邮资 3200 元，符合双挂号邮资，销点线外框三格式日戳，上格“河（津）北”，中格年月日时，下格“秦皇岛（支一乙）”，经查，这是秦皇岛道北支局日戳，同式还有支一甲、支一丙。这三把日戳分别由函件、包裹、汇兑三个业务台使用。所见同式日戳还有“河（津）北 / 卢龙”、“河（津）北 / 昌黎后封台”（图 3）、“河（津）北 / 昌黎石门”（图 4）、“河（津）北 / 海阳”、“河（津）北 / 上庄坨”等。

1951 年 12 月，河北省邮电管理局在保定成立。12 月 31 日，中央人民政府邮电部令：“各省局管辖的邮电区域范围，应以省市行政区域为根据；如有不符者，应即予以调整。”依照上述部令，1952 年 1 月 1 日，天津邮政管理局（天津邮区）改组为天津邮局，其原辖

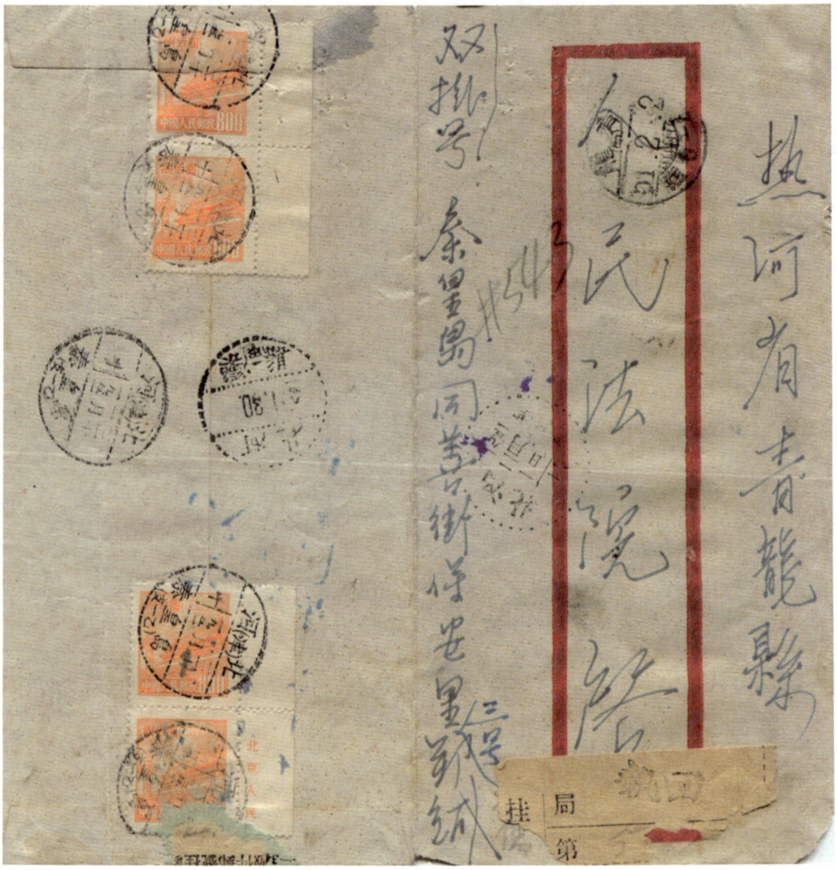

图 2 1951 年 1 月 20 日河北秦皇岛寄热河青龙双挂号信函

内地局均拨归河北省邮电管理局领导。但秦皇岛地区的天津邮区日戳仍有沿用者，如 1953 年 6 月 4 日中国人民志愿军战字信箱 1680 号寄河北卢龙军邮平信“天津区 / 卢龙（大横河）”落地戳即为沿用（图 1）。所见时间较晚的一枚是 1954 年吉林长春黄河路寄河北卢龙双挂号信函（图 5），“河（津）北 / 卢龙”落地戳所示时间为 1954 年 4 月 1 日。天津邮区管辖地域还包括今唐山、沧州、衡水、廊坊等地，辖区内人口稠密，交通便利，邮政网点密布，但是，天津邮区日戳使用时间较短，能够保存下来的实寄封并不多见，在 21 世纪的集邮市场上，每枚加盖天津邮区日戳实寄封，价格当以数百计。

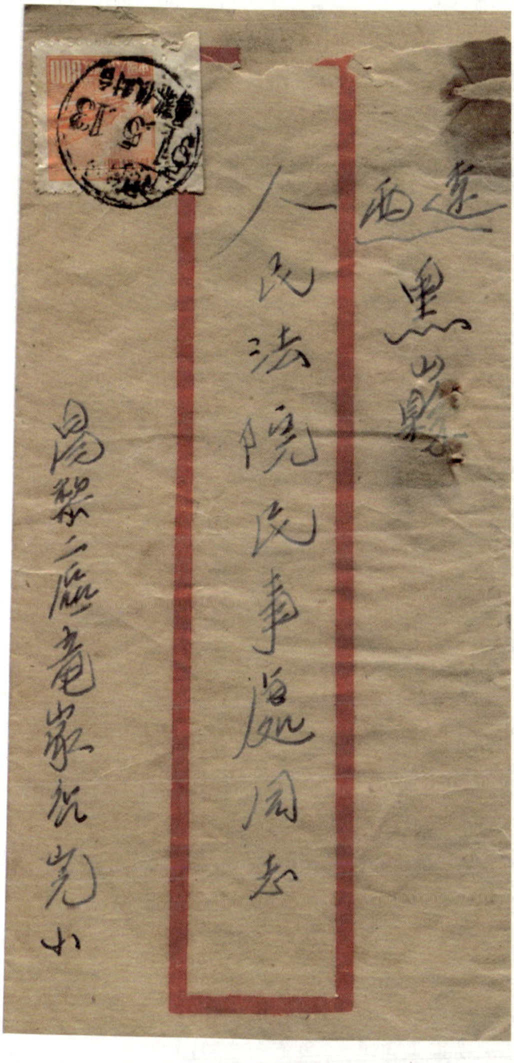

图 3 1951 年 5 月 13 日河北昌黎后封台寄辽西黑山平信

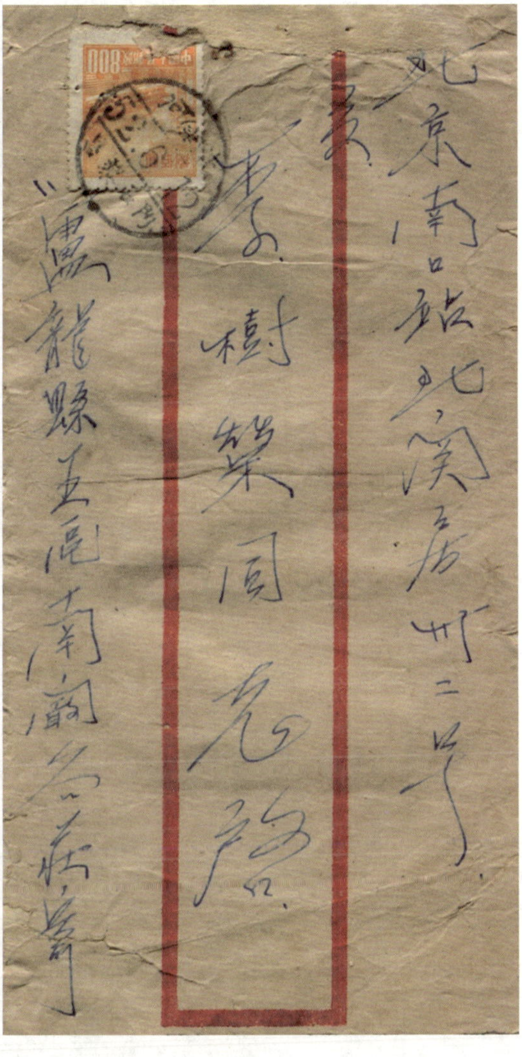

图 4 1952 年 6 月 12 日河北昌黎石门寄北京南口平信

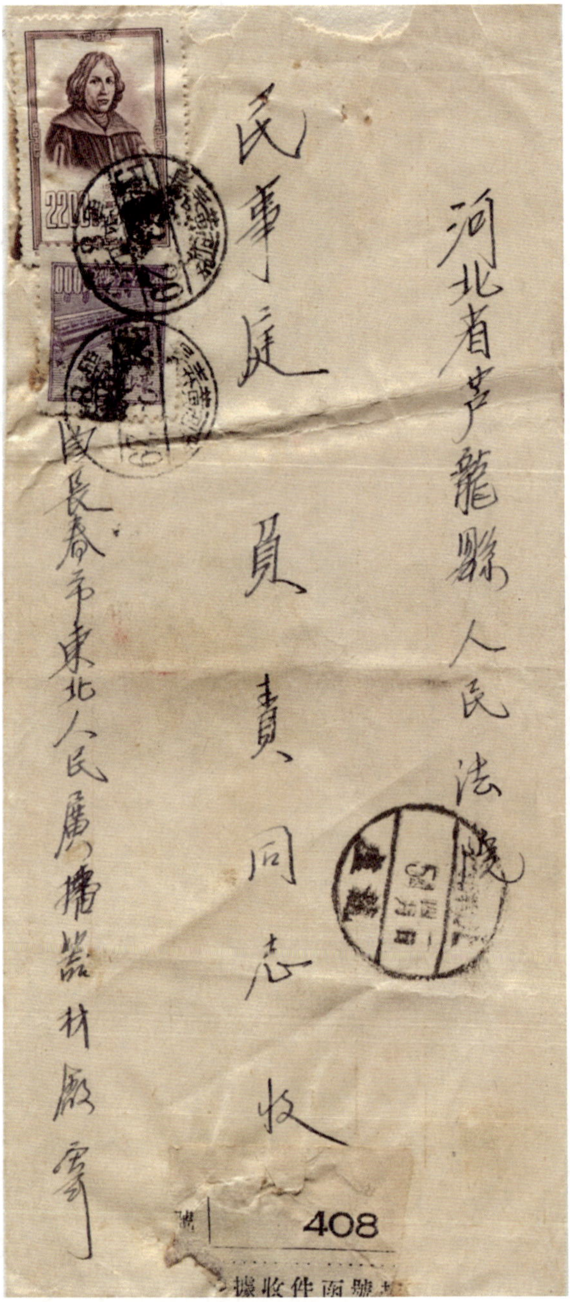

图 5 1954 年 3 月 29 日长春黄河路寄河北卢龙双挂号信函

（原载 2005 年 4 月 8 日《中国集邮报》）

“河（津）北/临榆（海阳）”邮政日戳释疑

2017年4月，我的《秦皇岛地区邮政史》邮集参加“西安2016第17届中华全国集邮展览”时，其中一个贴片展示的是1952年9月20日河北临榆寄河北滦县的实寄封（图1）和一件邮局“退件回执”（图2）。实寄封贴新中国《特4广播体操》邮票400元2枚，从该封人民币旧币800元邮资来看，显然是一封平信，并不算特殊，

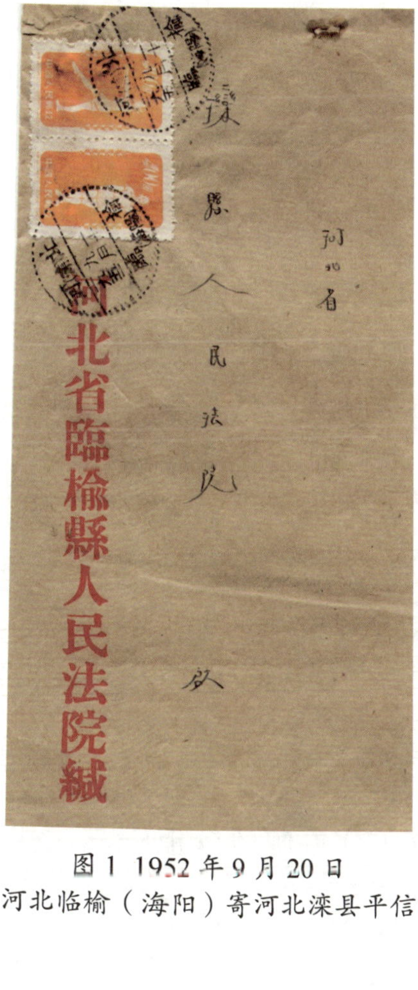

图1 1952年9月20日
河北临榆（海阳）寄河北滦县平信

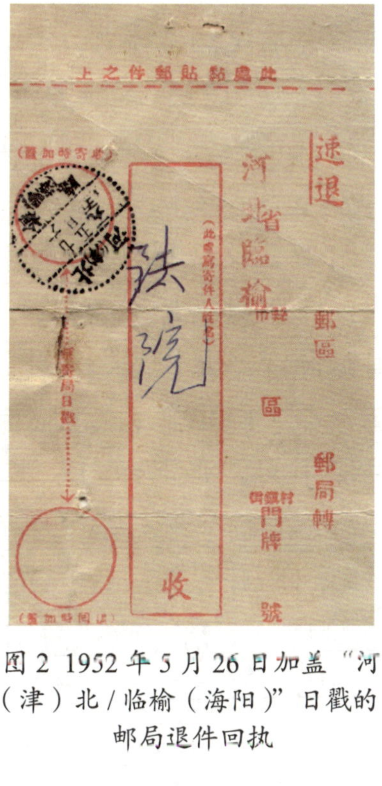

图2 1952年5月26日加盖“河（津）北/临榆（海阳）”日戳的邮局退件回执

邮局“退件回执”也很普通。引起几位邮友兴趣的是加盖在实寄封和“退件回执”上“河（津）北 / 临榆（海阳）”双地名日戳。不少邮友都知道，平时所见都是“河北 / 临榆（山海关）”双地名日戳，因为临榆县治在山海关，面对“河（津）北 / 临榆（海阳）”双地名日戳不禁生疑，难道海阳也是临榆县政府所在地吗？另外，山东省的海阳（今山东省海阳市）比较有名，难道秦皇岛也有叫“海阳”的地方，而且还是个县城？“河北 / 临榆（山海关）”日戳中的“山海关”怎么会变成“海阳”呢？

图 3《秦皇岛邮电志》收录的天津邮区临榆（海阳）日戳图

为了认识河北临榆海阳，先看看《现代汉语词典》对“阳”释义之一：“山的南面，水的北面。”全国带“阳”字的地名很多，如：湖南衡阳，衡山之南；河南洛阳，洛河之北。山东海阳，在黄海之北；河北临榆海阳，则在渤海之北。河北临榆海阳，即今秦皇岛市海港区海阳镇。秦皇岛本地居民常说，“先有海阳镇，后有秦皇岛”。海阳地名，最早的文字见于司马迁《史记 · 功臣表》，第一代海阳侯摇毋余，汉高祖六年（前 201 年）以军功受封，食邑千八百户，传四世。汉景帝中元六年（前 144 年），第四代海阳侯摇省薨，无后，国除。史学界大多认为，汉及三国魏时海阳县在今河北滦州市、滦南县、乐亭县及昌黎县西部一带，海阳县治在今滦南县马城镇。汉代以后，海阳县有废有立。本地学者考证，辽、金时期，海阳县在今海阳镇设治。元代为海阳千户所在地。明初废县为镇，属抚宁县。清乾隆二年（1737 年），设临榆县，县治在山海关，海阳镇属之。清末至民国年间，海阳皆为军事重镇，榆关抗战期间，一度为何柱国将军任司令的临（榆）永（平府）警备司令部驻地。

海阳邮局开设较早，清光绪三十一年十一月二十四日（1905 年 12 月 20 日），大清邮政在海阳设立了代办邮政分柜铺户，代办人田心正，由秦皇岛邮政分局管辖。1908 年 4 月马守权接办。中华民国成立后，1912 年 12 月 27 日，海阳代办邮政支局改设二等支局，经事马保田，1918 年 5 月 1 日升为二等局，1925 年 5 月 1 日降为三等局。在抗战时期，海阳邮局的遭遇颇为凄惨。1931 年 1 月 1 日榆关事变以后，国民党军于 4 月 14 日撤出海阳。4 月 15 日，海阳遭到日军炮击，落弹百余枚，东街炸毁，死伤甚众。下午，日军进街，有军官 1 人持枪进入邮局，强迫员工打开铁柜检查，见有现洋 7 元，即称属国民政府财务，欲行没收，又向该局局长方宝书索要现洋 50 元。经该局长一再申辩，此为邮局财物，才得作罢。临走前，日军官强行将邮局门市所存现洋 2 元拿走。这位身为三等四级邮务员的海阳邮局方局长“几经战事，精神颇为错乱”。上级不得不派懂日语的三等四级邮务员朱序有代理局长。至 5 月 5 日，朱局长报称：“局房多被日军占用，骚扰备至。”1937 年七七事变发生后，冀东完全沦陷，伪华北邮政总局把持下海阳邮局因“当地治安不良，收入欠佳”，于 1943 年 4 月 15 日被呈请“降低等级裁减员工”，后改为简易邮局。1944 年 10 月 16 日改为代办所。

1945 年 9 月，抗日战争胜利后，临榆县民主政府成立，因客观情势决定，不能留在山海关城内办公。1948 年 11 月 27 日，秦皇岛、山海关解放，设秦榆市管辖两地。1949 年 3 月 5 日，撤销秦榆市，设立秦皇岛市归华北行政区，另立山海关市归东北行政区，这里都没有涉及临榆县。1948 年 11 月，临榆县人民政府由深河蚂蚁沟迁入海

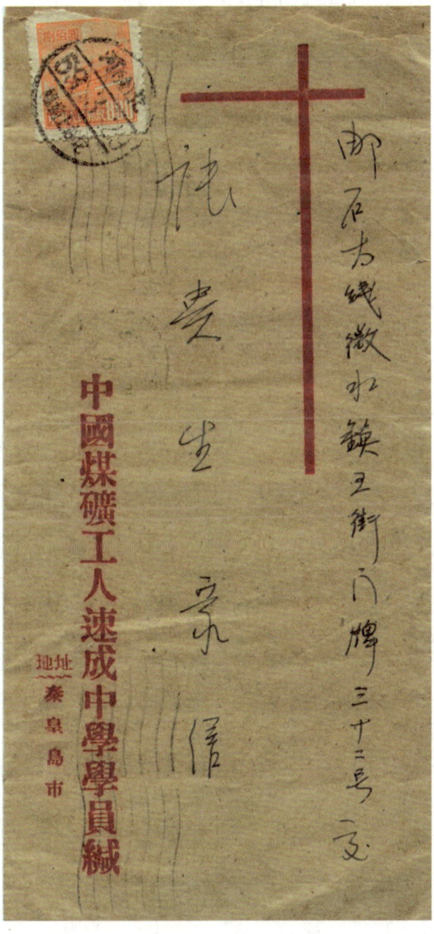

图 4 1953 年 3 月 29 日河北临榆上庄坨寄河北微水平信

阳镇，建制属华北解放区冀东行署，河北省人民政府成立后，隶属河北省。1954 年 7 月，临榆县撤销，海阳镇划入抚宁县管辖，1995 年 3 月划归秦皇岛市海港区。这样说来，河北临榆海阳在新中国成立前后确实一度为河北省临榆县人民政府所在地，所以就有了“河（津）北 / 临榆（海阳）”邮政日戳。

1949 年 3 月，华北人民邮政设临榆（海阳）邮局，管辖石门寨、上庄坨、驻操营等代办局所。新中国成立后，临榆（海阳）邮局划归天津邮区，遂有“河（津）北 / 临榆（海阳）”双地名日戳的使用。图 1、图 2 所示河北临榆（海阳）邮局日戳，属于第二代天津邮区日戳，其第一代日戳可见于《抚宁县邮电志》收录的临榆海阳日戳（图 3），上部只刻“天津”二字，中部年月日，下部刻“临榆（海阳）”，但加盖此种戳记的相关实寄封已经不易收集。临榆（海阳）邮局所辖代办局所，亦启用天津邮区日戳，如中国煤矿工人速成中学（校址上庄坨）寄河北微水平信（图 4），封上销天津邮区三格式日戳，上格刻“河（津）北”，中格时间字钉为“53.3.29”，下格刻“临榆上庄坨”。1954 年 7 月 20 日，随着临榆县行政区划变更，海阳邮局改为抚宁县邮电局海阳营业处，原辖各代办局所也转隶抚宁县邮局。图 5 为一件汇费单，加盖了 1957 年 10 月 22 日“河北抚宁 / 上庄坨”邮政日戳，真实记录了临榆上庄坨转隶抚宁这段邮史。

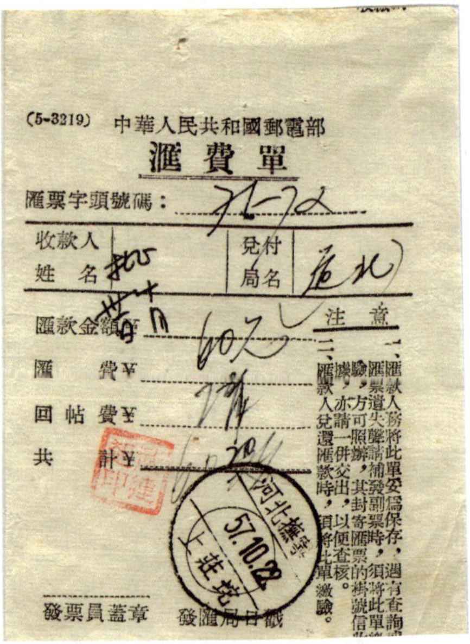

图 5 1957 年 10 月 22 日河北抚宁上庄坨邮政所汇费单

（原载《上海集邮》2019 年第 12 期）

“河北/临榆（山海关）”双地名邮政日戳拉杂谈

从1899年8月15日大清邮政在山海关设立邮政分局起，清代山海关邮局日戳都是单称“山海关”。图1是1904年8月3日山海关寄北京图画明信片，贴蟠龙1分邮票1枚，国内明信片邮资，销“直隶/山海关/甲辰六月廿二日”戳。

图1 1904年8月3日（甲辰六月廿二日）直隶山海关寄北京明信片

民国早期，中华邮政沿袭清代邮政，山海关邮局日戳也是单称“山海关”。图2是1923年8月15日山海关寄天津帆船第3版1.5分邮资明信片，符合寄国内明信片资费，销山海关两格式汉英文日戳。图3是1928年8月21寄日本帆船第7版2分邮资明信片，符合寄日本明信片资费，销山海关三格式英汉文日戳。

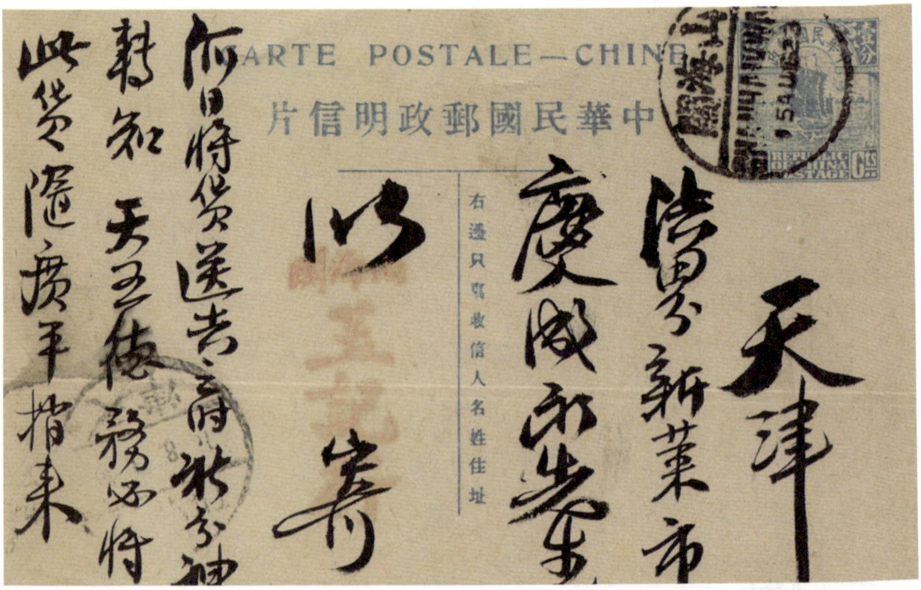

图 2 1923 年 8 月 15 日山海关寄天津第 3 版帆船图邮资明信片

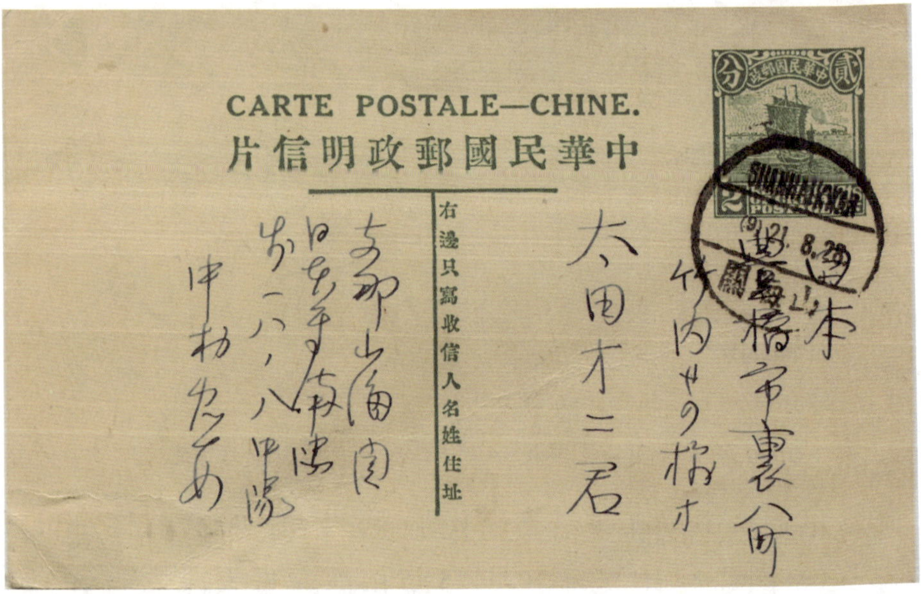

图 3 1928 年 8 月 21 日山海关寄日本第 7 版帆船图邮资明信片

那么，山海关邮局何时开始改称“临榆（山海关）”邮局，并且开始使用“河北/临榆（山海关）”双地名日戳呢？从冠以“河北”省名推断，使用时间应当在直隶邮区改称河北邮区以后。我首先想从《天津邮政史料》丛书中找到答案，据载，1928年7月16日邮政司函称，奉国民政府第306号训令，直隶省改为河北省。8月31日，河北邮务管理局就直隶省改为河北省后，需要更换村镇信柜木质日戳和挂号戳等开支事项请示邮政总局，9月15日，邮政总局答复同意所请示的开支外，明确“自供应处请领的日戳和其他戳记应立即在全河北邮区范围内使用”。但是，这并不能说明“河北/临榆（山海关）”双地名日戳启用的具体时间。

这里不妨了解一下中华邮政双地名日戳的历史渊源。第一次出现双地名日戳，是1917年8月25日邮政总局第91号通谕《更订局所名称》，自中华民国7年（1918年）1月1日起，对全国22个邮务区共650个县依据更订全国行政区划而更名。通谕称：“查外国人业已熟悉之名称，如省城，通商口岸及商埠等类，一旦有所更改，则在邮局一面自必稍有紊乱烦难，缘于将来若干时内，洋文邮件或见仍用旧有名称之情事。”为了减少此项困难起见，通谕采取的办法是区分国外日戳和国内日戳。并特别申明：“凡本谕后附清单内标有*志号之局所（注：共42个），均将发给国外日期戳记。此项国外日期戳记应用于各项国外邮件及用洋文书写封面之国内邮件之上。洋文邮件及相关文件上之邮局名称戳记，用以表示原寄局名者，应列新订之拼音名称，即：将旧有之拼音名称加以括弧紧列于下。”这就是说，这种双地名双文字日戳主要是国际邮件或者外文邮件及相关文件用戳，在新订地名之后用括号加列旧地名，以方便外国人辨认新旧地名。双地名日戳行用之初为两格式，不久即改为三格式。经查，此次双地名更定并不包括山海关。

第二次出现双地名日戳是1931年4月4日邮政总局第347号

通谕，全国各县邮局旧式名称应行取消，一律改用新名。该通谕附有各县城邮务局所应行更改名称清单，其中包括将山海关邮局改称临榆（山海关）邮局。与第一次双地名日戳仅适用国外日戳的汉英文字日戳不同，此次双地名日戳既有汉英文日戳，也有全汉文日戳，既方便国人用邮，也方便邮局封发转递邮件。此次双地名日戳为三格式日戳。按照邮政总局通谕，各局所更改名称于 4 月 1 日施行，所应更改之新日戳应当由各区管理局按照例定手续径向供应处请领，暂时仍以旧日戳应用，一俟新日戳领到启用之时即将旧日戳缴销。

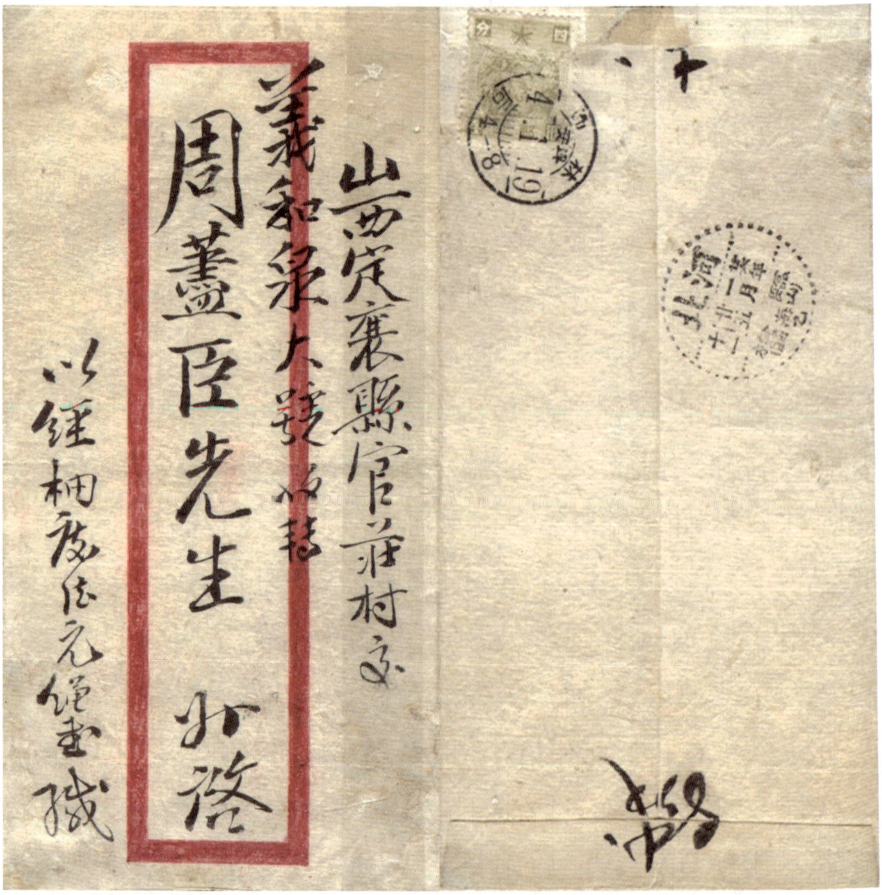

图 4 1937 年 1 月 19 日由伪满兴安省经棚寄山西定襄平信

《秦皇岛邮电志》“大事记”中记载，民国 20 年（1931 年）“山海关邮局改称临榆邮局”，但没有载入新日戳启用时间，故转而从集邮所见实寄封求证。在我收藏的一枚 1937 年 1 月 19 日由经棚寄山西定襄的关内外通邮封（图 4），贴伪满通邮邮票 4 分 1 枚，平信邮资，在山海关中转时，加盖了清晰的“河北 / 廿六年一月廿五 / 临榆（山海关）”日戳。毫无疑问，这不是最早的，追寻最早的“河北 / 临榆（山海关）”日戳，可以说是邮政史集邮者不懈的追求。北京诚轩 2012 年春季拍卖会第 3794 号拍品 1932 年沈阳寄山海关挂号信函（图 5），贴伪满洲国第一版普通邮票半分 2 枚，1 分、13 分各 1 枚，盖沈阳 8 月 1 日戳和挂号戳，天津 8 月 23 日、8 月 24 日中转戳和“河北 / 廿一年八月廿四 / 临榆（山海关）”落地戳，又于 9 月 18 日加贴北京 2 版帆船邮票半分、1 分、1 分半、2 分、3 分、4 分、5 分、6 分、7 分、8 分各 1 枚，合计补贴邮资 38 分，加盖“河北 / 廿一年九月十八 / 临榆（山海关）”戳，另盖“御侮救国 / 誓复失地”宣传戳，以纪念九一八事变一周年。这是笔者所见最早的“河北 / 临榆（山海

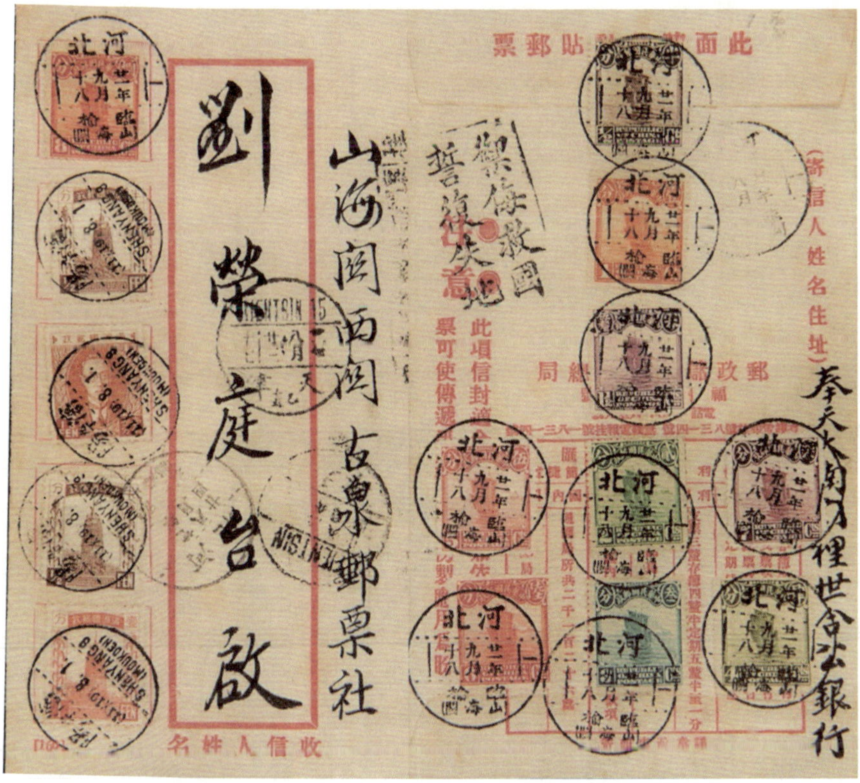

图 5 1932 年 8 月 1 日伪满沈阳寄山海关挂号信函

关）”日戳。

图 6 1945 年 6 月 4 日
河北山海关日戳图样

1937 年七七事变以后，华北沦陷，邮政受辱。1938 年伪邮政总局成立，1942 年改称华北邮政总局，直到 1945 年日本投降，华北地区的邮政事业基本由伪政权控制，1942 年 5 月 26 日起，临榆（山海关）邮局被改称为山海关邮局，临榆（山海关）鼓楼南大街邮局改称为山海关城内（一）支局。但我尚未见过这一时期的实寄封片。仅见《秦皇岛邮电志》收录有一枚戳样（图 6）。

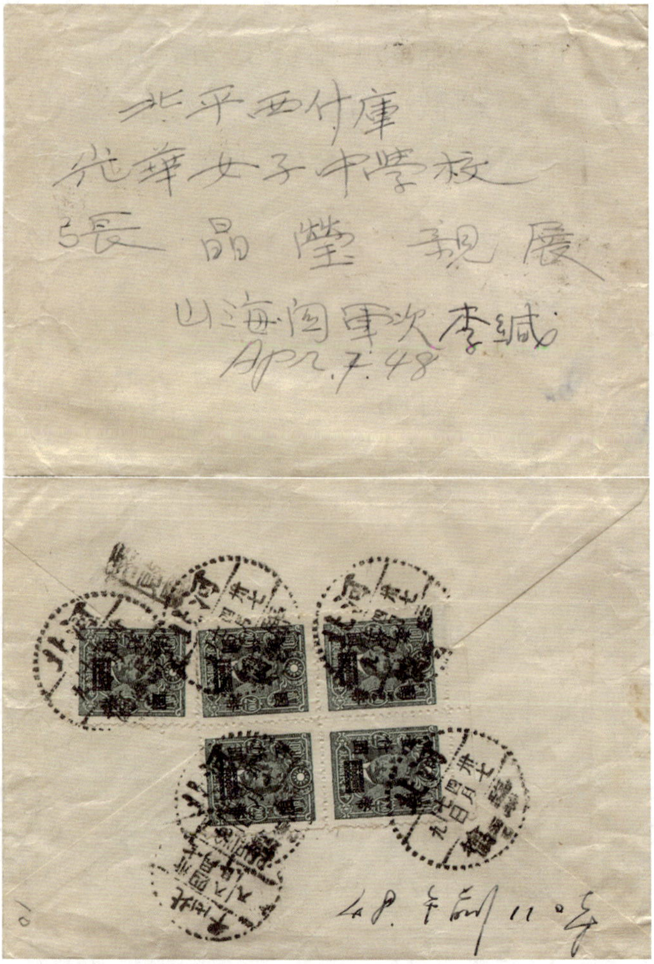

图 7 1948 年 4 月 10 日河北临榆（山海关）寄北平封

抗日战争胜利后，中华邮政接管华北沦陷区邮政。1946年10月12日，山海关邮局局名修正为“临榆（山海关）”，“河北/临榆（山海关）”日戳恢复使用，一直到1948年11月26日解放前一天。图7为1948年4月10日河北临榆（山海关）寄北平平信，贴孙中山像加盖改值邮票1000元5枚，符合平信5000元邮资，加盖“河北/临榆（山海关）”日戳。

图8 冀东军邮分局手工加盖“冀察热辽”100元/20元信销票上的“冀东/山海关”日戳

1948年11月27日，秦皇岛、山海关解放，成立秦榆市政府，统管两地。冀东军邮分局接管邮政，并带来“冀东/山海关”邮政日戳。如图8冀东军邮分局手工加盖“冀察热辽”100元/20元邮票，销“冀东/山海关”日戳，具体日期不清，根据相关邮政史料，推断为1948年12月某日。图9为1949年2月22日山海关寄天津双挂号信函，贴第二次加盖“冀东”改值邮票5000元/500元1枚，冀东区挂号信函邮资，销“冀东/山海关”日戳，此为笔者仅见的销“冀东/山海关”日戳的实寄封。

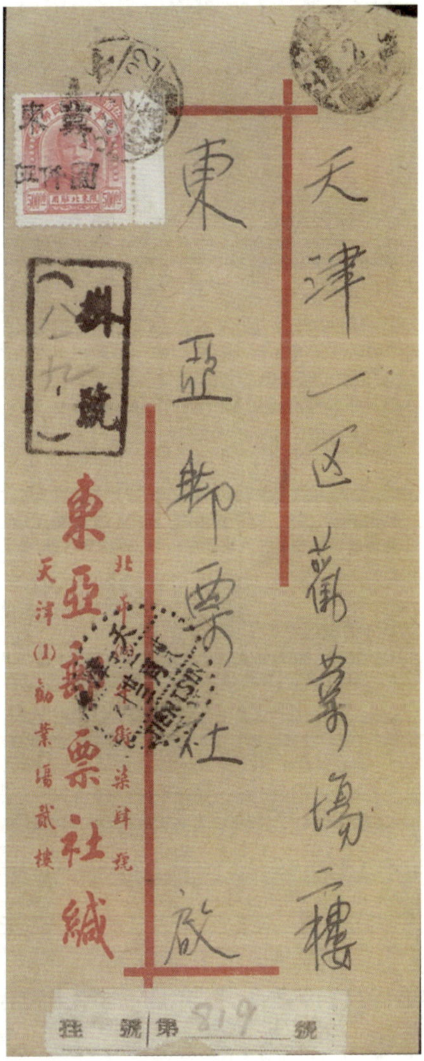

图9 1949年2月22日冀东山海关寄天津挂号信函（香港SPINK2020年1月拍卖会第6208号拍品）

但不久以后，又恢复使用原中华邮政“河北/临榆（山海关）”日戳，图10是1949年3月22日山海关寄北平平信，贴《第二次加盖“冀东”改值邮票》3000 元 /500 元 1 枚，冀东区平信邮资，销“河北 / 临榆（山海关）”日戳。

1949 年 3 月 1 日，山海关市成立后，划归东北区辽西省管辖，山海关邮局亦改称山海关市邮政局，但并没有及时启用东北区仿日式山海关局名日戳，“河北 / 临榆（山海关）”日戳至少沿用到 7 月初。图 11 是一枚山海关寄天津双挂号信函，贴东北区《第五版毛泽东像邮票》500 元 1 枚、1500 元 4 枚，符合东北区双挂号 6500 元邮资，加盖 1949 年 7 月 2 日“河北 / 临榆（山海关）”日戳。这是我所见“河北 / 临榆（山海关）”双地名日戳使用最晚的实例。

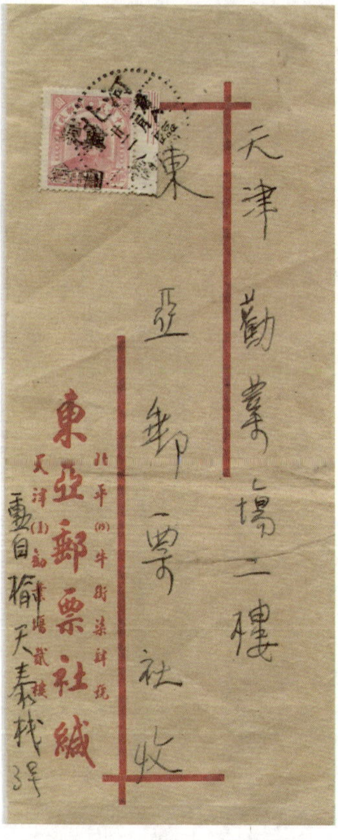

图 10 1949 年 3 月 22 日河北临榆（山海关）寄北平平信

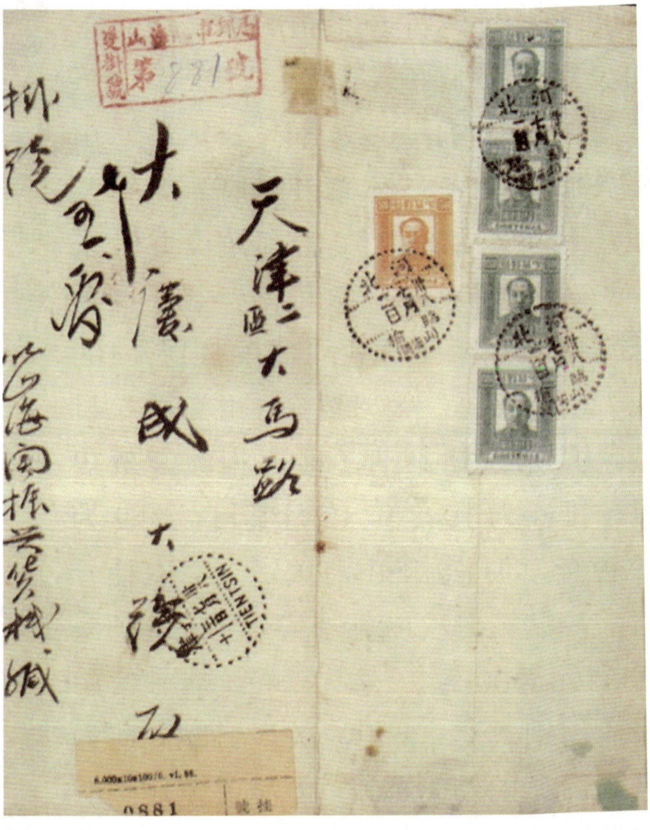

图 11 1949 年 7 月 2 日河北临榆（山海关）寄天津双挂号信函（Interasia Auctions Ltd 2016 年 6 月拍卖第 1171 号拍品）

与“河北 / 临榆（山海关）”双地名日戳相联系，有邮友问：山海关为何也称榆关？也有邮友问：山海关和榆关是一个地方吗？弄清这两个问题，首先要弄清何处是榆关。而何处是榆关，又众说纷纭。1979 年版《辞海》解释渝关为：“①古关名。一作榆关，又称临闾关、临渝关、临榆关。隋开皇三年（公元 583 年）筑，故址在河北秦皇岛市东山海关……一说在今河北抚宁东榆关镇。②旧时常用作山海关别称。”《辞海》释义榆关，是两种解释，不少人认为山海关就是榆关，其实是言之不确。山海关作为临榆县治所，故榆关被用作山海关的别称。秦皇岛本地历史学者康占忠对哪里是榆关素有研究，撰有《榆关考》，我亦赞同其立论观点。康占忠认为，明朝的一些史籍中，对榆关和山海关记载颇多，讲得也很清楚，没有丝毫含糊。《明统一志》载：“渝关在抚宁县东二十里，隋开皇间汉王谅将兵伐高丽，出临渝关即此。”“渝河在抚宁东二十里，南流至联峰山入于海。”这两条记载，将渝关与渝河联系在一起，渝关因河得名，临渝关即渝关，渝关下的渝河即今之戴河，南流至联峰山入海，联峰山下即名闻遐迩的避暑胜地北戴河海滨。所以，古渝关即今秦皇岛市抚宁区榆关镇。《明统一志》又载：“山海关在抚宁县东，其北为山，其南为海，相距不数里许。本朝魏国公徐达移渝关于此，改今名。”明洪武十四年（1381 年），大将军徐达发燕山等卫屯兵 15100 人，修永平、界岭三十二关，并移渝关于山海关。山海关为何也叫榆关，显然是明初徐达移关所致。

哪里是榆关，哪里是山海关，古人并不是傻傻分不清。历代吟咏榆关的诗词颇多，但所指各有不同，远的不说，仅举清代两例。陈廷敬《古榆关》诗中写道：“白草黄云出乱山，渝河东下古榆关。沙场多少征夫恨，行到长城惨客颜。”这里将榆关与渝河相联系，所指无疑是抚宁榆关。纳兰性德词写道：“山一程，水一程，身向榆关那畔行。夜深千帐灯。风一更，雪一更，聒碎乡心梦不成。故园无此声。”这里的榆关，一定是区分关内关外的“两京锁钥无双地，万里长城第一关”的山海关。

（原载《中国集邮家》2019 年第 1 期）

新中国成立前后山海关、青龙的东北区邮资

今天的秦皇岛市所辖各区、县，在中华人民共和国成立前后分属于不同的行政区划，因而邮政系统的隶属关系也不尽相同。

1949 年 3 月 1 日，秦山合一的秦榆市撤销，成立秦皇岛市，另立山海关市归辽西省管辖（图 1），山海关邮、电两局也改隶于辽西邮电管理局。直到 1952 年 10 月 23 日，山海关市划回河北省；翌年 3 月，划归秦皇岛市，改为市辖区。1949 年 3 月 8 日，原属冀东行署的青龙县划入热河省，1949 年 4 月 1 日，青龙县邮电局成立，由热河邮电管理局领导；同年 12 月，热河邮电管理局撤销，又划归辽西邮电管理局。

图 1 辽西省山海关市政府旧址

辽西省和热河省在解放战争后期成立于东北解放区，中华人民共和国成立后，两省仍隶属于东北行政区。山海关市和青龙县的邮政系统划入上述两省后，实行了与关内不同的东北区邮资。当时的东北区有在本区内流通的货币——东北流通券，也称东北币。按照东北邮电管理总局的规定，东北区邮政资费也按东北币计算。1949 年 3 月 5 日山海关划归辽西省时，东北区实行的是当年 2 月 10 日修订的国内各类邮件资费标准：平信本埠 1000 元、外埠 1500 元，单挂号另加 3000 元，双挂号另加 5000 元，优军邮件 1000 元。图 2，1949 年 8 月 16 日山海关同泰行货栈寄天津平信，贴东北区《中国共产党二十八周年纪念邮票》1500 元 1 枚，符合平信资费。图 3，1949 年 9 月 7 日中

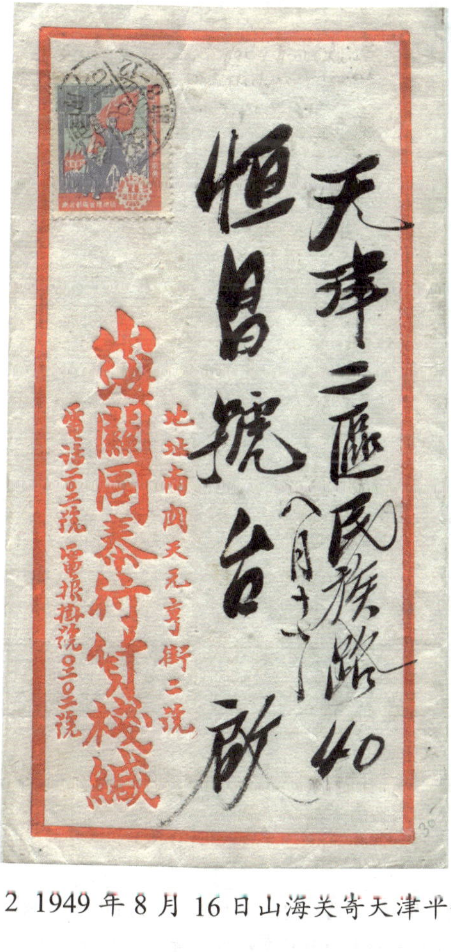

图 2 1949 年 8 月 16 日山海关寄天津平信

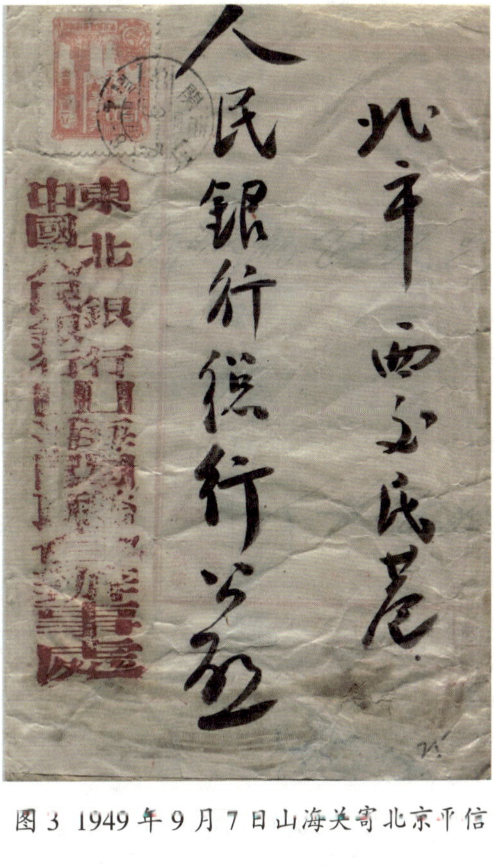

图 3 1949 年 9 月 7 日山海关寄北京平信

国人民银行、东北银行山海关联合办事处寄北京中国人民银行总行平信，贴东北区《八一五四周年纪念邮票》1500元1枚，符合平信资费。

1949年11月10日，东北邮电管理总局调整国内各类邮件资费：平信本埠2500元、外埠5000元，单挂号另加15000元，双挂号另加30000元，优军邮件2500元。图4，1950年6月16日山海关寄河北乐亭单挂号信函，贴东北区《第六次加盖“改作”改值邮票》20000元/4500元1枚，符合单挂号信函资费。图5，1950年7月18日青龙寄第四野战军第46军136师后勤部优军邮件信函，贴东北区《第六次加盖“改作”改值邮票》2500元/1500元1枚，符合优

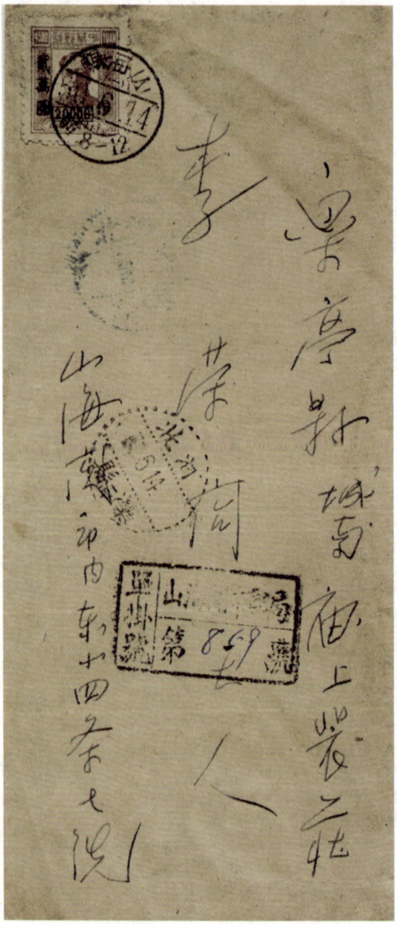

图4 1950年6月16日山海关寄河北乐亭单挂号信函

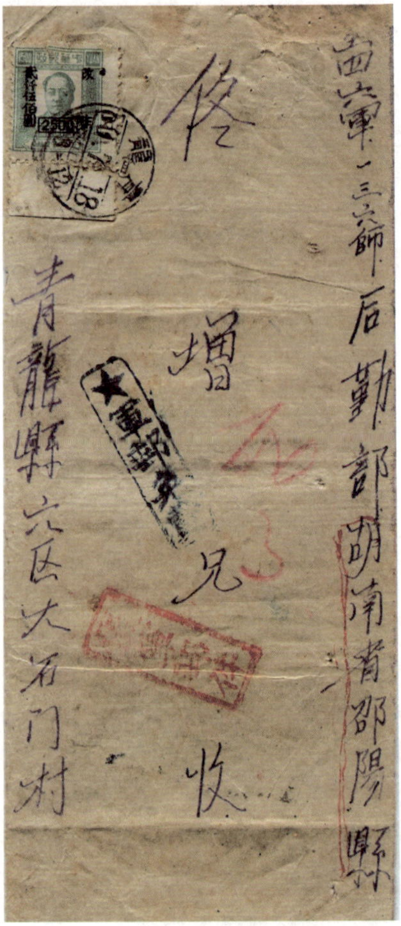

图5 1950年7月18日青龙寄第四野战军第46军136师后勤部优军邮件信函

军邮件信函资费。

1950 年 11 月 10 日起，东北邮电管理总局调整部分国内邮资平信为 5000 元，优军邮件 2500 元未变，挂号改为另加 7500 元，双挂号改为另加 15000 元。图 6，1950 年 11 月 12 日青龙寄第 48 军司令部优军邮件信函，贴《普东 1 天安门图案（东北贴用）普通邮票》5000 元 1 枚，比照东北区优待军人和军属平信资费减半的规定多贴 2500 元，邮局加盖了“过贴承认”戳记，表示属于寄信人自愿多贴，责任不在邮局。后此封因地址不详被批退。

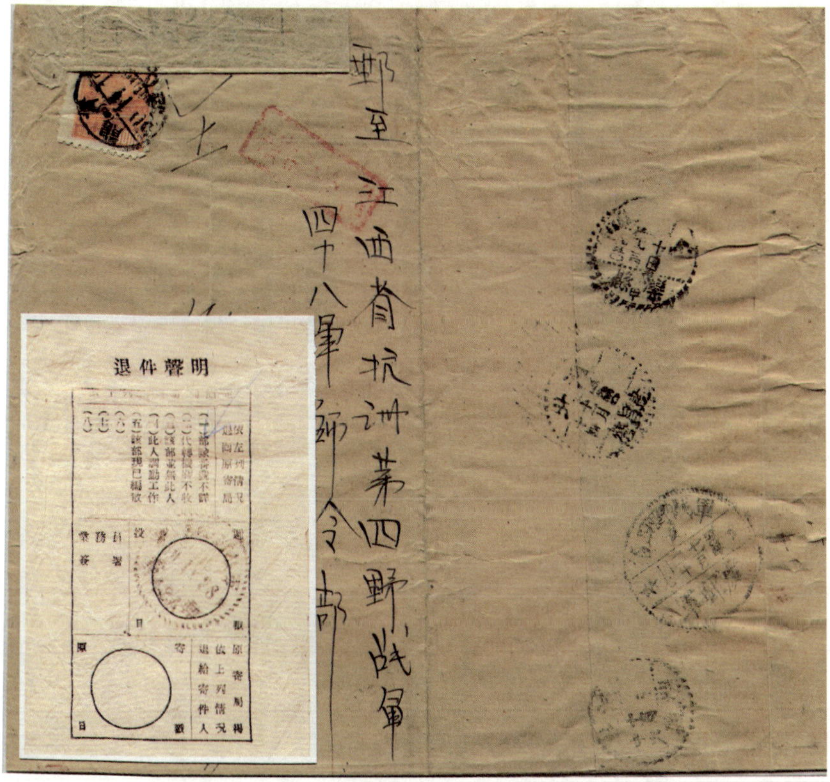

图 6 1950 年 11 月 12 日青龙寄第 48 军司令部优军邮件信函

1951 年 4 月，邮电部东北邮电管理局供调第 221 号文件指示各业务局，自 1951 年 5 月 1 日起停止发售东北币邮票，统一发售人民币邮票。因当时东北币与人民币的比价为 9.5 比 1，东北币 5000 元的平信邮资折合人民币约 525 元，低于邮电部制定的全国统一的平信 800 元资费，故设为期两个月的过渡期，也就是说在 5 月 1 日至 6 月 30 日期间，东北区的平信资费为人民币 525 元，其余类推折算。图 7 是 1951 年 6 月 30 日山海关寄抚宁封，贴《普 3 天安门图案普通邮票》500 元、《改 8“中华邮政单位邮票（上海大东版）”加字改值》25 元 / 平信各 1 枚，即为当时的平信邮资，且为邮资过渡期尾日。东北区邮资过渡期实寄封，是新中国改 8 和《改 9“中华邮政单位邮票（香港亚洲版）”加字改值》两套邮票使用的正例，邮资史、邮票

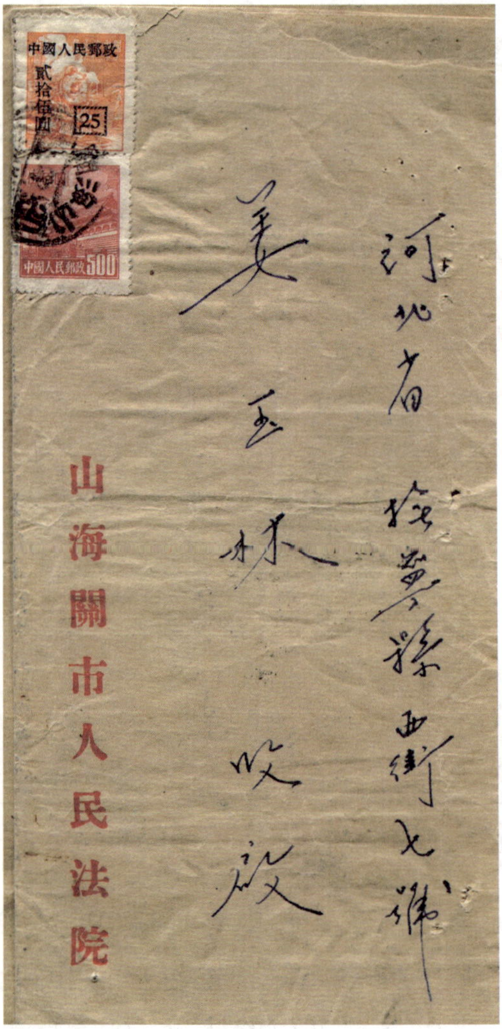

图 7 1951 年 6 月 30 日山海关寄抚宁平信

史的地位都很重要，因而这类实寄封是新中国传统集邮和邮政历史集邮展品中不可或缺的重要素材，因其时间短、存世少，收集颇有难度。

附表：东北区国内信函资费简表

开始实行日期	普通资费		特殊资费				备注
	平信		快递	单挂号	双挂号	优军邮件	
	本埠	外埠					
1949.2.10	1000	1500		+3000	+5000	1000	①
1949.11.10	2500	5000		+15000	+30000	2500	
1950.1.1	2500	5000	+5000	+15000	+30000	2500	
1950.11.10	2500	5000	+5000	+7500	+15000	2500	
1951.4.1	260	525	1050	1315	2105	260	②
1951.5.1	260	525	1050	1310	2100	260	③
1951.7.1	400	800	+800	+1200	+1200	400	④

①热河省邮电管理局所辖地区（含青龙县）实行日期为1949年2月26日。

② 1951年4月1日起东北区实行人民币邮资，东北币邮票面值折合人民币计算使用。

③ 1951年5月1日起东北区过渡期人民币邮资单挂号1310元、双挂号2095元，5月5日调整双挂号为2100元，均含基本邮资。

④ 1951年7月1日起东北区实行全国统一的人民币邮资，优军邮件邮资人民币400元执行至8月31日。

（原载2005年4月26日《中国集邮报》，

原题为《建国初期山海关、青龙的东北区邮资邮戳》）

新中国成立前后山海关、青龙的东北区邮政日戳

中华人民共和国成立前后，东北邮区不仅实行与关内人民币邮资不同的东北币邮资，而且也使用与关内三格式邮政日戳不同式样的邮政日戳。

东北区独特的仿日式邮政日戳因其戳内上下月牙图形与木梳相似，故又称为梳式日戳。这种款式的日戳也同样在山海关市和青龙县内使用。如果细分，也会发现它们的某些差异。如果以图1所示基本戳式为例，整个戳面可分为A、B、C、D、E等5个区域：A区为局名，B区和D区为梳形上下月牙，C区为年月日字钉，E区通常插入字钉“前8—12”“后0—8”，表示上下午时间，实际使用时不是特别严格，也有插成“前0—8”“前0—12”的情况。仿日式邮戳格式有变通情况，如图2，山海关转汇办事处戳记，A区地名“山海关”，B区和D区为梳形上下月牙，C区为年月日字钉，E区未刻午前午后时间，刻成“转汇办事处”。图3所示宁夏石嘴山寄义院口外封，加盖1950年8月6日山海关中转日戳，此戳记未区分A、B

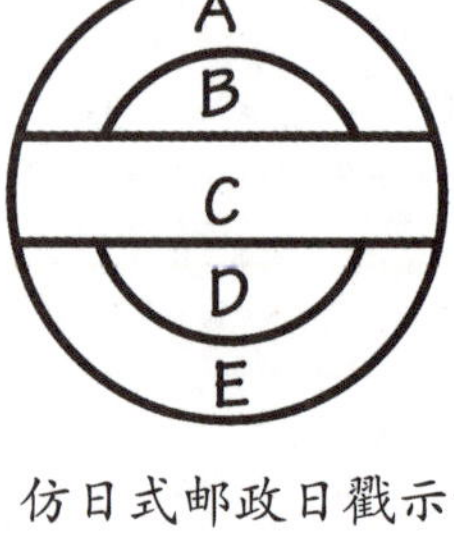

图1 仿日式邮政日戳示意图

图2 1951年9月7日
山海关转汇办事处日戳

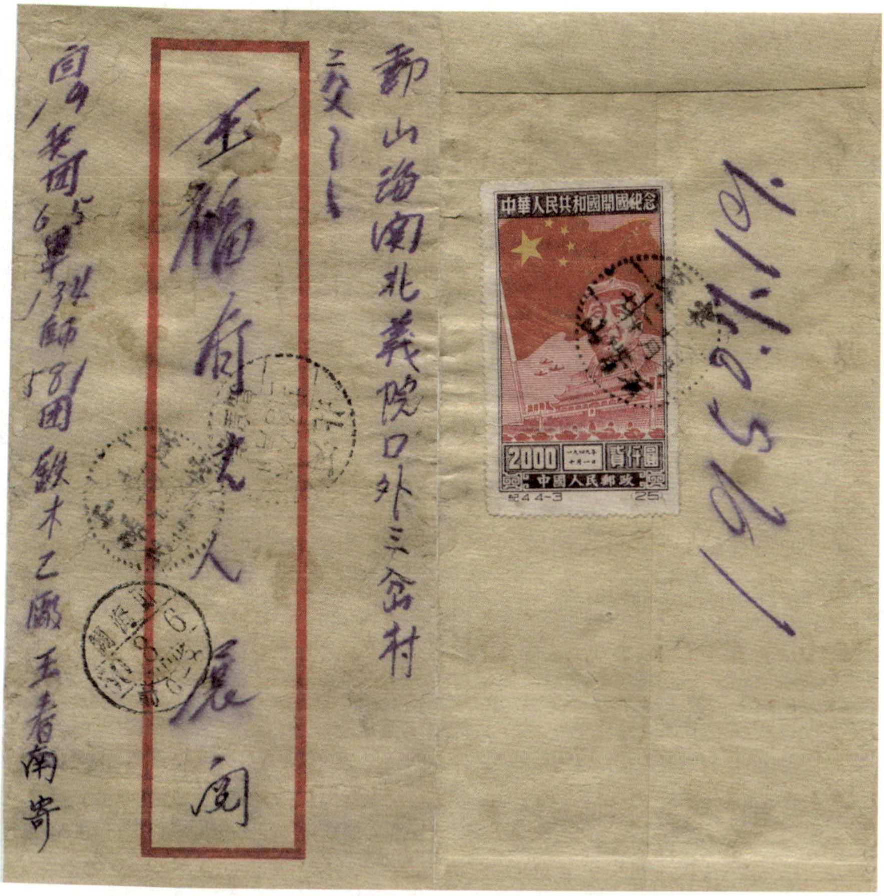

图 3 1950 年 7 月 20 日宁夏石嘴山寄山海关中转挂号信函

两区，局名山海关与图 2 的弧形排列不同，是直排。图 4 所示 1951 年 3 月 19 日山海关日戳，上半部并未区分 A、B 两区，而是刻成"山海关（一）"，表示局名和戳号，没有上月牙。同式戳记还有"山海关（五）"号，如本书《新中国成立前后山海关、青龙的东北区邮资》一文图 3 所示，1949 年 9 月 7 日山海关寄北京平信，加盖"山海关（五）"号戳记。同式应当还有"（二）（三）（四）"号戳记。同属东北邮区的青龙县邮局，也有同式日戳使用，如图 5 是 1950 年 12 月 18 日青龙寄辽东省东丰县平信，加盖"青龙（四）"号日戳。

青龙县邮局所属的各代办所日戳，格式又有所不同。如图 6 所示 1951 年 6 月 4 日青龙三岔口邮政代办所日戳，A 区刻代办所名"三岔

图 4 1951 年 3 月 19 日山海关（一）日戳

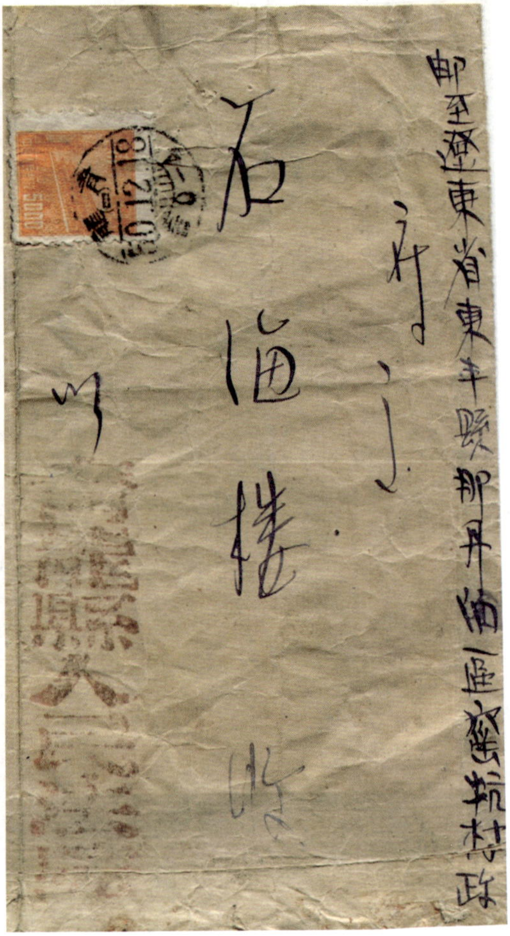

图 5 1950 年 12 月 18 日青龙寄辽东省东丰县（今属吉林省）平信

口”，B 区刻主管局名“青龙”，D 区刻一“办”字表示代办所，上下月牙内的梳齿不见了，都刻成了文字，可谓充分利用了戳面空间。同式戳记，见于土门子、龙王庙、双山子等代办所日戳。图 7 是青龙龙王庙邮政代办所寄建昌双挂号封，贴《普 6 不同图案普通邮票》车工图 800 元 4 枚，合计邮资 3200 元，符合双挂号邮资，加盖 1954 年 3 月 5 日青龙龙王庙仿日式日戳。余者不再一一列举。

图 6 1951 年 6 月 4 日青龙三岔口日戳

关于山海关、青龙仿日式日戳的行用时间，未见档案文献记载。

关于启用时间，1949 年 3 月 1 日山海关市成立，山海关邮局改隶于辽西邮电管理局，并没有及时更换仿日式邮政日戳，直到 1949 年 7 月初，集邮者见到的山海关最早的仿日式日戳为 1949 年 7 月 6 日。如图 8，山海关寄北平印刷品信函（中国嘉德 2017 春季拍卖会邮品第 6535 号），贴东北区第 2 版毛泽东像邮票 100 元 5 枚，符合平寄印刷品初重邮资，销 1949

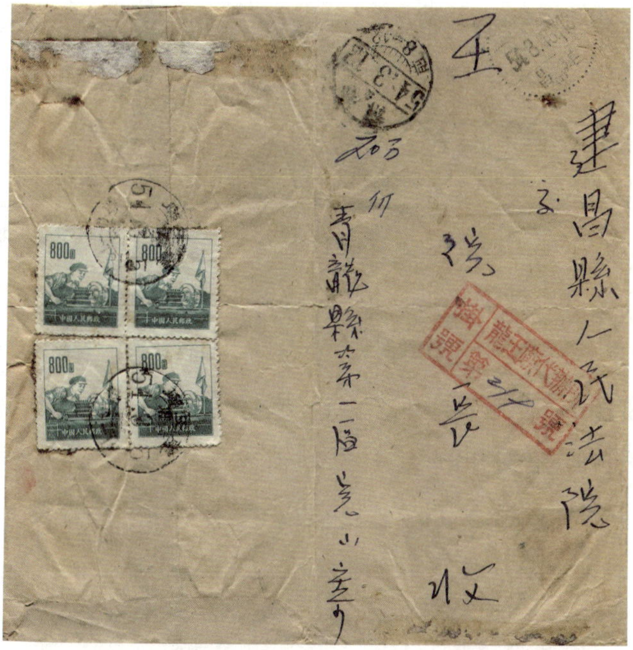

图 7 1954 年 8 月 28 日青龙龙王庙寄建昌双挂号信函

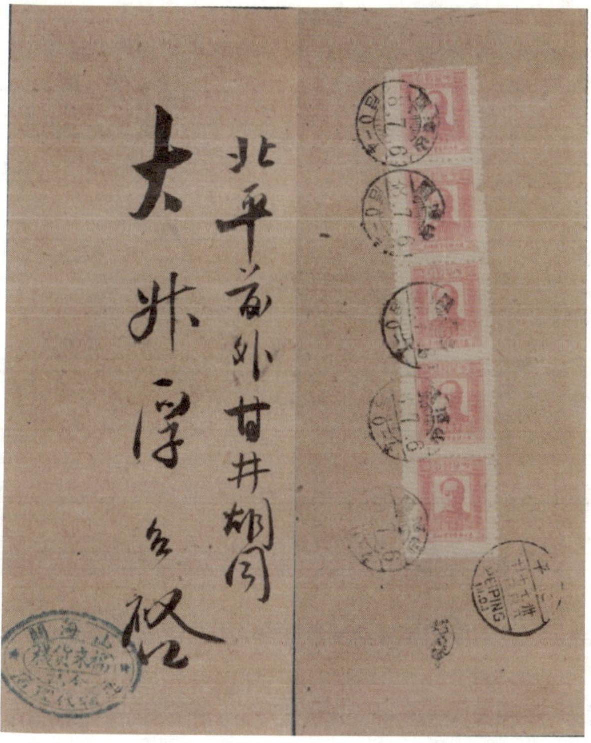

图 8 1949 年 7 月 6 日山海关寄北平印刷品信函
（中国嘉德 2017 春季拍卖会第 6535 号邮品）

年 7 月 6 日山海关仿日式日戳。1949 年 4 月 1 日，青龙县邮电局成立之初，先后属于东北行政区的热河邮电管理局和辽西邮电管理局管理，使用东北区日戳较早，可惜存世实寄封难以收集。

关于停用时间，1952 年 10 月 23 日山海关市划回河北省后，仍然沿用仿日式日戳，较晚的可见于山海关寄秦皇岛平信（图 9），贴《纪 19 中国人民志愿军出国作战二周年纪念》邮票 800 元 1 枚，加盖 1954 年 7 月 8 日山海关日戳 。1954 年复设热河邮电管理局时，青龙县邮局划回，沿用的仿日式日戳可见于青龙寄郭家店封（图 10），贴《普 7 天安门图案普通邮票》800 元 1 枚，符合平信邮资，加盖 1954 年 8 月 28 日青龙仿日式日戳，8 月 31 日郭家店到达戳，因查无此人退件，9 月 9 日经热河平泉中转退回原寄局。

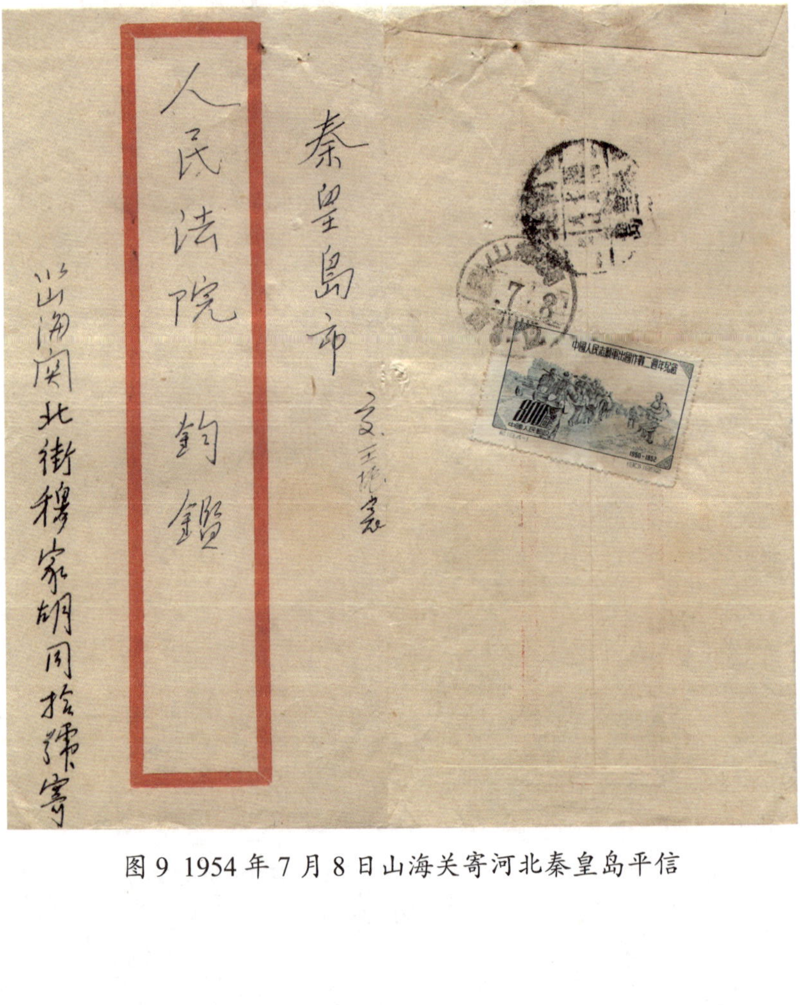

图 9 1954 年 7 月 8 日山海关寄河北秦皇岛平信

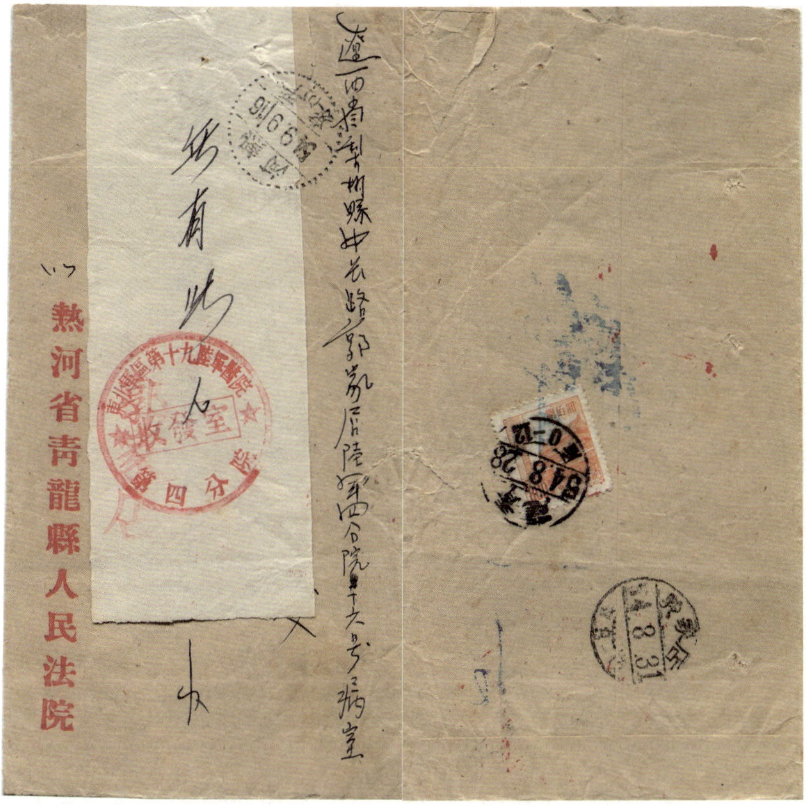

图 10 1954 年 8 月 28 日青龙寄郭家店平信

（原载 2005 年 4 月 26 日《中国集邮报》，
原题为《建国初期山海关、青龙的东北区邮资邮戳》）

山海关车站有没有邮政支局？

上海拍卖行 2015 年秋季邮品拍卖会第 767 号拍品是一件 1951 年 5 月 23 日山海关寄天津双挂号实寄封（见下图），据我所知，此封原为日本著名集邮家水原明窗的藏品，见于其《华邮集锦 / 中国东北邮政史》专集最后一个贴片。此封估价 1 万元，最后以人民币 2.99

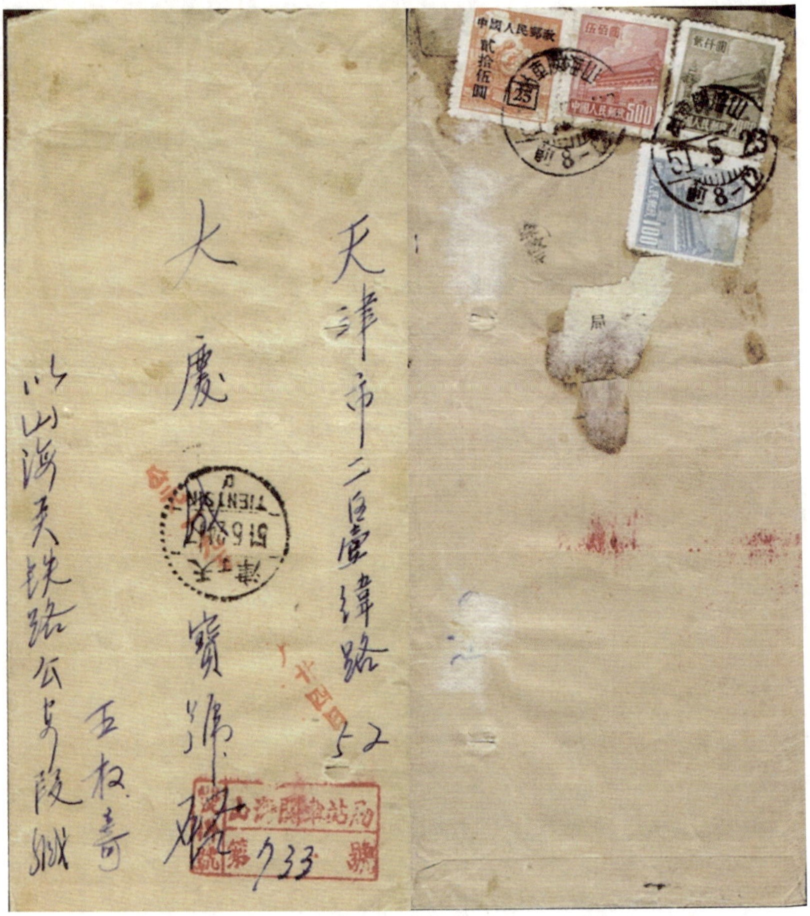

1951 年 5 月 23 日山海关车站寄天津双挂号信函

万元（含佣金）成交，被上海集邮家胡不为拍得。

仔细观察此封，封正面书写的寄信人为山海关铁路公安段王权，收信人为天津大庆成商号，加盖矩形“山海关车站局 / 双挂号 / 第733（手填）号”戳记，天津1951年5月24日落地日戳，另有一斜向加盖的“公元一九五一年五月廿四日”红色戳记；背贴《普3天安门图案普通邮票》100元、500元、2000元各1枚，《改8“中华邮政单位邮票（上海大东版）”加字改值》25元 / 平信1枚，销票日戳为山海关车站1951年5月23日，封背并粘有挂号残条。尽管信封书写自然，邮票为原贴，邮戳印记陈旧，但是我对这枚封上的“山海关车站”日戳，还是有些疑惑。新中国成立初期，山海关邮局设在兴隆街与赵家胡同交叉处的原伪海（税）关一座两层楼内，距火车站不过几百米，有必要在车站另设支局吗？再说，秦皇岛地区邮政，包括北戴河和山海关，先后属于天津邮界、直隶邮区、河北邮区、天津邮区，历代管局历史档案保存非常完整，1993年整理出版公开发行的《天津邮政史料》五辑六册，对辖区内解放前每一处局所的设立均有记载，包括1905年设立的山海关城内支局，独不见山海关车站支局设立于何时。再查《秦皇岛邮电志》所列《秦皇岛市区邮政局所设置情况表1899—1990》也没有山海关车站支局的情况。新中国成立之初，山海关邮局在火车站到底有没有开设支局呢？

我想起山海关邮局1950年入局的丁宝良先生，丁老曾经在2004年6月30日亲自陪同我和时任秦皇岛市集邮协会副秘书长的马军一起实地踏查山海关汇通转递局旧址的方位，希望他也能够帮助我解开山海关车站邮政支局的疑问。因近年没有联系，老人的住址、电话都变了，经过秦皇岛市集邮协会原秘书长梁艳芝的热情帮助，才得以恢复联系，首先是通电话，然后登门拜访，请丁老看了前述实寄封复印件。丁老说，1950年1月12日，他入局时就有山海关车站支局了，车站支局应当是成立于1949年下半年，是在山海关邮局接车组的基础上组建的，地点紧邻寄信人所在的铁路公安段。1950年6月下旬到8月初，他在车站支局做了两个月营业员。当时，车站支局有两项任务，一是接发火车邮件，二是窗口营业。原有支局长一人，调往他处，位置空缺。接车组有杨印成、周凤林、翟守义、贺玉山等四人，杨印成是组长。车站支局办理函件、包裹、汇兑业务，由市局直接管理，因业务量不大，就他一个营业员。据史料记载，1952年11月28日，山海关邮政、报话两局合并为山海关邮电局。据丁老回忆，1953年5月，邮局由兴隆街迁到火车站报话局原址营业，车站支局遂告撤销。这样算起来，新中国成立后的山海关车站邮政支局从设立到撤销，存在时间仅三年多一点。

丁老的回忆，可以与史志某些记载相互印证。根据《秦皇岛邮电志》记载，1949年，山海关邮局有33人，营业组5人，收发组9人，接车组8人，投递组5人，城内支局2人。这接车组8人的工作任务是什么？原来，1878年清政府委托海关试办邮政时，就开辟了冬季天津经山海关转运的骑差邮路。1893年京榆铁路通车后，开始接发津榆间的火车邮件。1911年京奉铁路全线通车，成为中国长江以北经过俄国西伯利亚铁路到欧洲的国际邮件运输干线，山海关邮局成为重要的邮件转口局，1922年每日接发火车十余趟。1949年中华人民共和国成立，华北与东北直通火车，山海关失去了以往的关内外邮件转口局地位。20世纪50年代，每日仅接发5趟火车。丁老作为亲历者口述的接车组改建为山海关车站支局的历史，足以弥补史志的疏失遗漏。

心中疑问消除了，再看这枚山海关车站双挂号实寄封，就显得弥足珍贵。寄信时适逢东北区与关内统一使用人民币邮资的过渡期，东北币与人民币的比价为9.5比1，东北币5000元的平信邮资折合人民币约525元，低于邮电部制定的全国统一的平信800元资费，寄一封平信由原来的东北币5000元改为人民币800元，相当于增加邮资。因此，规定在5月1日至6月30日期间为过渡期，平信资费按人民币525元执行，其余快信、挂号等信函资费类推。这枚山海关车站寄天津邮资过渡期双挂号封，贴《普3天安门图案普通邮票》100元、500元、2000元各1枚，《改8“中华邮政单位邮票（上海大东版）”加字改值》25元/平信1枚，合计邮资2625元，查当时的双挂号邮资组成，应为平信525元+挂号785元+回执790元，合计2100元。此信贴邮票2625元，超出525元，属于加收一档超重资费525元。东北过渡期邮资实寄封，是改8、改9两套邮票使用的正例，邮资史、邮票史的地位都很重要，因而这类实寄封是新中国传统集邮和邮政历史集邮展品中不可或缺的重要素材。因邮资期时间短，收集颇有难度，加之双挂号实寄封投寄少，存世更少，市场价格自然不菲。

（原载《上海集邮》2017年第10期）

青龙县的热河省名邮政日戳

今青龙满族自治县位于河北省东北部，境内有青龙河，故取河名为县名。建县以前，县域归河北省迁安、抚宁、临榆三县分别管辖。1931 年 2 月 13 日民国政府批准设立都山设治局，筹建都山县，县名源自境内最高山峰都山，属河北省。1933 年县境被日伪侵占后，改建为伪青龙县，属伪满洲国热河省。抗日战争胜利后，1946 年 1 月 1 日成立青龙县人民政府，1949 年 3 月 8 日划归热河省管辖，1956 年 1 月 1 日热河省撤销后划回河北省承德专区，1983 年 5 月划归秦皇岛市。

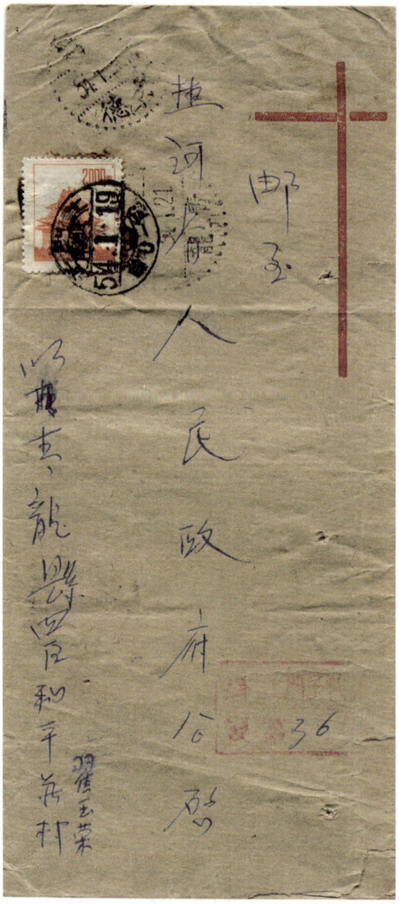

图 1 1954 年青龙土门子寄承德单挂号信函

1949 年 4 月 1 日青龙县邮电局成立时，由热河邮电管理局领导，同年 12 月热河邮电管理局撤销后划归辽西邮电管理局，1954 年热河邮电管理局复设后划回，1956 年 1 月热河省撤销，划归河北省承德地区邮电局，1983 年 5 月划归秦皇岛市邮电局。

1954 年热河省邮电管理局复设后，在辖区内各邮局陆续停用原来东北区普遍使用的仿日式日戳，改用刻有“热河”省名的三格式日戳。从使用时间上说，在我收集到的实寄封中，最早的一枚刻有热河省名的日戳是1954年1月21日“热河/青龙（丁）”中转戳，盖在1954年1月19日由青龙土门子寄承德的挂号信上（图1），这枚三格式戳记上部与土门子代办所销票戳重合，虽然上格“热河”两字不清，但是根据再晚些时候使用的青龙日戳图样（图2），可以判断为“热河”无疑，中格年月日和下格“青龙（丁）”可辨。从这枚封上看，县局营业日戳1954年1月已改换为刻有热河省名的新戳，而且1月21日不会是首日使用，新戳下发的时间会更早几日，而土门子邮政代办所仍在使用原来的东北区仿日式日戳。当然，收信局承德的落地戳，作为热河省会所在地邮局使用的日戳，也是刻有省名的“热河/承德”新戳。由此看来，当年热河省内更换邮政日戳时，由于各种客观条件的限制，还做不到一刀切，说换就全部更换，而只能是由上而下地陆续更换。我认为，这种刻有热河省名的邮政日戳，使用时间最长不过两年，它最早可能于1954年1月1日启用，至1956年1月1日热河省撤销后即停用。另外，因为代办所更换日戳较晚，还有一些新建局所，其热河省名日戳使用时间更短。

图2 1955年2月26日
热河青龙（丁）日戳

从使用范围上说，青龙县邮电局除了在驻地大杖子设邮政营业室外，还辖有1950年开设的双山子邮政代办所（图3），1952年开设的木头凳邮政代办所，1953年开设的三岔口邮政代办所（图4）、土门子邮政代办所（图5）和龙王庙邮政代办所，1954年开设的肖营子邮政代办所和八道河邮政代办所。当年青龙的热河省名邮政日

图3 1954年6月29日
热河青龙双山子日戳

图4 1954年11月11日
热河青龙三岔口日戳

图5 1954年7月2日
热河青龙土门子日戳

戳还包括了在 1963 年由青龙县析出、今天隶属承德市的宽城满族自治县境内使用的情况，如峪耳崖、板城、汤道河、宽城等邮政代办所日戳。这些邮政处、所，在 1954 年先后启用刻有“热河”省名的新式邮戳。

从日戳式样上说，热河省内大地名（县局以上）是点线外框三格式日戳，如图 2，“热河 / 青龙（丁）”1955 年 2 月 26 日日戳；小

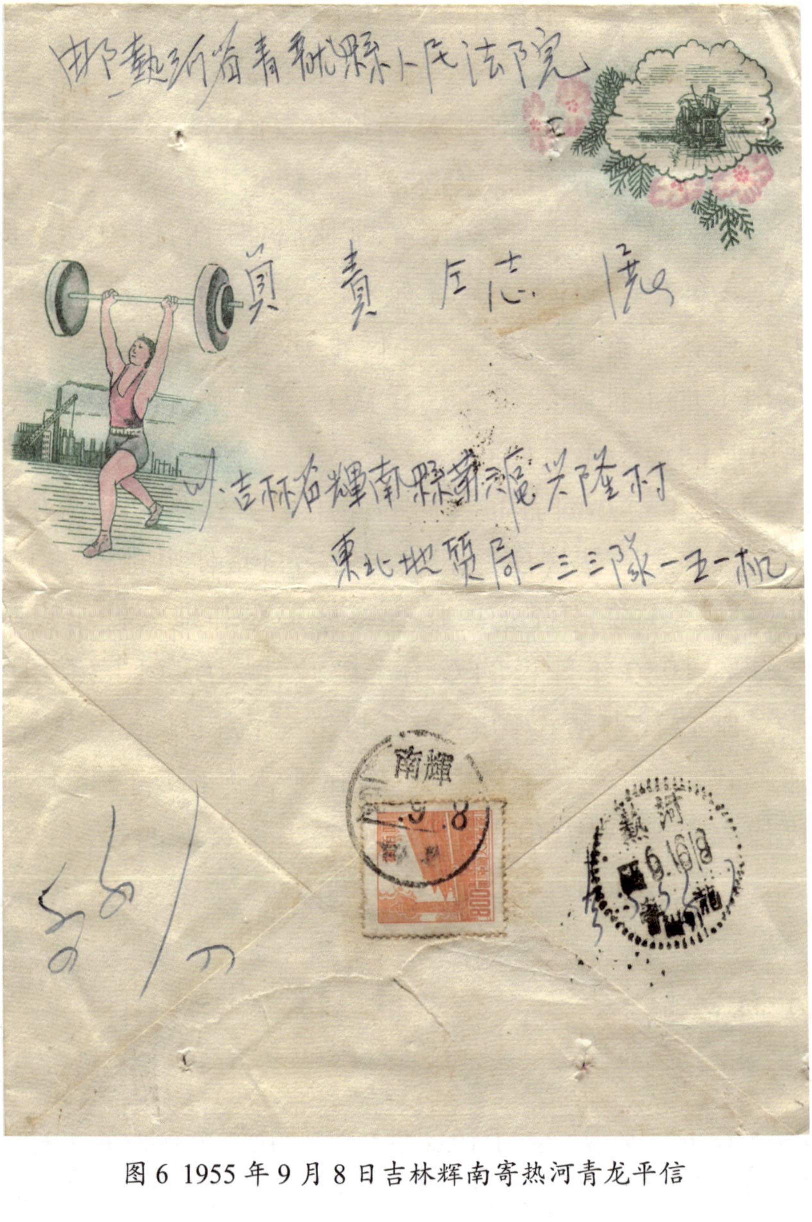

图 6 1955 年 9 月 8 日吉林辉南寄热河青龙平信

地名则是实线外框三格式日戳，如图 3、图 4 所示，分别销“热河 / 青龙双山子”代办所 1954 年 6 月 29 日日戳和“热河 / 青龙三岔口”代办所 1954 年 11 月 11 日日戳。在大地名日戳中，首批下发的戳面文字自右向左读，如图 2 所示，因为它与图 1 所示 1954 年 1 月 21 日“热河 / 青龙（丁）”是同一把日戳所盖戳记，所以可以认定为首批下发；由于首批下发的日戳戳面文字自右向左读，与邮政总局 1950 年 4 月 10 日通令关于邮政日戳戳面文字自左向右读的规定不符，以后增发的戳面文字改为自左向右读，如图 6 所示，吉林辉南寄青龙封上的 1955 年 9 月 10 日“热河 / 青龙（ 封甲）”落地戳，戳面文字即自左向右读。在小地名日戳中，可能是因为下发时间相对较晚，戳面文字全部是自左向右读。但是，下格中的小地名不是像大地名

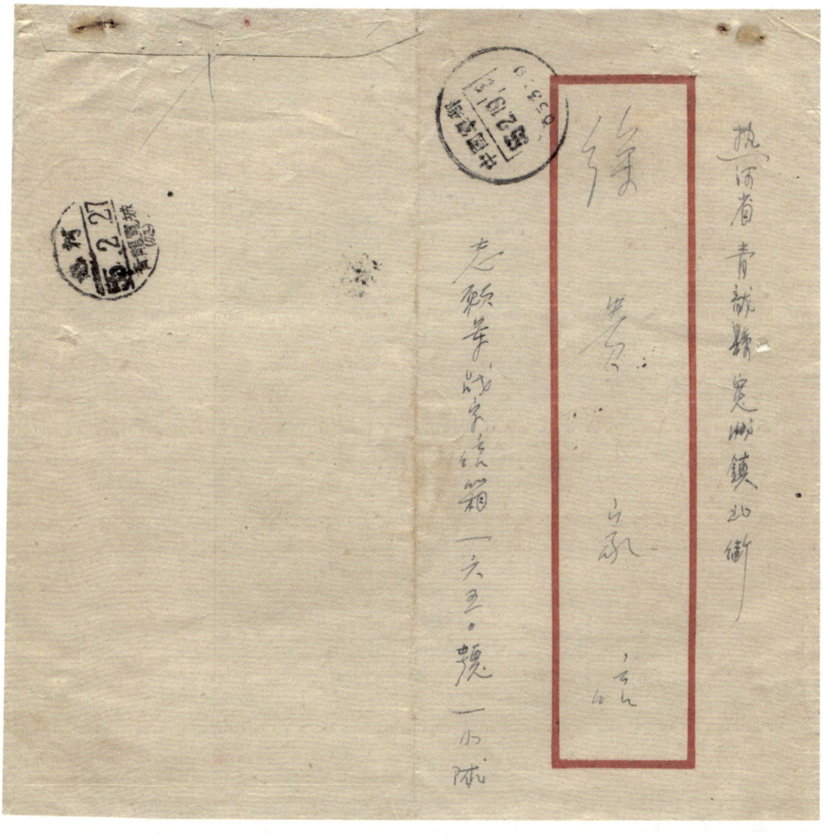

图 7 1955 年 2 月 19 日志愿军战字信箱 1650 号寄热河青龙宽城军邮平信

那样直线横排，而是刻成弧形排列，如图 3 所示戳记下格中“青龙双山子”、图 4 所示戳记下格中“青龙三岔口”、图 5 所示戳记下格中“青龙土门子”，都是沿外框呈弧形排列。值得注意的是，双山子、宽城等邮政代办所在 1954 年 11 月以后升格为营业处以后，其日戳下格文字改为直线横排，并加刻了“处”字和戳号，如在志愿军战字信箱 1650 号寄青龙宽城镇军邮封上，落地戳为 1955 年 2 月 27 日“热河 / 青龙宽城（处）”（图 7）。

（原载 2005 年 6 月 21 日《中国集邮报》）

【改革开放篇】

中华全国集邮联合会付会长
中国邮票公司总经理 题词

提倡集邮为社会主义精神文明作贡献

庆祝秦皇岛市集邮协会成立

常兴民

回顾秦皇岛市举办的第一个邮票首发式

1995年10月5日上午9时30分，《普28长城》系列邮票首次发行仪式在山海关“天下第一关”城楼前举行。这是秦皇岛市有史以来第一次举办邮票首发活动。

《普28长城》是长城系列普通邮票中的第一套，设计者杨文清、李德福，影写版，北京邮票厂印刷，全组共三枚，其中：金山岭一枚（图1），60分，适用于港澳台地区20克以下平信和国内航空挂号信函资费；山海关一枚（图2），面值230分，适用于国际航空明信片资费（160分+70分）；老龙头一枚（图3），面值290分，适用于20克以下国际航空信函资费（220分+70分）。山海关和老龙头都在秦皇岛市境内，分别是国务院1961年公布的第一批全国重点文物保护单位，1987年12月经世界遗产委员会批准，作为长城的一部分被列入世界文化遗产名录。

图1《普28长城》
3-1 金山岭

图2《普28长城》
3-2 山海关

图3《普28长城》
3-3 老龙头

山海关在秦皇岛市区东北，扼辽西走廊西端，素有“两京锁钥无双地，万里长城第一关”之称。这里北依燕山，南临渤海，东有欢喜岭，西有石河，自古以来就是华北通往东北的雄关险隘、咽喉要塞。山海关始建于明洪武十四年（1381年），直到明朝末年，经过不断增修，逐步形成一座完整的军事防御工程体系。山海关城外有城，即东西有罗城，南北有翼城。山海关城辟有四门，东曰“镇东”，西曰“迎恩”，南曰“望洋”，北曰“威远”。各门均筑有城楼，东门“镇东楼”上悬挂巨型“天下第一关”匾额，为明代当地人萧显所书，该匾额恰如其分地体现了山海关城的雄伟壮丽，从而使山海关名气大增，“天下第一关”之称不仅代替了“镇东楼”，还逐渐成为整个山海关的代称。1979年6月25日发行的《T.38M 万里长城（小型张）》邮票，万维生设计，影写版，北京邮票厂印刷。小型张票名《万里长城 · 山海关》，主图即是天下第一关城楼（图4）。同年8月25日发行的《J.41M 里乔内第31届国际邮票博览会（小型张）》由《T.38M 万里长城（小型张）》加字而成（图5），还是由万维生设计，影写版，北京邮票厂印刷。只是当时没有开放意识，没有举行首发式的先例。另外，1995年5月18日发行的《FP1 河北风光》邮资明信片A/B两组，赵玉华设计，彩色胶版，深圳当纳利旭日印刷有限公司印刷，A组为国内邮资15分，B组为国际航空邮资230分，每组全10枚，其中第3枚图画面和邮资图也都选取了孙忠摄影的天下第一关（图6—图8）。

图4《T.38M 万里长城（小型张）》：万里长城 · 山海关

图 5《J.41M 里乔内第 31 届国际邮票博览会（小型张）》：万里长城 · 山海关（小型张加字）

图 6《FP1 河北风光》邮资明信片 A/B 组 10-3：天下第一关（图画面）

在与邮票主题相关的城市举办首发庆祝活动，始于 20 世纪 80 年代末，但都是为某一套纪念邮票或者特种邮票而举行，为发行普通邮票而举办首发式还没有先例。因此，《普 28 长城》邮票发行，秦皇岛市办不办首发式，好像决策层也有过犹豫。当时，我曾以一名普通集邮爱好者的身份，打电话给市政府办公室，请值班秘书转

图 7《FP1 河北风光》邮资明信片 A 组 10-3：天下第一关

图 8《FP1 河北风光》邮资明信片 B 组 10-3：天下第一关

告赵铁练市长，邮票乃国家之名片，借国家发行山海关、老龙头普通邮票之机，举办首发式，宣传秦皇岛，扩大影响，提高知名度，机会难得，机不可失。

国庆节后，我收到了中共秦皇岛市委办公室、秦皇岛市人民政府办公室的大红请柬。请柬内页文字称：

为庆祝长城系列邮票的首次发行，秦皇岛市委、市政府定于1995年10月5日上午9：30在秦皇岛市山海关区天下第一关城楼前举行“长城系列邮票首次发行仪式”，恭请您届时光临。谢谢！

一九九五年九月二十八日

1995年10月5日，《普28长城》邮票首发式如期举行。天下第一关城门上方挂起红底白字的横幅，上书：“长城系列邮票秦皇岛首发式”，城楼前广场上摆放了各种盛开的鲜花，山海关古城秧歌队扭起了欢乐的地秧歌。

首发式开始后，邮电部邮政司副司长龚达才宣读了发行通知。国家邮政总局领导和秦皇岛市领导一起为邮票图样揭幕。国家邮政总局局长张关基和秦皇岛市市长赵铁练分别发表了讲话。张关基说，今天发行的这套邮票，是经过精心选题、精心设计的。发行目的旨在向世界各地介绍中华民族的象征——万里长城，以此推动我国与世界各国的交流与联系。赵铁练说，这套邮票的发行，是我市政治、经济、文化生活中的一件具有重要意义的事件，是秦皇岛进一步走向世界的又一契机。由于这套邮票的发行，天下第一关和老龙头的雄姿，将伴随着鸿雁传书，传播到世界各地，进入有着各种肤色、说着各种语言的朋友们的视野和心中，将大大提高秦皇岛及山海关在全世界的知名度，对秦皇岛市的对外开放、招商引资和经济发展，以及与国际间的友好交往将起到极大的促进作用。

秦皇岛市、山海关区党政领导和集邮爱好者代表以及各界群众数百人赶来参加首发仪式，并登临天下第一关游览。

此后，山海关又三次荣登方寸。1999年3月1日发行的《普29-4万里长城（明）（第四组）》邮票，杨文清、李德福设计，北京邮票厂印刷，其第2枚，又选取了山海关，主图是天下第一关及角山长城（图9），影写版，面值20分。2001年7月29日发行《山海

图 9《普 29-4 万里长城（明）（第四组）》8-2：山海关

图 10 普通邮资明信片：山海关

图 11《2016-22 长城》特种邮票（9-1）：关山沧海

关》普通邮资明信片 1 枚，设计者杨谷昌，胶版，北京邮票厂印刷，邮资图主图天下第一关（图 10），面值 60 分，适用国内互寄资费。2016 年 8 月 20 日发行《2016-22 长城》特种邮票一套 9 枚，设计者许仁龙、张济平，雕刻者郝欧，影雕套印，北京邮票厂印刷，其中第 1 枚“关山沧海”（图 11），面值 1.20 元，画面是从北向南俯瞰角山以南，展现了今日山海关古城和周围的壮丽景观。这样算起来，天下第一关已经八次登上国家名片。《2016-22 长城》特种邮票发行首日，也是在天下第一关城楼前举行了热烈的首发式。

老龙头与国家名片

邮票素有“国家名片”之称。因此，任何国家的邮票题材都是经过国家邮政主管部门慎重选择确定的，并且都把弘扬本国文化、民族精神作为邮票题材的重要内容，以提高民族自信心和自豪感。长城象征着我国的古老文明，与北京天安门一样，只要在任何地方出现它的形象，世人就知道这代表中国。因此，举世闻名的万里长城，经常亮相于我国邮票。与“天下第一关”一样，万里长城之首老龙头也多次登上国家名片。

老龙头（图 1），位于山海关以南 5 公里海岸岬角上，是一组精心构筑的包括城、台、关、楼在内的海岸防御建筑群。万里长城好

图 1 民国明信片：万里长城之首老龙头

比一条巨龙，翻山越岭，在这里把头伸向大海，故俗称老龙头。老龙头的全部建筑从入海石城起，向上依次有靖卤台、南海口关、澄海楼、宁海城，北接滨海长城与山海关相连。《长城》系列普通邮票之一的老龙头图案，只选取了老龙头的局部景观入海石城和靖卤台，仍然使人感觉到正如“天开海岳”碑文所宣示的大气磅礴。入海石城为明万历七年（1579 年）蓟镇总兵戚继光所筑。靖卤台早于入海石城，建于明嘉靖四十四年（1565 年），实为万里长城敌台之首，全称“靖卤一号台”。因入海石城和靖卤台长期屹立在海水中，受海水冲刷，加上人为破坏而坍毁，澄海楼则在 1900 年毁于八国联军的炮火，宁海城坍毁后仅存北门。图 1 为民国时期明信片上的老龙头景象。20 世纪 80 年代中期，在邓小平“爱我中华、修我长城”题词的感召下，老龙头景观先后得以修复。

1995 年 5 月 18 日发行的《FP1 河北风光》邮资明信片 A/B 两组（A 组为国内邮资 15 分，B 组为国际航空邮资 230 分），每组全套 10 枚，其中第 2 枚图画面（图 2）和邮资图都是选取了修复后的

图 2《FP1 河北风光》邮资明信片 A/B 组 10-2：山海关老龙头（图画面）

老龙头景观（图3、图4）。1995年10月5日发行的《普28长城》系列邮票第一组，其中老龙头一枚（图5），面值290分，适用于20克以上至100克国际函件邮资。邮资图为宁海城和靖卤一号台。

2002年8月25日发行《秦皇岛老龙头》普通邮资封（图6），全套1枚，80分国内平信邮资，邮资图近景除老龙头石城入海雄姿外，

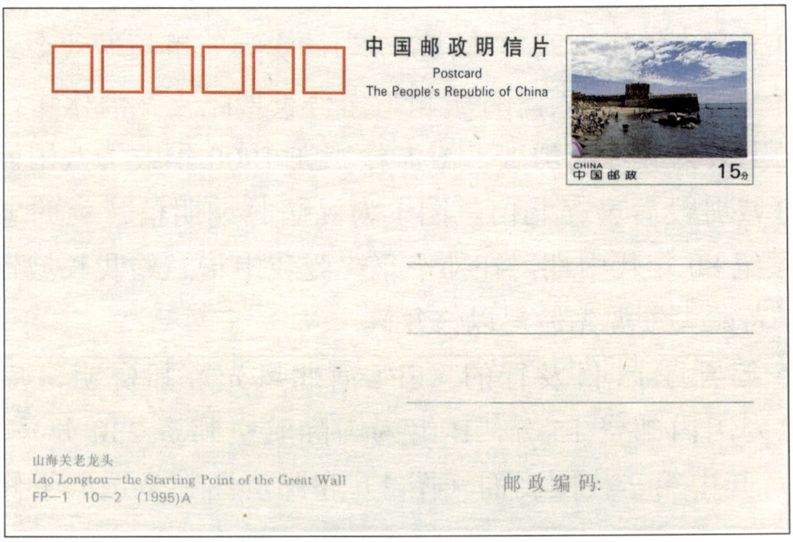

图3《FP1 河北风光》邮资明信片 A 组 10-2：山海关老龙头

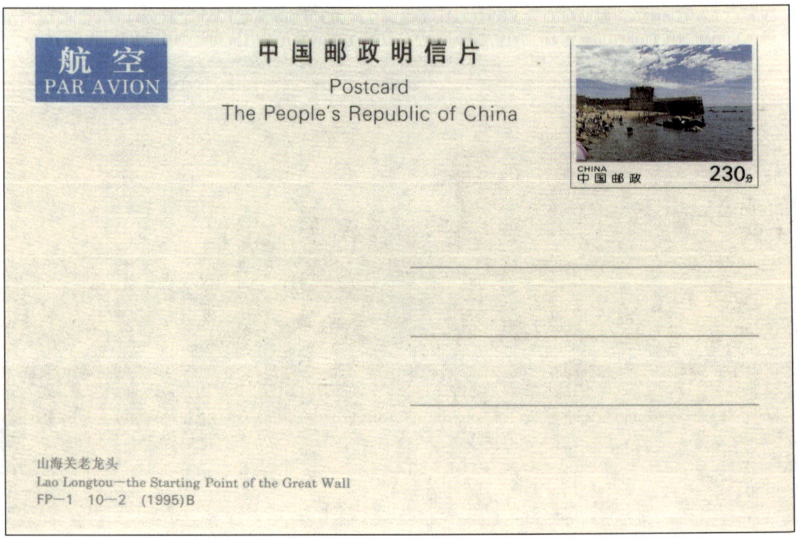

图4《FP1 河北风光》邮资明信片 B 组 10-2：山海关老龙头

还有挺拔的澄海楼，远景为市区建设。邮资图规格 40mm×30mm，信封规格 230mm×120mm，王虎鸣设计，胶版印刷，定向河北省发行。2006 年 11 月 15 日，国家邮政局下发通知，调整国内信函邮资为 1.20 元。因此，《秦皇岛老龙头》邮资封后来加印时改值为 1.20 元国内平信邮资（图 7）。

图 5《普 28 长城》3-3：老龙头

图 6 普通邮资封：秦皇岛老龙头（面值 80 分）

图 7 普通邮资封：秦皇岛老龙头（面值 1.20 元）

2016年8月20日发行《2016-22长城》特种邮票一套9枚，其中第1枚“关山沧海”，面值1.20元，国内平信邮资，邮票图案中可见老龙头入海的身影。因这套邮票图案是一幅万里长城的长卷，老龙头景观虽然入画，但只是鸟瞰远景，本市集邮者利用以上邮票，制作了多种邮票图案、明信片图案、邮戳三者之间和谐一致的精美的极限明信片，放大了老龙头景观（图8、图9）。

图8 河北秦皇岛老龙头普通日戳极限明信片

图9 河北秦皇岛老龙头风景日戳极限明信片

方寸小天地 书写大文章

——《北戴河》特种邮票发行始末

1999年1月9日，秦皇岛市集邮协会第五次代表大会召开，秦皇岛市政协主席、市集邮协会名誉会长朱桂英在会上讲话：“秦皇岛是沿海开放城市、著名避暑胜地，自然地理环境得天独厚，凭借这一优势，我们要和邮政局一起，为发行秦皇岛地方题材邮票而努力。”

选题——“专打北戴河牌！”

五大闭幕以后，市集邮协会责无旁贷地担负起了发行秦皇岛地方题材邮票的前期调研考证、公关宣传的任务。

集邮协会多次召开座谈会，进行先期准备工作。大家纷纷建言献策，畅所欲言。由于对国家邮票发行的选题要求了解不多，不少领导同志和集邮爱好者都希望发行一套全面反映全市各区、县人文历史、自然风光以及改革开放、经济建设成果等各方面内容的邮票。大家如数家珍，列举了自己认为可以选入邮票的题材。有的人还开列了可供选择的长长的选题名单，例如：海港区有秦始皇求仙入海处遗迹，有清政府自主开放的百年大港秦皇岛港，有中国玻璃工业的摇篮耀华玻璃集团；山海关区有举世闻名的万里长城天下第一关和老龙头，风景独特的长寿山、悬阳洞和燕塞湖；北戴河区是名扬海内外的避暑胜地，新中国成立以来，毛泽东、邓小平等党和国家领导人多次来此休养和工作，召开重要会议；昌黎县有魏武帝曹操登临观海的碣石山，有革命前辈李大钊隐居写作的五峰山韩文公祠，有新兴的海滨旅游区黄金海岸；抚宁县境内有著名的长城九门口，有湖光山色交相辉映的天马山和天马湖，有碧海金沙的南戴河；卢龙县乃春秋时期的孤竹国故地，有相传商周时期伯夷、叔齐采薇的首阳山和汉代飞将军李广射虎地虎头石，有历经明清两代的永平府城池遗迹，有风光旖旎的长城桃林口景区；青龙满族自治县有独特的民族风情，有祖山上珍稀的天女木兰花；等等。我和孙显英等资深集邮者则认为，地方题材邮票也是“国家名片”，不等于一城一市一地的名片。国家发行地方题材邮票，入选内容不可能面面俱到，不可能发行8枚一套的秦皇岛邮票，只能是有取有舍，把我们最具影响力、最靓丽、最能让人认可的东西选入方寸之中。同时，山海关的天下第一关和老龙头、秦皇岛港煤码头、长城九门口等，已经荣登方寸，上过邮票了，短期内，不太可能再次入选。最有说服力的题材是北戴河，北戴河的知名度极高，作为避暑胜地可与庐山齐名，而庐山风景邮票早已发行，建议握紧拳头，专打“北戴河”牌。

在市集邮协会调研讨论的基础上，1999年4月28日，市委常委、秘书长范怀良主持召开有关发行秦皇岛地方题材特种邮票的首次研讨会，市委市政府领导、相关部门领导、驻秦高校的专家学者和集邮界人士20多人参加会议，会上征询对发行秦皇岛题材特种邮票的选题意见。与会者一直赞同以北戴河风光为主题的主流意见，并且设想发行四枚邮票和一枚小型张，四枚票选用北戴河自然与人文景观，小型张采用毛主席词《浪淘沙·北戴河》手稿，考虑到这首脍炙人口的词作已经上过《文1毛主席诗词》邮票，小型张可以采用票中票的形式。应当说，这是一个不错的设想。

在此基础上，秦皇岛市人民政府以（99）26号文件，向国家邮政总局提交了《关于发行北戴河风光特种邮票的申请》，要求集邮协会全力配合，力争2000—2001年发行我市地方题材的邮票。

选景——“打出北戴河最靓丽的招牌！”

国家邮政总局同意发行北戴河特种邮票以后，选取具体景点的工作正式开始。按照国家邮政局的安排，北戴河风光邮票选取北戴河的四个自然景点。“不识庐山真面目，只缘身在此山中。”与庐山不同，秦皇岛人最知道北戴河美在哪里，北戴河的哪几处风景可以进入方寸邮票之中。2000 年 1 月 19 日，市委常委、秘书长范怀良再次主持召开有关发行北戴河风光特种邮票的研讨会。会上，布置了邮票具体选景方面的准备工作，通过新闻媒体向各界人士征集北戴河风光的摄影和绘画作品资料，以供邮票设计师参考。

2000 年 1 月下旬，国家邮政局邮票印制局派员来秦皇岛考察北戴河邮票具体选景工作。1 月 25 日，市委常委、秘书长范怀良在市委会议室主持召开了有关部门领导和集邮专家参加的《北戴河》特种邮票设计协调会，并且听取了国家邮政局邮票印制局和邮票设计家的意见。

邮票印制局图稿部主任程雨林指出，邮票发行周期一般要经过二年选题、二年设计、一年印制。《北戴河》邮票定于 2001 年 8 月发行，图稿要在 2000 年 6 月底前完成，时间上紧了一点。《北戴河》邮票图稿确定方案要做到三个符合，即：第一，符合北戴河的特点。自然景观与人文景观相结合，可以体现四季，或者一天早晚的特点；第二，符合科学性。四枚邮票只能在北戴河范围内，票名要有依据，要经得起推敲；第三，符合邮票的特点。设计邮票是命题作画，在一定程度上限制了发挥。邮票是方寸艺术，只能突出主题，以简概繁。程雨林主任还向与会人士介绍了邮票设计师阎炳武和责任编辑李昕。程主任说阎炳武是专业设计人员，同时还要邀请社会画家参加设计，这套邮票按规定要有三套设计方案，经过专家评审鉴定，才能最后定稿。

会上，大家考虑到北戴河旅游事业的发展，需要改变目前单纯的暑期旅游状况，建议北戴河邮票图案借鉴《T38 万里长城》和《T56 苏州园林》的表现方法，采用春夏秋冬四季景色设计四幅图稿。例如“鸽子窝日出（春）”“中海滩（虎头石）浴场（夏）”“莲蓬山红叶（秋）”“疗养区霁雪（冬）”等名称。大家对阎炳武老师抱有很大希望，知道他还是邮票雕刻家，希望这套邮票能够影雕套印。

氾怀良秘书长基本同意大家的选景意见，总结各方面意见后提出了“三为主”的图稿设计意见，即：“以自然景观为主，以人文景观为点缀；以写实为主（近景），又不拘泥于写实（远景）；以古朴自然为主，又有现代气息”。他还具体谈了对鸽子窝春日、中海滩夏泳、莲蓬山秋色的画面设想。他还提到休养区冬景的名称与前三枚自然景观不协调，考虑以老虎石景点来替换。他要求出精品，出名品，《北戴河》邮票要成为传世之作。

会后，程雨林、李昕、阎炳武对北戴河进行了实地考察，市集邮协会组织本市集邮专家和旅游专家全程陪同。那天，秦皇岛刚刚下过一场大雪，北戴河银装素裹，不同以往，别有魅力。一行人先是踏雪登上联峰山，然后又实地查看了老虎石、金山嘴、鸽子窝等处景点。旅游专家吉羊副教授权作导游，解说精彩，给考察者留下深刻印象。

2000 年 6 月，邮票设计家殷会利、甄明舒也到北戴河进行实地考察，然后两人分头构思，确定用版画的形式画出图稿。最后经过专家评审，他们的这套设计方案被选中。9 月 23 日，《北戴河》邮票责任编辑李昕携设计图稿专程来秦征求意见，市委秘书长范怀良召集有关部门和市集邮协会部分人员对几种设计方案进行了认真的比较，对邮票的表现形式、构图、色彩等方面的问题提出了具体、细致的修改意见。这些意见传回北京之后，两位设计家意识到原来对北戴河的认识还不够深入，于是再次驱车到北戴河进行实地考察，对于如何更好地表现北戴河又有了进一步认识，意识到不仅要使没有到过北戴河的人们通过这套邮票来了解北戴河、认识北戴河，还要力求使北戴河当地的人们能够认同，要艺术地再现他们心中的北戴河。两位设计家再次修改方案，使得这套邮票的效果进一步改善，画面既清新淡雅又生机勃勃。甄明舒著文说：“我们原以为按照评委会的意见修改完之后，整个设计工作基本上就结束了，接下来这一关是地方上的认可，可就是这一关险些使这套方案夭折，这是我们始料不及的。然而也正是这一关使最后的设计方案变得更加成熟和完善。”最后确定的四枚邮票图案：1. 北戴河 · 鸽子窝；2. 北戴河 · 中海滩；3. 北戴河 · 联峰山；4. 北戴河 · 老虎石。第 1 枚面值 60 分，国内明信片邮资；第 2、第 3 枚面值 80 分，国内平信邮资；第 4 枚面值 280 分，国内挂号信函邮资（见下图）。

《2001-14 北戴河（T）》特种邮票

首发式——“精彩的出牌！”

2001 年 8 月 5 日，《2001-14 北戴河（T）》特种邮票首发式如期隆重举行。中共中央政治局委员、国务院副总理钱其琛出席了首发式并为这套邮票揭幕。邮票首发式在北戴河影视城东侧广场举行，河北省第七届集邮展览在北戴河影视城同时举行。《北戴河》邮票首发式由秦皇岛市委书记王建忠主持，市长宁金彪致词，国家邮政局邮资票品司司长刘建辉宣读《北戴河》邮票发行通知，国家邮政局、全国集邮联及省、市领导参加了首发式并为河北省第七届集邮展览剪彩。河北省第七届集邮展览共有 72 部邮集 310 个展框，是 1983 年首届邮展以来规模最大、类别最全、水平最高、展品内容最为丰富的一次全省集邮展览。我市集邮爱好者和各地游客上万人参加了首发式并参观了邮展。在展场一侧，是各地集邮公司销售场地，秦皇岛市邮票公司由于准备充分，系列邮品试销对路，深受集邮者欢迎。邮票设计家现场签名台前，排起了蜿蜒的长龙。在邮展现场，还举办了“秦皇岛市首届少儿邮票设计大赛”，从全市200多名参赛小学生中选拔出来的60余名小选手和20余名临场加入的小画家现场挥毫作画，吸引了很多观众驻足欣赏。

《北戴河》邮票首发式活动有几个显著的特点：

一是规格高，系列活动盛况空前。《北戴河》特种邮票首发系列活动是在北京以外组织的同类活动中到场领导规格最高的一次邮票发行仪式。特别是在1999年末开始的邮市连续低迷的状况下，此次活动得到众多群众和集邮爱好者的关注、支持和参与，是十分难得的。

二是宣传工作力度大，范围广。在邮票发行筹备工作中，做到了超前、广泛深入的宣传，不仅集邮报刊、省和市的地方媒体进行了专题报道、系列报道，新华社、人民日报、中央电视台等主流媒体在邮票发行当天也普遍编发、播发了消息、图像，扩大了集邮和秦皇岛的影响。

三是行业领导和政府领导高度重视，协调一致。在《北戴河》特种邮票发行启动和筹备工作中，市委、市政府高度重视，把发行《北戴河》邮票看作是全市全社会的大事，看作是宣传秦皇岛、宣传北戴河，促进本地经济发展、社会进步的难得机遇。为了搞好《北戴河》邮票首发，秦皇岛市委、市政府和秦皇岛市邮政局做了充分准备和周密部署，组成了市、区领导和相关部门领导以及市邮政局、集邮协会领导参加的组委会和领导小组。市长宁金彪亲自担任组委会主任和领导小组组长。组委会领导小组对《北戴河》邮票首发式的指导思想、宣传工作、场地安排、邮品开发、资金落实等问题多次进行专题研究和部署。市邮政局全员总动员，为邮票发行做了大量深入细致的具体工作。

四是集邮协会发挥了不可替代的重要作用。如前所述，《北戴河》特种邮票从倡议、选题、设计、市场开发到首发系列活动，集邮者都提出了专业的意见和建议，避免了许多弯路。这些经验的积累，可以作为今后申请发行《山海关》特种邮票的借鉴。

《九门口》邮票原地与九门口长城原貌辨析

1998年11月1日，国家邮政局发行《普29万里长城（明）（第三组）》一套4枚，其中第1枚就是九门口长城，面值10分（图1）。《九门口》邮票的发行，引发了一场不大不小的原地之争。早在国家发行《长城》系列普通邮票的计划公布以后，《上海集邮》1993年第4期刊出资料《哪里去寄首日封》，介绍九门口在辽宁绥中县（121700）；1994年第3期又刊登河北读者董文秀来信，指出，“九门口不在辽宁绥中县，而在河北抚宁县（066300）”。抚宁县现为秦皇岛市管辖的四个县之一（2018年8月抚宁撤县改区），笔者在研究秦皇岛邮政史过程中，自然要关注这场争论，只是由于当年庶务缠身，未能深入探究，近来重温旧题，为了取得发言权，免不得一头扎在故纸堆中查阅一些资料，带着问题到九门口作一些实地考查。不料除了弄清九门口的管辖归属历史沿革以外，还意外获得某些新的发现。现将主要收获归纳如下：

图1《普29万里长城（明）（第三组）》4-1：九门口

1. 九门口在河北省抚宁县境内，东临辽宁省绥中县，历来由河北省抚宁县（一度析入临榆县）管辖，1986年由辽宁省绥中县修复边城后，开发为旅游景点并管理，并没有改变行政区划，河北省抚宁县作为《九门口》邮票的原地，应该是不容否认的。

九门口原名一片石关，在河北省抚宁县东北51公里处，东临辽宁省绥中县，距山海关15公里，是明长城东端重要关隘之一。

九门口属于河北省抚宁县，还是属于辽宁省绥中县？这是一个原本不应该发生的疑问。九门口长城作为万里长城中防御体系的一部分，历史上由对关外进行防御的中央政府在关内设置的府、县行政与军事长官施政与管理，应当是一个简单的历史常识。对此，明清两代地方志如《永平府志》《抚宁县志》《临榆县志》均记载详备，有文有图。九门口自明洪武十四年（1381 年）始建以后，即由直隶永平府抚宁县管辖，清乾隆二年（1737 年），在山海关设置临榆县，九门口划入临榆县，直至民国，图 2 为光绪四年（1878 年）《临榆县志》县境全图。中华人民共和国成立以后，1954 年 7 月初撤销临榆县，九门口重新划入抚宁县至今。1988 年出版的华夏子《明长城考实》，也是把九门口列入“河北省抚宁县辖长城”章节之内记述的。

縣境全圖

图 2 光绪四年《临榆县志》卷首县境全图

在明清两代，九门口长城曾经各有一次重修，足以证明其由永平府抚宁县进行有效管辖的历史事实。明万历二十七年（1599年）《永平府志》卷之二："一片石关，洪武初为关隘建成，都御史洪钟重修。"清光绪五年（1879年）《永平府志》卷三十三收录的抚宁知县刘馨《重修一片石九门口水门记》，较为详细地记载了其奉命修葺九门口的情况。为了方便阅读，下面笔者节录原文时在个别词句后用括号略加注释：

"岁乙卯（乙卯年，康熙十四年，1675年），余（刘馨自称）承乏（谦辞，充任）骊邑（抚宁别称骊城），甫（刚刚）及半载，奉命修葺。爰（于是）鸠工庀材（备工备料），取石于山，伐木于林。道里之殷遥也（抚宁县城距九门口102里），山径之崎岖也，肩负背掖之劳瘁（过度劳累）也，畚挶（抬土的器具，指搬运土方）錾凿（开采加工石料）之勤劬（劳苦）也。计费帑银（公款）三千余两，六阅月（经过六个月）而事竣。用（书面语，因此）告厥（书面语，其，指代修葺工程）成。"

现在的九门口长城，已经是第三次重修，1989年付梓的新中国第一部《抚宁县志》有所记载："1986年，经河北省、辽宁省两省协商，由辽宁省集资重修位于抚宁县境内的东部城墙、水门、敌楼。"这一记载也是符合历史实际的，当年在山海关参加协商的双方省、市、县有关部门负责同志，应当是历史的见证人。因为九门口地处抚宁县辖区以内，当年为了协调九门口修复工程占地和后续施工，辽宁方面还特邀抚宁县人民政府副县长高国祥担任工程副总指挥。1986年这次重修，并没有也不可能改变九门口的行政区划，因为省级行政区划的调整，须经国务院批准。修复后的九门口长城景区由绥中县有关部门经营管理，而坐落在原九门口关城内的由明代永乐年间王、刘、马、周四姓楼台军及家属迁建的九门口村，则仍然是抚宁县所辖的一个行政村（图3）。

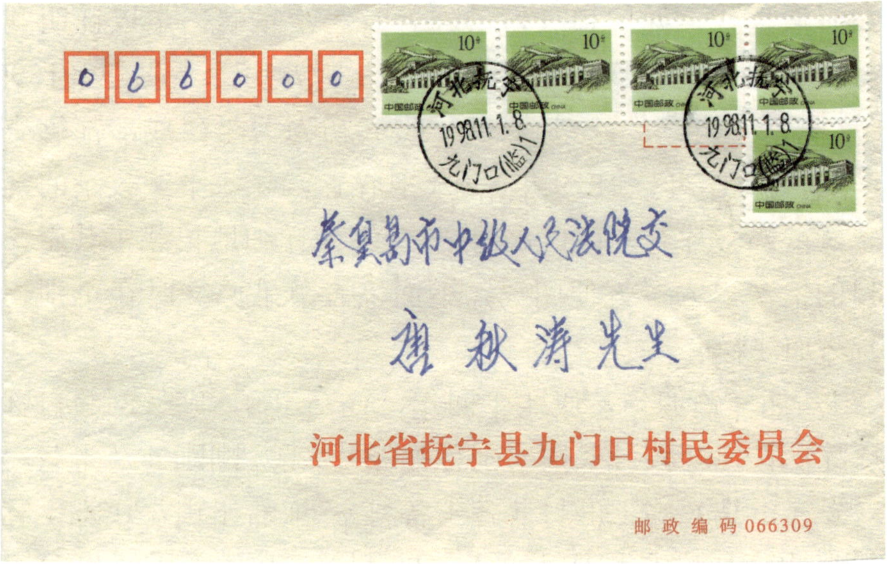

图 3 河北省抚宁县九门口临时邮局实寄封

凡历史上对九门口的争夺，都是着眼于九门口的军事地位。九门口是山海关的侧翼，其军事地位的重要性非常明显，历代都有驻军把守。明嘉靖十四年（1535 年）《山海关志》卷首图注：“一片石关，官军二百四十一员名，军器一百六十件。”自明以降，凡是争夺山海关的战役，九门口必然是战争双方所争夺的一个热点。九门口得失，直接关系着山海关的存亡。如明崇祯十七年（1644 年）李自成与吴三桂及清军之间的山海关大战以及 1924 年的直奉战争，都证明了攻打山海关往往先破九门口。今天，九门口邮票的原地之争，当然不同于历史上战争双方的争夺，但在实际上仍然潜在着利益之争，那就是九门口旅游资源的争夺。九门口长城跨河而建，是万里长城中防御体系中兼顾军事防御与泄洪排水功能的独特建筑，有“水上长城”之誉。在今天的和平年代里，当年的九门口虽然丧失了军事要塞作用，但因其景观独特已经成为发展旅游的重要资源。根据国家有关“谁开发，谁受益”的原则，九门口作为旅游景点由辽宁省绥中县修复开发而经营管理，应该是有一定理由的。但从行政区划历史沿革上说，直至《九门口》邮票发行时，九门口长城一直是处在河北省抚宁县行政区之内，河北省抚宁县作为九门口邮票的原地，应该是不容否认的。

2. 九门口长城历史原貌并非如邮票上所见那样一字排开的九个水门洞子，而是一城三门外加六个水门，合称“九门”；辽宁方面重修时没有“修旧如旧”，《九门口》邮票图案设计属于将错就错。

九门口，顾名思义，应该有九个门。《普29万里长城（明）（第三组）》邮票上的九门口长城，就是一字排开的九个过水门洞（图1），这似乎就是对九门口的具体图解。其实，这是犯了望文生义、望“图”生义的错误。笔者在研究九门口邮票的原地时发现，邮票上的九门口，并不是明代九门口的原貌，而只是今天的九门口景区面貌。

历史上的九门口是什么样呢？因自然与人为的原因，历史上的九门口已经圮毁，时光不能倒流，古时也没有摄影、录像保存资料一说，今人自不得见当年“写真”。但是，我国历代都有编纂志书的传统，如欲探寻九门口原貌，在地方志中既不乏文字可考其始末，亦有绘图可观其形制。在明清两代地方志记载中的九门口，与1986年由辽宁省绥中县重修的九门口明显不同。简而言之，历史上的九门口过水的门洞只有六个，而非九个。那么，又何以称之为“九门口”呢？这些疑问，我们从《永平府志》和《临榆县志》中，都可以找到相关答案。

明弘治十四年（1501年）《永平府志》卷之五：“一片石关，在府治东北一百八十里左右，皆峻山，山下有石城，城边有关，新砌以砖，券门三孔，周围三十丈九尺，关口新建城一座。”

清康熙二年（1663年）修十八年（1679年）续《永平府志》卷之九：“黄土岭关提调，驻一片石，城东西砖，南北石，高二长六尺，周二百二丈八尺。东南门各楼，附城石，周二百二十七丈，西隅高三尺。教场城西北。”

清乾隆二十一年（1756年）《临榆县志》卷之三《城池》：“一

片石城，高二丈五尺，周二里。”

清光绪五年（1879 年）《永平府志》卷三十三：“一片石城，在（临榆）县东北三十里。石城，后砌以砖，高二丈五尺，周二里，东、西、南三门。”卷四十二：“一片石关，在临榆县东北三十里，一名九门口。东西门各一，其西门额曰：京东首关；东门外为边城关，正东向，又折向东南直抵角山之背，复设正关门六，以泄水。合之凡九门云，今已半圮，守兵筑黄土墙补之，高三尺，上披荆棘，阑行人出入。东南隅小水门一，以泄山水，与内城之南水门隔河相映。”

另外，清光绪四年《临榆县志》卷首《九门口图》（图 4）所示，也是六个过水门洞。

原抚宁县邮电局退休老干部董文秀 1938 年出生于九门口村，1955 年参军离村，青少年时期一直生活在九门口。据董文秀回忆，

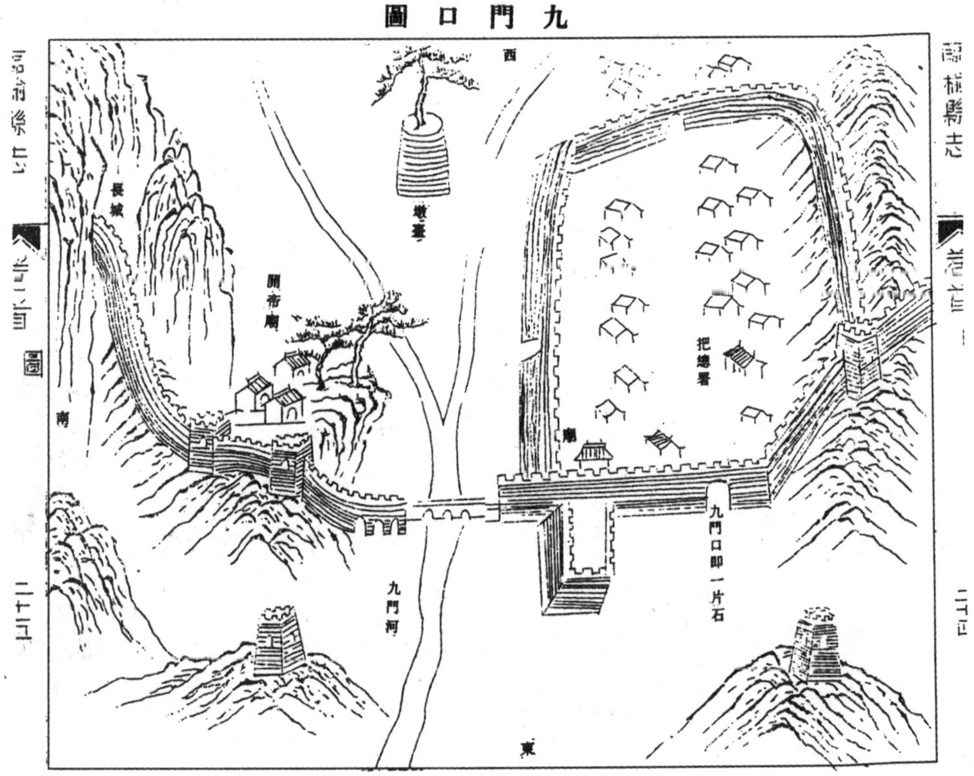

图 4 清光绪四年《临榆县志》卷首《九门口图》

那时的九门口，除了过水门洞毁坏外，关城遗存情况尚可，城门俱在。董文秀对当时在城里城外玩耍、砍柴、耕种的情况至今记忆犹新。笔者就自己将九门口遗存和文献记载对比之后的不解之处，曾向之一一讨教。

结合文献记载、实地考察和访谈，我们对九门口长城可以有一个比较清晰的认识：九门口长城不仅有一道长城（边城）城墙，而且边城内还有“一片石”关城。“一片石”关城最初是用石头砌成的，后来又砌了砖，高二丈五尺，周长二里，有三座城门。西门有题写“京东首关”的匾额。关城东南角有城楼。在边城东南方向还有另外六个关门，是用来泄水的，俗称为水门。关城三门和边城上的六个水门，合称“九门”。但对关城三门古今有不同说法：一说为关城东、西、南三门，如清光绪五年《永平府志》所载“东、西、南三门”和清光绪四年《临榆县志》卷首图所示。另一说，董文秀等当地人认为，关城南门很小，是内城泄水用的，不便行人，不能算作城门。关城原来分东西二城，中间有券门相通，当地村民称为“二道门”。关城三门是指东、西两门和东西城之间的“二道门”。这样就有一个问题，与府志、县志记载不相符的“二道门”从何而来呢？笔者认为，是否可以这样解释，《永平府志》所称东门即今天当地人所指的“二道门”，古时东城较小，为驻军及衙署所在地，西城较大，为民居。今人所指的“二道门”，即是当时老白姓居住的西城的东门。东城内的衙署和驻军裁撤以后，东城也渐有百姓居住，遂又将《永平府志》所称东门外开在边城上的关城门称为东门。但是不管以上哪一种说法，都是关城三门加上边城上六个水门洞，合称九门，而不是今天游人在九门口景点看到的那样一字排开的九个水门洞。华夏子《明长城考实》亦称：“关城南有六个水门，加边城门和关城的东西二门，合称九门。”这一结论不仅有历史文献可考，而且符合九门口遗存的实际情况。

九门口长城的全貌，从范围上说，还包括关城西面 200 米处的一座点将台。台为圆柱体建筑，砖结构，底径 14 米，顶径 12.5 米，现存高度 12 米，两侧有台阶可登台顶，台顶周围原为垛口墙，中间有铺房，砖拱券。现垛口墙和铺房已坍毁。台东侧有半圆台与之相接，形体矮小，故点将台又称母子台。现台顶上有一棵古松树，景观十分独特（图 5）。点将台周围地势开阔，北面是河床，南面地平，现为农田，古代是戍边将士演武阅兵的教场。

图 5 河北省抚宁县邮电局印制的九门口邮票发行纪念邮简

九门口长城因建在河道上，历史上多次毁于洪水。清康熙十四年（1675 年）抚宁知县刘馨《重修一片石九门口水门记》称，九门口“山谷虽众，泽匪江河，每夏秋间，或山泉泛滥，或霪雨淋漓，则众山之水汇为一流。其汹涌澎湃，弗减万壑之赴荆门也。不宁惟是，时而雨毕水涸，樵采者、负贩者又咸利用往来。以故多历年所，易为倾圮”。从前文所引清光绪五年《永平府志》记述可知，到了清朝末年，九门口长城已经“半圮”，可以说坍塌至半。清光绪十八年（1892 年），边墙水门再次毁于洪水。1984 年 5 月 4 日华夏子由山海关出发徒步考察长城，不日即到九门口，他们记载所见为“今九门皆毁，九门口关城墙体残存”。1989 年《抚宁县志》记载九门口在绥中县方面修复前的状况：“（关城）现存残墙东 150 米，南 200 米，西 150 米，砖石结构。”

1986 年辽宁省绥中县重修九门口的设计依据，笔者无从知晓，但根据《中华人民共和国文物保护法》规定，对不可移动文物进行修缮、保养、迁移，必须遵守不改变文物原状的原则，即“修旧如旧”。绥中县这次重修九门口，或者是缺乏文献资料，或者是遗址基础发掘困难，总之，在没有弄清历史真实的情况下，以为九门口就是九个水门洞子，错误地将历史上的六个水门洞改建成九个水门洞，明显违背了《文物保护法》规定的“修旧如旧”原则。九门口邮票核心图案采用了我们今天在九门口景区所见到的九个过水门洞，实际上是将错就错，将一座与历史原貌不符的现代仿古建筑误认为古迹，与《万里长城（明）（第三组）》的邮票名称不符，同时，也没有反映出明代九门口有边墙、有关城、有点将台的历史全貌。

3. 尽管九门口邮票图案将错就错与历史原貌不符，但是九门口邮票作为国家正式发行的邮资凭证的基本属性并没有改变；面对九门口邮票原地之争，集邮者可以根据自己的认知和爱好自由选择冀、辽两地邮戳。

邮票一经发行，再难更改。因此，邮票设计作为艺术的一个门类，可以说是一门遗憾的艺术。从历史到现在，中外邮票设计图案出错并不是新鲜事。就是在新中国早期对邮票选题和设计的审查都十分严格的情况下，也未能完全避免。例如 1961 年 7 月 1 日发行的《纪 88 纪念中国共产党四十周年》第 2 图，就将南昌八一起义大楼原本四层的主楼画成了三层；再如 1962 年 5 月 15 日发行的《特 50 中国古代建筑——桥》的第 4 图程阳桥，据考最早不过建于 1912 年，按照中国历史分期，也不属于古代桥梁。邮票设计家是艺术家，虽然不能要求他们同时是历史学家、建筑学家，不能要求《九门口》邮票的设计者钻到故纸堆中去考证九门口长城的历史原貌，但是，涉及一些历史题材、专门领域，最好还是要采取慎重态度，多学习，多请教，多论证，使邮票设计这门遗憾的艺术，尽量减少一些遗憾。

邮票的基本属性是邮资凭证，这一点并不会因图案设计有误而改变，不会妨碍集邮者的收藏。1998 年 11 月 1 日，《九门口》邮票首发日当天，九门口长城内外锣鼓喧天，喜气洋洋。河北省抚宁县和辽宁省绥中县分别举行了《九门口》邮票首发仪式，热热闹闹地唱起了“对台戏”。双方出售纪念封、公函封、极限片、风景戳卡等各种邮品，为集邮者加盖各式九门口邮戳。很多参加首发式的集邮者，似乎并不计较哪一边是真正的原地，并不厚此薄彼，而是来回奔走在长城两侧的首发现场购买邮品，加盖邮戳。从邮品销售来看，抚宁县邮政局发行了一种由李印清设计的小本票，封面是九门口全貌图（图 9），内有 20 枚横连票，颇受集邮者欢迎；绥中方面出售的由中国长城学会、中华全国集邮联合会制作的万里长城首关（九门口）纪念封，亦表现不俗。如果对两地邮戳加以比较，笔者认为：普通日戳“河北抚宁九门口（临）”作为实寄封上的原地戳是适当的，与行政区划一致（图 3）；在极限明信片上，“辽宁绥中九门口”日戳比较贴切，毕竟现在的九门口景区由辽宁方面管理（图 6）。

图 6 辽宁绥中九门口临时日戳极限明信片

图 7 辽宁绥中九门口风景日戳极限明信片

在风景日戳中，“辽宁绥中长城九门口”戳记设计简洁大方，不知有意还是无意用水流虚化了属于抚宁县管辖地的九门口内风景（图 7）；而“河北抚宁九门口长城”戳记比较符合九门口全貌（图 8）。不过，笔者还认为，集邮者完全可以根据自己的认知和爱好，自由选择，或者情有独钟，或者兼收并蓄。

图 8 河北省抚宁县邮电局发行的九门口邮票发行纪念首日封

图9 河北省抚宁县邮电局发行的《九门口》邮票小本票封面

最近，国务院原则通过了《长城保护条例》，长城保护和利用，将有更加具体的便于操作的专门法规来规范。1986年冀、辽两省协议由辽宁方面重修九门口长城部分边墙，对于长城保护和旅游开发利用，具有一定的积极意义，但由此也产生了负面影响。一方面，经营管理与行政区划不一致，易生摩擦；另一方面，长城内外各行其是，不利于九门口长城的整体保护和九门口景区的整体开发利用。老祖宗为我们留下的长城，是中华民族的精神象征，是世界遗产，不是哪一省、哪一县的财产。九门口内通外连冀、辽两省，保护好九门口长城，是两省共同的义务。希望有关方面着眼长远，着眼大局，着眼九门口长城的整体保护，充分协商，内外一致，根据国家法律、法规，本着“修旧如旧”的原则，做好九门口长城保护的整体规划，整体开发，整体包装，整体推介，共担保护责任，共享旅游资源，用当代的先进的经营理念和管理方法，使九门口长城以历史的风貌展现在世人面前。我们也希望有朝一日九门口能有幸再上方寸，全景式地展示一个边（墙）、（关）城、（点将）台一体的宏伟的九门口长城。

（原载2006年《集邮》增刊第12期，原题为《九门口，不是九个过水门洞》）

又见九门口

1998年11月1日，国家邮政局发行《普29万里长城（明）（第三组）》一套4枚，其中第1枚是九门口长城，面值10分（图1）。《九门口》邮票的发行，引发了一场不大不小的原地之争。笔者在研究秦皇岛邮政史过程中，自然要关注这场争论，为了取得发言权，免不得一头扎在故纸堆中查阅一些资料，不料除了弄清九门口的管辖归属历史沿革以外，还意外获得某些新的发现，敷衍成文《〈九门口〉邮票原地与九门口长城原貌辨析》。其中观点之一是，九门口长城历史原貌并非如邮票上所见那样一字排开的九个水门洞子，而是一城三门外加六个水门，合称“九门”。《集邮》杂志2006年增刊第12期发表时，将题目改成《九门口，不是九个过水门洞》。笔者在文末曾经表示，希望有朝一日九门口能有幸再上方寸，全景式地展示一个边（墙）、（关）城、（点将）台一体的宏伟的九门口长城。

2016年8月20日发行《2016-22长城（T）》特种邮票一套9枚，设计者许仁龙、张济平，其中第2枚“蓟辽天堑”（图2），面值1.20元，仔细观察画面中间偏左处可见九门口水上长城。万里长城景观美不胜收，能入这套宏观展示长城的邮票图案已属荣幸。“全景式地展示

图1《普29万里长城（明）（第三组）》4-1：九门口

图2《2016-22长城（T）》9-2：蓟辽天堑

一个边（墙）、（关）城、（点将）台一体的宏伟的九门口长城”，只能寄希望于专门发行一套《九门口长城》特种邮票。

那么，今天的九门口面貌如何呢？2017年8月2日，笔者再到如今隶属于秦皇岛市海港区驻操营镇九门口村游览。刚到九门口外，就看见了刚刚修葺过的点将台（图3），周围施工的挡板还未拆除，点将台上的将军松，长势茂盛。几年前的一场大雨，造成了点将台坍塌，此次经河北省文物局批准修复。

图3 九门口点将台

图4 九门口村民宅

接着，我继续寻找九门口的一城三门。进村后见到正在修路，村民说是正在进行美丽乡村建设，向村民询问西门在哪儿，有村民指着街道旁边堆放几块刚刚挖出的条石的地方说，这儿就是西门。再沿街往前走，见到座座新房之间有几座破旧的老宅（图4），见证着九门口的历史沧桑。因没注意到东门所在，一直走到边城门。这里是由辽宁方面重修过的。走出门洞，见城门上方镶嵌一块匾额，上书四个大字“京东首关”，记得地方志上记载此匾额应在西门上，辽宁方面移花接木安在边城门了。

从边城门原道折回再找内城东门，经村民指点，原来尚存城墙遗址（图5）。找到东门遗址后，没有再原道折返，向南穿过一农户庭院，寻找南水门或城墙。穿过密密的丛林，终于发现南城墙的遗存，系条石基础（图6）。在西南城角处，在杂树掩映中也发现有半截城墙遗存（图7）。

图5 九门口东门城墙遗址

图6 九门口南城墙遗址

九门口城是万里长城的组成部分，是世界文化遗产。美丽乡村建设，应当与九门口古城保护相结合。现在看，在古城内修路施工，发现城门基石，应当有文物部门参与，测绘记录。九门口古城遗址亟待保护，防止边开发边破坏。应当尽快制定美丽乡村建设、旅游开发、遗址保护三结合的综合性的长远规划，造福子孙后代。此次美丽乡村建设未能与文物保护相结合，不无遗憾。

图 7 九门口西南城角城墙遗址

九门口内通外连冀、辽两省，笔者一直冀望："有关方面着眼长远，着眼大局，着眼九门口长城的整体保护，充分协商，内外一致，根据国家法律、法规，本着'修旧如旧'的原则，做好九门口长城保护的整体规划，整体开发，整体包装，整体推介，共担保护责任，共享旅游资源，用当代的先进的经营理念和管理方法，使九门口长城以历史的风貌展现在世人面前。"到那时，说不定九门口会三上国家名片。

（原载 2021 年 1 月 1 日《中国集邮报》，原题为《九门口原貌究竟是什么样的》）

此“马头”并非马头

甲午马年正月初一上午，秦皇岛市文化路邮局营业厅内，众多邮友忙着寄发贺年邮品，加盖马年邮戳，其中一枚“秦皇岛马头庄（临）”日戳特别受到青睐。我亦喜爱其不着雕饰，邮政气息自然，加盖了数枚贺年邮资明信片（见下图）。

秦皇岛市带马字的地名有多处，大一点的有青龙满族自治县马圈子、卢龙县马台子、昌黎县马坨店、海港区拦马庄（原属抚宁）和马坊（今海港镇）、山海关区马头庄，都是或者曾经是乡镇政府所

加盖“河北秦皇岛马头庄（临）”日戳的甲午马年贺年邮资明信片

在地，其中青龙马圈子设有邮政营业网点。马头庄现属于秦皇岛市山海关区第一关镇。今人大多不知，这“马头庄”得名与马并无关系。《秦皇岛市地名词典》载：“马头庄明永乐元年建村。因村旁潮河常有船停泊，取名码头庄。后讹为今名。”那么，这里是不是有一处与马头谐音的码头呢？为此我查找了几种地方志的记载。明嘉靖《山海关志》载：“潮河，在孤山下，海潮止此。”清康熙《山海关志》亦载：“潮河，在孤山下，海潮止此。”并增加记述：“明初徐武宁开运马头庄，有下船遗址，后闭塞不行。万历四十八年，总制文球令关道陶珽开运，自天津至南海口暨宁远，并通商货，军民称便。至国朝顺治十六年禁海，令暂停。”清乾隆《临榆县志》载：“潮河，在孤山下，海潮止此，即石河下流也。”“明初徐武宁始通海运，马头庄有泊船遗址，后渐废。万历四十八年复开。国朝顺治十六年禁止，康熙三十三年乃开运，通运商货，人咸便之。”后来的清光绪《临榆县志》、民国《临榆县志》的相关记述照抄旧志，了无新意。

乾隆以前的志书记载说明，早在六百多年以前的明朝初年，大将军徐达（谥号武宁，1332—1385）奉皇帝朱元璋之命率重兵镇守山海关一带，修筑边墙（长城）与城池（山海关），为了保证大军供给，下令在马头庄附近的潮河开辟海运码头，后来河道闭塞，不能通航。万历四十六年（1618 年），后金汗努尔哈赤以“七大恨”向明朝发难，大举入侵，山海关前线吃紧。万历四十八年（1620 年），就任冀辽总督不久的文球令分管兵马钱粮的山石（山海路、石门路）兵备道陶珽开通海路运输。当时的潮河码头西通天津，东达宁远（今辽宁省兴城市）。用今天的话说，这是一处军民两用码头，既运军需粮草，又通商民货物，因此，官民称便。清初闭关锁国，实行海禁，潮河码头在顺治十六年（1659 年）被清政府所废，后于康熙三十三年（1694 年）复开，以后何时再废，史无记载。这就是经历了三起三落的马头庄的前世今生，马头庄因海运繁荣而形成村庄聚落，“马头庄”实为“码头庄”，“马头庄”村名的确是世人讹误。

汉字谐音，虽然容易造成讹误，但也为生活平添了许多趣味。《红楼梦》第六十二回里写到，在贾宝玉的寿宴上，史湘云吃了酒，拣了一块鸭肉呷口，忽见碗内有半个鸭头，遂拣了出来吃脑子，用箸子举着说了一句打趣儿的行酒令："这鸭头不是那丫头，头上那讨桂花油"，引得众人越发笑了起来。由此足见谐音在文学作品中的运用之妙。今年是甲午马年，如果不是"码头庄"讹为"马头庄"，这马年第一天，秦皇岛的集邮发烧友又何处"一马当先""马不停蹄""马到功成"加盖"马头"邮戳？

（原载《秦皇岛集邮》2014 年第 1 期）

忆宋兴民老

1984年6月20日，那时我在北京军区驻秦部队服役，有幸列席了秦皇岛市集邮协会第一次代表大会，见证了秦皇岛市集邮协会成立的盛况。那次大会给我留下的深刻印象之一，是给每位代表发了一张署名中国集邮总公司总经理、中华全国集邮联合会副会长宋兴民亲笔题词的照片，题词内容为：“提倡集邮，为社会主义精神文明作贡献。庆祝秦皇岛市集邮协会成立”（图1）。宋兴民（1923—2000），河北乐亭人，抗日战争时期参加革命，解放战争时期曾任冀东解放区军邮局发行科科长，新中国成立后历任邮电部邮票发行局副局长，邮电部邮政总局副局长、代局长，中国邮票总公司总经理，中华全国集邮联合会副会长等职。据参加会议的老邮政们介绍，宋兴民这位新中国邮票事业的大功臣、中国集邮事业的开拓者，原来与秦皇岛有着一段

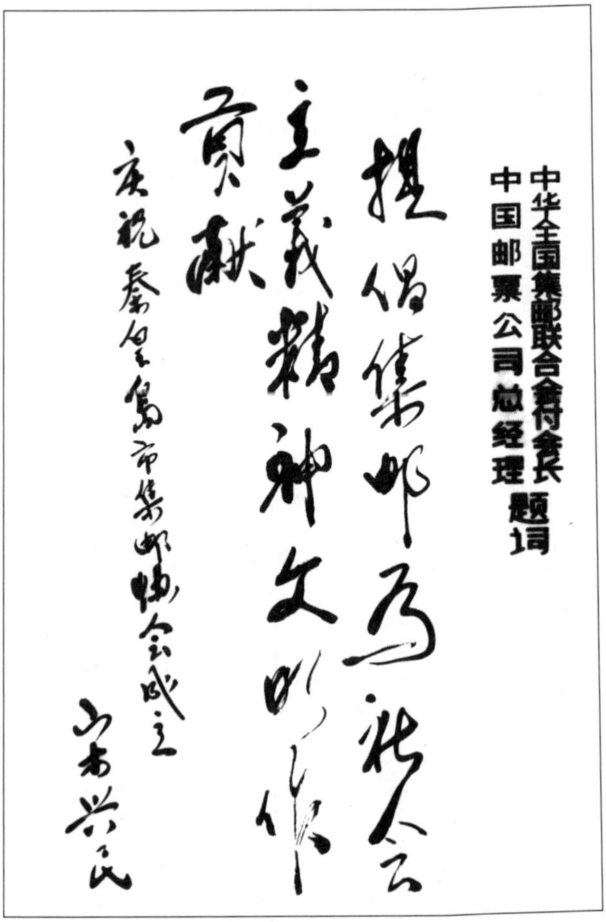

图1 宋兴民为秦皇岛市集邮协会成立题词

特殊的历史渊源，于新中国成立前后（1949 年 8 月至 1951 年 6 月）就任过秦皇岛邮政局局长。秦皇岛市集邮协会成立时，他在百忙之中题词，当自有别样情怀。

我第一次近距离接触这位可敬的集邮界的老领导，是 1995 年 7 月在宁夏银川举行的中国 1996 亚洲国际集邮展览候选展品会审期间。那次，经秦皇岛市、河北省两级集邮协会推荐，我带着自己的邮集《中国人民解放军军邮 1945—1958》来到银川，接受国内顶级集邮专家们严格的审查和具体指导。宋兴民时任中华全国集邮联副会长兼秘书长，亲自主持这次会审。我利用会审间隙，到宋老住处拜访他，送给他刚刚发行的天下第一关、老龙头、北戴河邮资明信片。宋老高兴地接受了我的“礼品”，饶有兴致地听我汇报秦皇岛的巨大变化、秦皇岛市集邮协会开展活动的情况。其间，他还不时插话询问他熟悉的人和地方。最后，他还不忘按照冀东地区的风俗，让我给秦皇岛邮局的老同志和集邮界的朋友们带个“好”。

宋老在邮政系统和集邮界德高望重，1983 年首届全国集邮展览时，组委会就安排他担任评审委员会主任，他的公正与专业知识，受到了全体评委和参展作者的尊敬。此后，大型邮展的会审、评审活动，都由“压得住阵”的宋老主持。在银川会审总结讲话时，宋老特别提出，我国的集邮活动刚刚恢复，与国际上相比还有很大差距，我们的竞争能力还不够强，争取 1996 亚展获奖、获高奖的压力还很大，要不断发现新人新邮集。现阶段举办或参加展览，取得好成绩，主要还是靠我们中国特色的东西，比如解放区邮票和军邮。军邮邮集，已经有了李曙光等编组的两部，这次免审，但是还不够，这次参加会审的河北唐秋涛的这部也不错，很有潜力，希望继续努力提高。宋老在总结讲话中直接点到我的邮集，给了我很大鼓舞、很大激励。我的军邮展品顺利通过会审后，通过吸收专家意见，积极收集、充实素材，学习掌握展示技巧，不断提高了展品水平。中国 1996 第 9 届亚洲国际集邮展览，是我国第一次举办国际集邮展览，我获得了集邮人生的第一枚镀金奖牌（图2、图3）。之后，我的这部《中国人民解放军军邮1945—1958》又有充实提高，参加1997年中华全国集邮展览时，为秦皇岛市、河北省获得第一枚金奖牌（图4），在获奖证书上，这次邮展评审委员会主任宋兴民亲笔签名（图5）。后来，我把这第一枚集邮金奖牌捐赠给了江苏高邮的中国集邮家博物馆。以后，我的这部邮集又接连获得新加坡1998第12届亚洲国际集邮展览大镀金奖、中国1999世界邮展大镀金奖、印度加尔各答2000第14届亚洲国际集邮展览金奖、2001中华全国集邮展览大金奖，中国绵阳2003第16届亚洲国际集邮展览金奖、澳大利亚2005太平洋探险者世界集邮展览金奖、中国2009世界集邮展览金奖。

图2 中国1996第九届亚洲国际集邮展览镀金奖牌

中国'96
CHINA
Certificate of Award
awarded to
Tang Qiutao
The Military Post of PLA During 1945-1958
Vermeil
presented by
The Organizing Committee of CHINA'96-9th Asian International Philatelic Exhibition
Under the Patronage of FIAP and the Support of FIP
Beijing, May 18-24, 1996
Wu Jichuan PRESIDENT OF CHINA'96
Organizing Committee
PRESIDENT OF JURY Tay Peng Hian

图3 中国1996第九届亚洲国际集邮展览镀金奖获奖证书

图4 1997年中华全国集邮展览奖牌

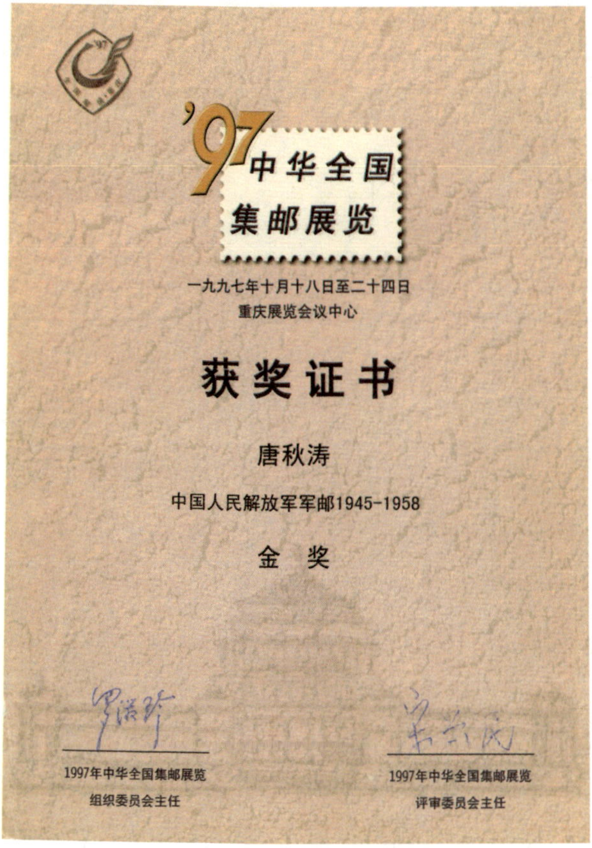

图 5 1997 年中华全国集邮展览获奖证书

其实，在集邮之路上得到宋老关心和支持的又何止我一人。据我所知，20 世纪 80 年代初，宋老在担任中国集邮总公司总经理兼邮电部邮票发行局局长期间，非常重视维护集邮者的利益和集邮经营的健康发展。他听到不少集邮爱好者反映买票难，同时发现集邮经营部门的一些同志却有惜售等待升值的思想，为了解决好市场供需关系，他除了努力调整邮票印量外，还严肃批评了经营思想上加大库存、待价而售的做法，认为这不仅不符合为人民服务的思想，而且会误导集邮者，对行业发展来说也是不利的——等于自杀。他对各省、市集邮公司的库存量作了明确的规定，并不时派人到各地督促检查落实情况。这一举措，使广大的集邮者直接受益。凡此种种，集邮者至今仍然津津乐道那个年代，忘不了宋老。

（原载《秦皇岛集邮》2014 年第 2 期）

参考资料

1.《天津邮政史料》第1—5辑，仇润喜主编，北京航空航天大学出版社1988—1993年第1版。

2.《秦皇岛历代地方志校注》，中国审计出版社2001年5月第1版。

3.《秦皇岛市志》，天津人民出版社1994年12月第1版。

4.《山海关历代志书校注》，天津人民出版社1999年2月第1版。

5.《抚宁县志》，河北人民出版社1990年2月第1版。

6.《宁安县志》，黑龙江人民出版社1989年9月第1版。

7.《中国邮电百科全书·邮政卷》，人民邮电出版社1994年11月第1版。

8.《中国邮政事务总论》，北京燕山出版社1995年5月第1版。

9.《中国邮票史》(第4卷)，商务印书馆2004年8月第1版。

10.《中国解放区邮票目录》，人民邮电出版社1993年3月第1版。

11.《中国古代邮驿史(修订版)》，刘广生、赵梅庄编著，人民邮电出版社1997年1月第11版。

12.《秦皇岛邮电志》，天津人民出版社1997年3月第1版。

13.《抚宁县邮电志》，中国人事出版社1994年12月第1版。

14.《秦皇岛地名词典》，天津人民出版社1994年9月第1版。

15.《清代邮戳志》，孙君毅著，中国集邮出版社1984年6月第1版。

16.《中国邮戳史》，张恺升著，台湾交通运输总局1995年11月第1版。

17.《秦皇岛港史(现代部分)》，人民交通出版社1987年12月第1版。

18.《秦皇岛港口志》，王庆普主编，大连海事大学出版社 1996 年 11 月第 1 版。

19.《勿忘国耻》，吉林省集邮协会编著，人民邮电出版社 2005 年 7 月第 1 版。

20.《国际集邮专家讲学录》，中华全国集邮联合会编，人民邮电出版社 1999 年 10 月第 1 版。

21.《中国人民解放军华北野战部队战史》，解放军出版社 2011 年 2 月第 1 版。

22.《中国人民解放军第四野战军战史》，解放军出版社 1998 年 10 月第 1 版。

23.《与“北戴河”的两次约会》，甄明舒，《中国集邮报》2001 年 7 月 27 日第 4 版。

24.《中国清代邮票目录（修订版）》，人民邮电出版社 1997 年 12 月第 2 版。

25.《中华民国邮票目录（修订版）》，人民邮电出版社 1998 年 5 月第 1 版。

26.《中国解放区邮票目录（修订版）》，人民邮电出版社 1998 年 1 月第 2 版。

27.《中国片封简图鉴》，陈志深编著，新世纪出版社 1999 年 5 月第 1 版。

索　　引

G

H

I

K

L

N

Q

跋

刘广实

我与本书作者唐秋涛先生相识于1995年6月，至今也快三十年了。那一年，中华全国集邮联合会在宁夏银川为举办中国1996第9届亚洲国际集邮展览的候选邮集进行会审，我参与了审查方面的工作。这也是我国第一次举办国际邮展，参加会审的人员实际上都是不分昼夜地热心工作。我报到的那天晚上，他就约我看看他的《中国人民解放军军邮1945—1958》邮政史展品，我逐个贴片细看之后，感觉这是一部全面展示解放军军邮历史的、很有发展前景的邮集。当我问他“一野军邮封”的情况时，他回答说“只算有半件”。他解释说：从严格意义上说，一野封应该是有一野军邮日戳的实寄封，比较难于收集；现在只有一件一野六军进入新疆后从迪化（今乌鲁木齐）寄出的“军人免费”邮件封，所以就算半件吧。当时，我觉得他这种半开玩笑的话，反映了他的集邮态度是认真的。我从展品的完整性方面，建议他要继续收集，即如一野封，再难也要找到它。

他这部展品在会审后补充了相当的邮品，在1996年亚展上获得了镀金奖。到1998年新加坡举办亚展时该集已有了正式的“一野军邮封”，而且做了许多改进，获得了大镀金奖；2000年印度加尔各答亚展，再上台阶，获得金奖；2006年澳大利亚世界邮展和2009年中国世展，该集均获金奖，可以说是名至实归了。

此外，唐秋涛先生从2016年起，又有《秦皇岛地区邮政史》展品获全国邮展镀金奖和亚展大银奖；另一部《早期人民币邮资国内信函 1949—1951》展品获全国（专项）邮展大镀金奖和中国 2009 武汉世界邮展镀金奖，但这些展品都是邮政史类的邮集。我还特别欣赏他没有参加竞赛类邮展的《中华人民共和国旧币面值普通邮票》和《中国（新币面值）普通邮票》等传统类的邮集。这类邮集，是否参加竞赛类邮展并不重要（因为有些邮集的质量并不都很好），但我们都知道，传统集邮实际上是其他各类集邮的基础，把传统集邮的方方面面都搞清楚，这才是最重要的事。

关于集邮展览，现在我们都已知道，中国 1914 年就在福州举办过没有评奖（只有二人参展）的正式集邮展览。1918 年在常州又举办过一次单独的、有近十人参加展出、有“评审规则”的正式邮展。但从 1918 年之后，直到 1983 年共 65 年之间，中国似乎就没有再举行过竞赛性邮展。在新中国成立后，各地的文化宫、俱乐部、学校、工厂、农村都有过许多大大小小的邮展。虽然它们对集邮工作的帮助很大，但因为都不作为竞赛，对个人的收藏进取心会受到一些影响。另外，就是对国际邮展了解很少，因为竞赛性的国际邮展，相关规则对展品有一定的要求，如展品要有主题，要有数量以及相应的质量等等，这些规则还在持续地改进中。而在中国，直到 1982 年中华全国集邮联合会成立之后，特别是在邮展方面，才有了质和量的全面丰收。

集邮本是一项国际性的交流活动，而中国的集邮学术研究，只要方向对头，向来就有很好的实力。在中国（特别是对各个时期有关中国主题的研究），历来都不差于国外的水平。所以，当中华全国集邮联合会成立之后，第一个设置的就是学术委员会，以后才有邮展委员会和其他各委员会的陆续设置。

唐秋涛先生在邮展和学术两方面，都有明显的成绩。他在 1993 年 1 月就有《青岛“二野军邮 11 支局”释疑》在《集邮报》正式刊出，此后还有多篇主要是军邮研究方面的文章在各种刊物上发表，有的还在中华全国集邮联合会成立纪念活动中被评选为优秀论文。

随着他对秦皇岛邮政史的深入研究，从2003年起，他又从《河北集邮》开始，在许多邮刊发表了“自成系列”的秦皇岛邮史研究文章。反过来说，如果要想知道秦皇岛（指现在的秦皇岛地级市）邮政历史，那么他的文章是非读不可的。按照作者自己的说法，他是用“解剖麻雀”的方法，从研究秦皇岛邮政历史，进而学习中国邮政历史，这对“秦皇岛”这个题目而言，也是非常正确的。

说到秦皇岛近代邮政史，可以追溯到海关邮政时期，但本书没有独立篇章进行论述。现属秦皇岛市的山海关，应该在1864年以后，就可能有了简单的新式邮政的雏形。因为当年在辽宁地区的营口（英文称牛庄——Newchwang）设置了海关和外国领事馆。春夏秋三季，他们可与天津、上海等地用轮船互通各种信息和私人信函。到了冬季，天津与营口之间因海口封冻，就只能由陆路运输。因此，在山海关或其附近，设有中转站，最初是交驿站代为办理，从1878年冬季开始，海关也介入了邮件运输。天津出发（或到达）、山海关中转、营口到达（或出发），两地信差的交接都应该有内部的文字记录。中国海关档案颇为丰富，但我们现在还没有见到有关的此种内部单式。有可能是尚未查到，当然，也有可能是因为此类单式不太重要而都已销毁了。实际上，1896年以前的海关时期邮政，即使公开发行的纯属邮政的单式，也很少见。我知道的只有一种，即现为李曙光先生收藏的“To Pay”（补收邮资）单式，而且时间已迟到1899年，且被改作了“补收欠资”的用途。

另外，在本书邮政史前篇的《秦皇岛地区的古代烽燧》中，讲到周幽王烽火戏诸侯的故事，《史记》就有记载，但据历史学家李学勤先生等人鉴定的“清华简”，烽火戏诸侯具有诸多不合理。因此，我曾建议作者再做些研究，后又想到，此事流传很广，虽然《史记》对先秦的记录并不全对，但我们不妨加上“传说”字样，似亦就算合适了。

在本书出版之前，作者曾二次将全部书稿寄给我学习和研考。

我也尽我所知和他进行了广泛的讨论，有些话我有不同意见，但最后我仍是听他的，也有的地方他最后采纳了我的建议。如果读者有兴趣，可以根据他在本书每篇文章后面所注的“原载××邮刊（或邮报）”，将前后文章加以对照，是可以看出其中存在的差异。

以上如有不对的地方，希望同好予以指正。

［刘广实，中华全国集邮联合会名誉会士，国际集邮联合会（FIP）邮展评审员，中华全国集邮联合会原副会长、学术委员会原主任］

后　　记

时光荏苒，倏忽已过二十年。

20世纪90年代以来，我开始注重收集秦皇岛地区百年来的历史信封和明信片，并且从集邮的角度着重对本地区邮政机构沿革、邮政戳记、邮资沿革、邮路变迁和邮政业务发展等方面进行了研究。这些研究文章先后发表于《集邮》《中国集邮报》《河北集邮》《上海集邮》《天津集邮》等报刊，《秦皇岛邮政史谭》即是上述集邮研究文章的汇辑。因为有的文章从发表时至今已过去多年，所以在收入本书时，根据集邮的新发现和作者的新认知，作了一些必要的补充和修改。在此期间，特别是承蒙刘广实先生鼎力支持，审阅大部分书稿，并且提出了许多中肯的具体的修改意见，使作者受益匪浅。

在本书即将付梓之际，衷心感谢：中国书法家协会会员、秦皇岛市老领导李书和题写书名，孙志升先生在百忙中作序，刘广实先生拨冗作跋，林衡夫、郭学广、左京华、桑贯宇、廉新义、王聪、谢一兵、麦国培、马云鹏、李汇祥、祝业平、陈东忻、陈明新、曹勇进、刘和林（排名不分先后）先生提供部分图片资料，杜铁胜先生为书稿作了图文校对。

由于本人水平所限，本书难免存在错讹之处，敬请读者批评指正。

唐秋涛

2022年6月于秦皇岛

